# 国际工程
## EPC项目管理

石宣喜　唐文哲　侯长青　等　著

清华大学出版社
北京

## 内 容 简 介

我国企业在"一带一路"倡议的推动下实现了海外业务的快速拓展,其中 EPC 模式以其设计、采购、施工一体化的高效优势越来越成为我国承包商开展国际业务的重要交付模式。本书基于国际工程 EPC 项目实践,从设计、采购、施工、风险、HSE、合同和接口管理七个方面进行了系统分析,揭示了国际工程 EPC 项目实施面临的主要问题及其根源,全面评价了承包商国际工程 EPC 项目管理能力,提出了相应管理策略。

本书可为国际工程 EPC 项目投资方、咨询方、总承包商、设计方、施工方和供应商相关技术与管理人员提供理论与实践指导,也可供高校和科研院所师生参考。

**图书在版编目(CIP)数据**

国际工程 EPC 项目管理/石宣喜等著. —北京:清华大学出版社,2023.7
ISBN 978-7-302-63642-7

Ⅰ. ①国… Ⅱ. ①石… Ⅲ. ①国际承包工程-工程项目管理-研究 Ⅳ. ①F746.18

中国国家版本馆 CIP 数据核字(2023)第 096094 号

责任编辑:张占奎
封面设计:陈国熙
责任校对:赵丽敏
责任印制:曹婉颖

出版发行:清华大学出版社
    网  址:http://www.tup.com.cn,http://www.wqbook.com
    地  址:北京清华大学学研大厦 A 座  邮  编:100084
    社 总 机:010-83470000    邮  购:010-62786544
    投稿与读者服务:010-62776969,c-service@tup.tsinghua.edu.cn
    质量反馈:010-62772015,zhiliang@tup.tsinghua.edu.cn
印 装 者:三河市东方印刷有限公司
经  销:全国新华书店
开  本:185mm×260mm  印  张:12.75    字  数:265 千字
版  次:2023 年 8 月第 1 版    印  次:2023 年 8 月第 1 次印刷
定  价:118.00 元

产品编号:102310-01

# 《国际工程 EPC 项目管理》
# 撰写委员会

主 任　　石宣喜　唐文哲　侯长青

成 员：

**中国水利水电第十一工程局有限公司**

| 李顺奇 | 张宛秋 | 刘忠伟 | 乔宏栋 | 薛海峰 | 宗长海 | 孙　勇 |
| 张丹凤 | 刘慧杰 | 陈建伟 | 苗绍飞 | 张　博 | 杨　帆 | 李光远 |

**清华大学**

| 王姝力 | 雷　振 | 孙洪昕 | 张清振 | 昂　奇 | 沈文欣 | 王腾飞 |
| 尤日淳 | 王晓维 | 李聪睿 | 王佳音 | 张旭腾 | 杨玉静 | 刘　扬 |
| 张亚坤 | 娄长圣 | 吴泽昆 | 熊　谦 | 胡森昶 | 李芍毅 | 盂祥鑫 |
| 王　琪 | 赵宇滨 | 毛念泽 | 彭颖政 | 赵　珩 | 王　衡 | 扎西顿珠 |

我国企业在"一带一路"倡议的推动下实现了海外业务的快速拓展,其中 EPC(engineering-procurement-construction)模式以其设计-采购-施工一体化的高效优势越来越成为我国承包商开展国际业务的重要交付模式。同时,国际市场政治经济形势复杂、国内外标准差异大、工程项目利益相关方众多和全球化资源配置难度大等因素对承包商的国际工程 EPC 项目管理水平提出了更高的要求。本书基于中国水利水电第十一工程局有限公司国际工程 EPC 项目管理实践,从设计、采购、施工、风险、HSE、合同和接口管理七个方面进行了系统分析,主要成果如下:

(1) 揭示了国际工程 EPC 项目设计面临的主要问题,包括标准差异、投标策划、设计质量与进度、设计接口和设计激励相关问题;从设计输入、过程和输出明确了相应设计管理策略,提出了设计优化和设计-采购-施工一体化管理措施,建立了基于伙伴关系的国际工程 EPC 项目设计管理流程,以全面提高设计绩效。

(2) 对国际工程 EPC 项目采购全过程进行了评价,指出 EPC 项目承包商应与全球范围内关键利益相关方建立合作伙伴关系,加强利益相关方接口管理和供应链全流程管理,整合供应链上下游信息流,进而提升 EPC 投标策划、采购计划管理、供应商管理、采购合同管理、机电设备和物资质量管理、物流管理、仓储管理、机电设备交付管理,以及运营和售后服务。

(3) 从项目和企业层面评价了国际工程 EPC 项目承包商的能力,指出承包商需加强项目 HSE 管理、信息管理、外部资源集成、融资和创新等方面能力建设;提出了国际工程 EPC 项目实施管理策略,包括构建参建方互信氛围和激励机制、培养国际化复合型人才、提升信息管理水平、促进学习与创新、全方位提升 HSE(health, safety and enoironment)管理水平、结合融资与履行企业社会责任开拓市场等。

(4) 全面评价了国际工程 EPC 项目风险,结果表明国际工程 EPC 项目实施主要风险集中在经济、业主、设计、施工、采购、政治和不可抗力等方面,承包商需要从外部环境、利益相关方和项目自身方面加强风险管理,有效管控汇率/通胀风险、业主不付款/拖延付款、设计方案不合理、施工质量不达标、采购方案性价比不高、项目所在地政局不稳定和地震/洪水等风险。

（5）明确了不熟悉国外 HSE 相关法律法规与标准、项目所在地传染病多发、施工现场危险源和干扰因素多、项目所在地生活条件恶劣、工程水文和地质条件差、项目所在地社会动荡等国际工程 EPC 项目 HSE 管理关键因素；提出了相应管理策略：加强国际工程 HSE 法律法规与标准应用能力、增加 HSE 管理资源投入、构建知识共享管理体系、建立利益相关方 HSE 合作管理机制。

（6）揭示了国际工程 EPC 项目合同争议主要原因，包括业主拖延支付、工程变更、不利的地质条件、不可抗力、当地分包商不力、法律法规变化产生的费用增加、合同内容不明确和国内外标准差异引起的问题等；提出国际工程 EPC 项目合同管理应注重使权利和义务安排合理、风险划分恰当、设立完善的纠纷解决流程、建立激励机制，以助于合同当事人高效沟通、顺利履约。

（7）提出了加强国际工程 EPC 项目设计-采购-施工接口管理的策略，包括：建立参建方沟通交流机制，形成有效的信息跟踪与管理制度，加强接口管理过程中的文档管理，应用 BIM 建筑信息模型（building informatiou modeling，BIM）等技术提高信息共享效率，以支持各方高效交流、决策和协同工作，形成 EPC 业务协同价值网，促进知识融合与创新，顺利解决各种设计、采购和施工技术难题。

以上成果有助于解决国际工程 EPC 项目管理中的重点和难点问题，指导国际工程 EPC 项目技术方案优化，提高投标报价准确度，提升项目成本、进度、质量和 HSE 管理绩效，加强我国企业在国际市场的履约能力及盈利能力。

感谢中国水利水电第十一工程局有限公司各业务部门和海外项目参与人员的全方位支持。感谢中国水利水电第十一工程局有限公司委托科研项目（20162000021）的支持，感谢国家自然科学基金项目（72171128，51579135）和清华大学水圈科学与水利工程全国重点实验室项目（2022-KY-04）对相关领域基础理论研究的支持。

由于编者水平有限及时间仓促，书中若有不妥之处还望读者批评指正。

作　者

2023 年 3 月

# 目录 <<<<<<<<<<<<

# 第1章 >>>>>>>>>>>>>

# 绪 论

## 1.1 国际工程管理背景

近十年来,随着"一带一路"倡议的提出,我国在国际社会的影响力不断提升。截至2020年11月,中国已与138个国家和31个国际组织签署了201份合作协议,业务遍布亚洲、非洲、欧洲、大洋洲和拉丁美洲。世界银行预测,"一带一路"倡议将会给沿线经济体带来$2.8\%\sim9.7\%$的进出口贸易增长[1]。在国家"走出去"战略和"一带一路"倡议的激励下,我国工程企业承包业务占国际承包市场份额不断扩大,营业额持续增长。2010—2019年10年间我国对外承包工程完成营业额和合同金额如图1-1所示。

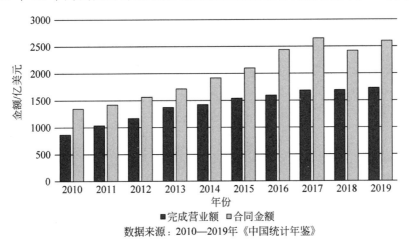

数据来源:2010—2019年《中国统计年鉴》

**图1-1 2010—2019年我国对外承包工程业务统计**

由图1-1可知,在2010—2019年的10年间,我国对外承包业务合同额由1343.7亿美元增长到2602.5亿美元,年均增长率6.8%;完成营业额由866.2亿美元增长到1729.0亿美元,年均增长率7.2%。

我国海外承包业务市场分布如下:亚洲地区56.76%,非洲地区26.62%,拉丁美洲地区6.73%,欧洲地区6.15%,大洋洲地区3.01%以及北美地区0.73%。海外工程业务的迅猛发展也使得我国承包商在国际承包市场的竞争力不断增强,市场份额不断扩大。根据美国《工程新闻记录》(*Engineering News Record*,ENR)的统计,2020 年国际承包商 250 强中各国承包商占比如图 1-2 所示。

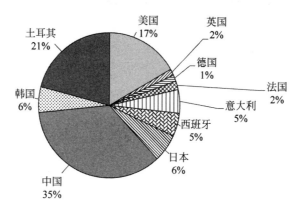

数据来源:2020 ENR The Top 250 International Contractors

**图 1-2　2020 年 ENR 国际承包商 250 强各国承包商占比**

各国承包商 2010—2019 年的国际营业额和市场份额分别如图 1-3 和图 1-4 所示。

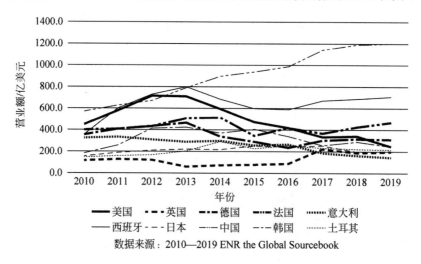

数据来源:2010—2019 ENR the Global Sourcebook

**图 1-3　2010—2019 年 ENR 国际承包商 250 强国际营业额**

由图 1-3 可知,从 2012 年开始,除中国外其他各国承包商的国际营业额增长缓慢甚至出现负增长,只有中国承包商在 10 年中实现了营业额稳定增长,并且在 2016 年成为首个国际营业额超过 1000 亿美元的承包商,体现了我国海外承包商出色的市场竞争力和盈利能力。如图 1-4 所示,中国承包商在中东地区、非洲和亚洲地区均份额占比最高,尤其是在非洲的市场份额占比超过 60%;在亚洲地区的市场份额占比高达 45%。在拉丁美洲的占比略低于西班牙承包商,归因于西班牙在拉丁美洲的历史和文化影响[2]。

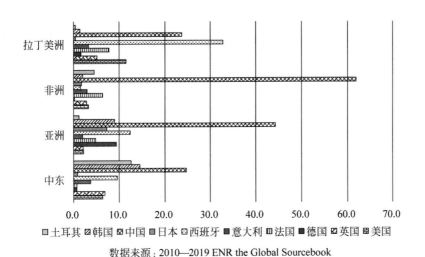

数据来源：2010—2019 ENR the Global Sourcebook

**图1-4 2019年ENR国际承包商250强市场份额占比**

随着中国大陆承包企业在国际承包市场的份额不断增长，设计-采购-施工一体化的设计-采购-施工（engineering-procurement-construction，EPC）总承包模式凭借其高效整合与配置资源的优势在国际工程中越来越得到业主和承包商的青睐。在EPC模式下，业主要求承包商不但进行施工，还要承担设计、采购、试运行等工作，该模式适用于技术要求高、专业性强、工艺复杂且含有大量非标准设备的项目[3]。

EPC模式要求总承包商具有较高的管理水平，来综合协调设计、采购和施工中的一系列活动。如果总承包商没有足够的管理能力，不仅无法利用EPC模式高效整合资源的优势，甚至会给项目带来巨大损失。例如：

**1）澳大利亚悉尼歌剧院**

由于初步设计阶段设计深度不足、设计方案变更、非标准材料设备采购价格昂贵、施工难度大等问题，成本和工期远远超出预估，建筑预算由最初的720万澳元，到最后实际花费1.02亿澳元，完工成本是预算的14倍多，原计划工期为3年（1959—1962年），实际拖延至14年（到1973年）。

**2）沙特麦加萨法至穆戈达莎轻轨**

对于业主提供的概念设计，总承包商没有针对性地结合自身设计技术进行评估，也没有结合设计要求认真分析业主提供的工程资料以制定相应的预防和风险管控措施；对沙特当地地质等建设环境考察不足，低估了该项目的实施难度，没有在报价中充分考虑工程实施成本。项目所采用标准与沙特国内标准的差异性、设计理念与业主咨询工程师不统一、设计变更频繁等使得工程成本大量增加，设计、采购、施工之间的协调不充分也导致采购成本大幅上升。最终该项目实施成本达160.6亿元，总亏损约为41.5亿元。

以上案例表明，提升总承包商国际工程EPC项目管理能力，对于顺利实现EPC项目成本、进度、质量和HSE目标，提升企业在国际承包市场的竞争力具有重要意义。

## 1.2　理论基础

### 1.2.1　国际工程项目管理模式发展

在我国国际承包商不断取得规模和业绩的快速增长的同时,国际工程的承包模式也在不断变化更新。面对日趋复杂的政治、经济国际环境,不断增多的项目利益相关方,传统的项目管理模式,即设计-招标-建造(Design-Bid-Build,DBB)模式,暴露出越来越多的问题。比如:工程出现质量事故后设计方与施工方之间责任不易明确,难以保障业主的利益;业主对工程监理方(如建筑师、咨询工程师等)在控制成本和工期方面信心不足;施工招标一般要在设计基本完成后才开始进行,总体工期长;业主与施工、业主与设计之间接口衔接不紧密,导致争端、索赔常发,工作效率低下等。

为解决上述问题,由承包商提供综合服务的工程总承包模式逐渐发展起来,其诞生的标志是设计—建造(design-build,DB)模式于 20 世纪 60 年代在英国工程建设市场出现。另外,工程总承包模式还包括设计-采购-施工(engineering-procurement EPC)模式、交钥匙(turnkey)模式等典型形式。其中,EPC 模式以提高管理效率、保证工程质量和项目效益等特点引领工程总承包的发展趋势。与传统的项目管理模式相比,EPC 模式具有的优势包括:

(1) 具有单一责任制,业主只与承包商签订总包合同,工程设计、采购、施工过程中的风险均由承包商承担,责任明确;

(2) 减少了协调设计方和施工方的工作量,减轻了业主的管理负担及管理费用等;

(3) 设计、采购和施工的一体化管理有效缩短了整个工程项目的工期,使得工程项目可提早交付,创造经济效益等[4]。

20 世纪 90 年代我国完成的 EPC 国际工程项目为 117 个,合同总额约 25 亿美元,范围覆盖亚、非、欧、美等地区。进入 21 世纪后,在市场客观需求的推动以及国家相关政策的扶持下,我国承包的国际工程 EPC 项目从最初的化工行业逐渐拓展到建筑、水电、石油、核能、冶金等多个领域,合同营业额在总营业额中的占比持续升高。如今,EPC 等总承包模式已在世界范围内为大型工程项目所广泛采用。

中国国际承包商 EPC 模式的应用和发展随着十几年前 F＋EPC(finance＋EPC)模式在亚洲、非洲等地区的兴起而得到了快速推进。近年来随着全球经济形势的持续低迷,许多国家致力于缩小公共债务,不愿意通过主权担保等方式进行融资。F＋EPC 模式在未来的发展也面临着一定的政治经济制约。在这种大背景下,一些新的项目模式,比如建设-经营-转让(build-operate-transfer,BOT)、政府和社会资本合作(public-private partnership,PPP)等,由于能够吸收私有资金,对业主自身融资要求较小,逐渐受到业主青睐。这种项目融资模式的改变会对后续的项目履约带来一定的影响,例如,融资压力往往要求承包商与其他承包商(或设备供应商等)组建联营体、联合体等来进行合作,项目履约阶段涉及更为复杂的合作管理。但从项目工作本质来看,整合设计、采购、施工进行总承包工作仍然是国际工程承包市场的发展趋势。目前,中国国际承包商已经开始实践"小投资带动 EPC"、BOT 或 PPP 等模式。整体而言,国际工程承包市场中,虽然项目融资模式在不断变化,但项目履约阶段的 EPC 模式仍然是未来发展的趋势,提升项目总承包履约能力仍然是现阶段中国国际承包商开拓国际工程市场的重要主题。

## 1.2.2 国际工程 EPC 项目管理模式

### 1. EPC 项目管理模式概念

EPC 工程总承包模式依据合同承担工程的设计、采购和施工工作,并根据业主要求,完成进度、成本、质量和健康、安全与环境(health, safety and environment, HSE)等工程目标的建设管理[4]。EPC 项目在世界范围内得到了更广泛的应用,其中一个主要原因是它将业主的风险分散给主要承包商,通过这种方式,业主希望在成本和时间方面获得更高的确定性,而承包商则对项目的工程(设计)、采购和施工(执行)阶段承担全部责任[5]。因此具有业主管理投入少、投资可控性高、设计施工一体化、建设效率高的优点[6]。

在 EPC 项目具体的实施流程中,业主只对工程项目提出原则性的功能要求,并不进行详细设计,承包商在合同实施过程中,按照自己的方式进行设计、采购和施工,业主本身对具体的过程干涉较少,避开了地质、工程量、设备和物资价格及供应等风险,减少了单独进行设计、采购招标的程序和费用,也减少了设计、采购和施工由不同承包商分别实施情况下业主的大量协调工作,等到合同实施完毕时,业主得到一个可即刻投产运行的工程设施[7]。项目实施过程,业主一般会聘请专业的咨询公司或团队来负责相应的审批工作。

EPC 模式和业务流程见图 1-5 和图 1-6。

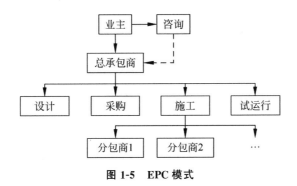

**图 1-5 EPC 模式**

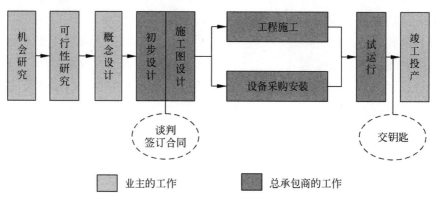

图 1-6　EPC 项目业务流程

### 2. 国际工程 EPC 项目管理关键问题

研究国际工程 EPC 项目管理应该从产业链一体化的视角全面地考虑 EPC 项目承包商内部管理过程与外部环境之间的相互作用关系,如图 1-7 所示。

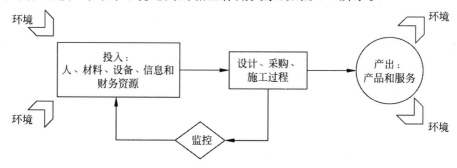

图 1-7　国际工程 EPC 项目管理系统

国际工程 EPC 项目管理重点在于承包商如何从外部环境中获取资源,并通过设计、采购和施工过程将所获资源转化为产品和服务,以此获取更多外部环境的资源,从而使每个 EPC 项目都能产生有效增值[5]。国际工程 EPC 项目管理关键点如下:

(1)EPC 项目承包商需要进行角色和职能转变,从传统上注重施工向设计和采购业务发展,将获取利润的空间扩展到产业链的上游,以获得更多的利润。

(2)EPC 项目承包商需铺设和建立在国际市场中获取稀缺和有价值资源的有效渠道,包括人、材料、设备、信息和资金等;了解本组织稀缺资源的来源,如何与这些资源建立联系,如何建立和维护与合作伙伴的关系,以及如何在市场环境变化的情况下保持竞争力和组织获取稀缺资源的能力。

(3)EPC 项目承包商在项目实施阶段,需要通过有效管理设计、采购和施工过程,提升获取、集成和转化资源的能力,以顺利实现 EPC 项目的质量、进度、成本和 HSE 目标。由于近年来市场的竞争日趋激烈,总承包商应更加重视通过工程、采购和施工三个阶段进行成本管理,以提高其经济效益[8]。

(4)EPC 项目进行合理、科学、全面的绩效评价,关系到承包商在海外市场的自我改善提升、战略判断及布局、市场开发及良好执行[9]，所以应根据项目建立绩效链多视角、多层次考核体系，来评价项目设计、采购和施工过程和结果，以实现 EPC 项目管理水平的持续提升。

（5）EPC 项目在实施过程中所涉及利益相关方众多，并且 EPC 模式降低了业主的风险，转嫁给承包商，使得工程总承包企业成为风险责任主体[10]。承包商需要在复杂的国际环境中重视项目风险因素之间的相关性，提高自身在工程建设管理过程中的风险辨识、风险分析、风险应对和风险监控等动态风险管理能力，以有效应对施工过程中来自技术、经济、社会和自然环境等方面的风险[11]。

## 1.2.3　国际工程 EPC 项目管理理论基础

### 1. 利益相关方理论

国际工程项目实施不仅需考虑承包商组织内部管理，还需要考虑组织外部复杂的环境。国际工程项目管理理论在近年来越来越关注组织外部环境、组织之间管理等全域性视角，更加重视合作共赢在利益相关方管理中的应用，而并非单纯以博弈视角来分析相关方的关系，强调相关方间共同努力以应对不断变化的外部环境，增加集体凝聚力，提升整体优势[12]。

传统的管理理论更多关注于组织内部的协调与控制，如何通过组织内部的结构或人力优化实现最优生产效率，对于组织外部的关系研究不足，使得决策者的视角相对狭隘，难以站在全局的角度看待问题，进而联合利益相关方获得全局的最优解[13]。随着国际总承包项目越来越普遍，涉及的利益相关方关系越来越复杂，工程项目风险管理中不仅须观察组织内部因素，还要注重外部环境因素，因此，近年来企业社会责任、HSE 等相关理论在利益相关方管理中受到了越来越多的关注。

利益相关方理论起源于企业管理中关于利益优先归属问题的讨论，与之对应的是基于产权和委托代理的股东至上理论[14]。股东至上理论强调企业的价值在于追求股东利益的最大化，在管理决策中股东的利益应优先考虑，通过控制来实现股东价值增加等；而利益相关方更关注于整体利益的最优化结果，主要致力于通过协调各方之间的诉求，建立彼此信任来不断实现整体的绩效最佳。利益相关方理论的发展对项目管理的理念产生了重大影响，使得项目目标从实现质量、进度、成本三大控制逐渐向让项目利益相关方满意转变。随着经济全球化的推进，资本在世界范围的流动，企业竞争的加剧，各种利益集团力量的发展壮大以及公众自我保护和环境意识的增强，利益相关方理论得到了越来越广泛的关注、研究和应用[15]。

近几十年中与利益相关方有关的理论和学说大致归结为三类：①阐述过程和内容的描述性研究；②阐述利益相关方管理方法的工具性研究；③对人的管理行为进行指导的规范性研究。许多研究主要侧重于企业治理方面，可分为规范性商业理论研究、公司治理和组织理论研究、企业社会责任和社会绩效研究,以及企业管理战略和策略研究四个领域[13]。这方面研究发展主要经历了三个阶段:①影响企业生存阶段,提出了企业生存和发展的必需要素之一便是关注利益相关方关系,重点做好如何界定利益相关方、参与基础和合理性等相关问题;②实施战略管理阶段,从战略管理的角度认识利益相关方对于企业持续经营所起的作用,使利益相关方在公司事务中扮演越来越重要和积极的角色;③参与所有权分配阶段,从公司治理和组织理论的角度对利益相关方进行研究[15]。

制定利益相关方战略,主要程序和步骤如图 1-8 所示。

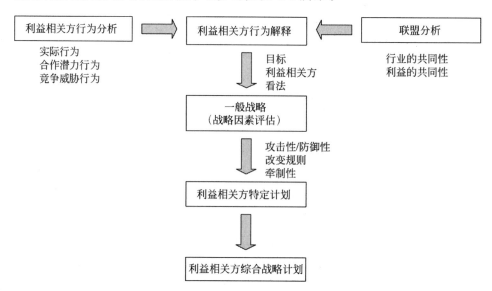

**图 1-8  制定利益相关方战略的程序和步骤**

由于利益相关方的价值观、利益诉求、认知和关注点不同,其风险偏好也不同,并可能对决策有重要的影响,要获得所有利益相关方的支持和承诺,保持定期、有效的沟通是必不可少的,这有助于及时察觉可能带来风险的利益相关方行为,如拒绝予以支持和帮助、不经协商随意干预项目、承诺不切实际等[16]。而伙伴关系的建立将有助于促进利益相关方相互信任、统一认识,拥有共同目标,形成开放交流沟通的平台。因此,有必要在风险管理和利益相关方管理的过程中引入伙伴关系理论,以进一步提升 EPC 项目的管理效率。

### 2. 伙伴关系理论

#### 1)伙伴关系的概念

伙伴关系理论应用发源于美国。20 世纪 80 年代,在美国水电工程开发中,美国负责基础设施建设的军队首次采用了伙伴管理理论。相关结果表明,伙伴关系有效促进了项目的实施。此后,伙伴关系被广泛推广到欧洲、北美洲等地的工程建设中。

伙伴关系是两个或多个组织间一种长期的合作关系,旨在为实现特定目标尽可能有效地利用所有参与方的资源。伙伴关系要求参与方改变传统关系,打破组织间壁垒,发展共同文化;参与方间的合作关系应基于信任、致力于共同目标和理解尊重各自的意愿[17]。2000 年确定的《项目伙伴关系标准合同格式》倡导信任与合作,将伙伴关系的理念付诸实践,应用于各类项目,产生了巨大的经济和社会效益[18]。国际工程 EPC 项目管理,涉及众多利益相关方,伙伴关系有助于保障各方利益/风险分配的机会、过程和结果公平,最终为所有相关方带来利益。

**2）伙伴关系理论发展趋势**

几十年来,国际上关于伙伴关系的研究一直是热点,其发展阶段主要包括:概念研究、特征研究、理论模型与实证研究;根据伙伴关系理论的发展趋势,可以发现基于伙伴关系理论进行国际工程 EPC 项目管理的必要性(见图 1-9)。

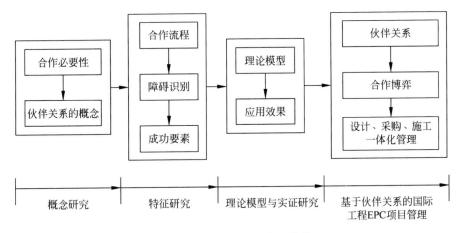

**图 1-9 伙伴关系理论发展趋势**

（1）伙伴关系概念研究。学者们对应用伙伴关系理论的必要性展开研究,即水电资源开发利用的竞争性和高风险性经常导致各利益相关方间形成壁垒,不利于整体优化[17],因而各方有必要以共赢为目标进行合作。伙伴关系概念的核心内容是指导各利益相关方建立良好的关系,实现资源的优化配置。上述研究提出了利益相关方合作共赢的重要思想,但是对伙伴关系内涵的描述尚较为笼统。

（2）伙伴关系特征研究。一些学者提炼出伙伴关系管理流程,从利益关系管理,到情理关系管理,再到情感关系管理[18];一些学者指出导致伙伴关系失败的不同障碍,包括文化因素障碍、社会因素障碍、个体因素障碍等[19-20];部分学者则辨识了伙伴关系的成功要素,主要包括彼此信任、共同目标等[21-23]。这些研究对掌握伙伴关系主要特征很有价值,但还缺乏对伙伴关系整体性和系统性的认识。

（3）理论模型与实证研究。澳洲、英国和美国等采用激励机制的工程项目实施结果显示,相对目标计划,实际成本降低 8.1%,工期缩短 6.94%。理论模型和实证研究提供了对伙伴关系较为全面、系统的认识,但是上述模型未揭示伙伴关系深层次作用机理,以解释伙伴关系中引入利益/风险分配机制如何实现资源利用绩效的显著提升。

### 3）伙伴关系模型

伙伴关系模型（见图 1-10）表明了项目参与方间合理的利益分配对大型项目管理绩效的促进作用，并将风险因素引入伙伴关系研究，建立了项目实施利益/风险分配平衡计分卡模型，以通过合理的激励机制提升各方合作管理风险的水平[24-25]。

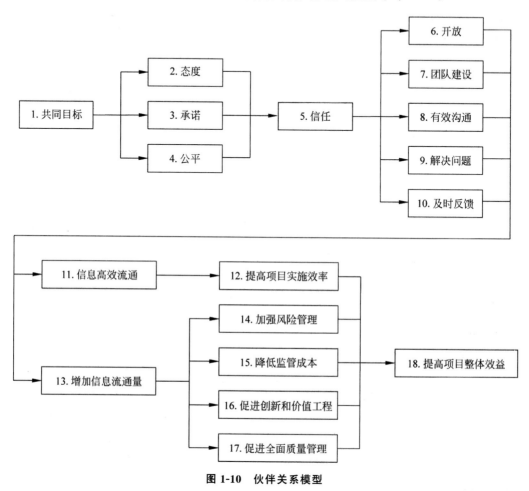

图 1-10　伙伴关系模型

以上模型揭示，伙伴关系要素可分为两类。一类是行为要素：共同目标、积极态度、信守承诺、公平和信任，其中信任是核心；另一类是交流要素：开放、团队合作、有效沟通、解决问题和及时反馈，其中解决问题是关键。这两类要素互相关联，行为要素作用在于能促进交流要素的有效实现，使各种信息顺畅交流，有助于：①信息流动加快，提高工程实施效率；②增加决策信息，加强风险管理[26]；③降低监控成本；④促进价值工程与创新；⑤促进全面质量管理[27]。以上最终可提升国际工程 EPC 项目管理绩效。

### 3. 供应链管理理论

供应链管理理论发源于工业产品生产和分配领域，随后在国际工程管理领域中也得到了很高的关注。国际工程管理中，供应链管理理论虽然与设备物资采购环节联系紧密,但其一体化的管理思路使得它的研究应用扩展到整个国际工程管理层面,对总承包设计、采购和施工协同管理具有非常重要的指导价值[28]。

供应链主要表现形式为同一生产链的上游与下游企业间形成合作关系,进而组成网链状的组织,其主要目的是解决在产品生产与流动环节的价值交付过程,最终交付给用户。供应链管理则是基于现有供应链与各方伙伴关系,对其进行计划、组织、协调与控制的过程,其区别于传统的采购管理的最大不同是,强调了对从生产商、供应商,到分销商、消费者整个供应链条各环节的管理模式,主要包括了材料管理、设备采购、生产销售、物流配给和仓储保管等,对这些内容进行规划、协调、操作、控制、统合、优化等综合管理[29]。其目标是要将准确的物品在准确的时间按照顾客要求的数量以完美的质量和正确的状态送到准确的地点,使总成本达到最佳状态,提高整体竞争力。供应链管理作为一种战略性的管理理念,贯穿整个供应流程,这种集成化的管理方式强调系统和协同的管理理念[30]。

从供应链的发展脉络看,其经过了以"经济链"为主的商品供给,到以"价值链"为主的商品交付,而今形成以"供应链"为主体的一体化管理[29]。归纳其发展过程可分为四个阶段:

(1) 20世纪70年代以前,仓库管理和物流运输的功能分散,对市场因素的分析较少,大规模生产导致库存积压;企业没有供应链系统及理念,从而发展缓慢[31]。

(2) 20世纪70年代,将仓库管理和物流运输功能统一管理,管理者发现大库存量导致成本不断增加;企业开始重视顾客的需求,优化对顾客的服务,并积极开发新型生产材料与资源。

(3) 20世纪80年代,全球化竞争逐渐激烈,采购、仓库管理和物流运输一体化并更加专业化,推动了物料管理概念的发展,供应链体系基本形成;企业注重全面的管理,并有详细的物流计划;采用战略采购方式。

(4) 20世纪90年代至今,供应链管理集成化并形成价值链;采购工作在注重效率的同时协调成本与质量;与利益相关方建立合作伙伴关系,提升整体竞争力,注重基于信息化管理的协同效应。

供应链管理主要通过对流程的控制与管理(包含信息流、仓储物流、业务流、资金流等),将供应商、制造企业、分销商以及客户等利益相关方整合为一个较为系统的网络结构,增强结构的凝聚力,最终达成战略上的合作或联盟[32]。它把供应过程中的每一部分有效连接、环环相扣,形成网状组织,将信息流、物流、资金流、业务流、价值流贯穿始终。供应链管理关键在于集成化管理,注重整体效应和全局最优。利用电子商务手段,及时收集市场信息并迅速反馈,通过信息的及时反馈有效转移库存,降低库存成本。

供应链管理有八个管理原理,分别是资源横向集成原理、系统原理、多赢互惠原理、合作共享原理、需求驱动原理、快速响应原理、同步运作原理和动态重构原理[33]。

资源横向集成原理强调将横向的优势资源整合,即集成横向的外部相关资源,建立与横向外部相关单位的伙伴关系,以提高工作效率,降低成本[34]。

系统原理强调供应链中各环节的功能集成,认为供应链是一个有机整体,由相互作用的若干环节形成网链状结构,发挥其整体优势,以达到整体利益最大化。

多赢互惠原理通过协商达到一种利益共识,形成利益共同体,将之前供应链中各环节间的竞争关系转化成多赢互惠关系,以降低交易成本。

合作共享原理强调合作与资源共享。合作就是与业务相关单位建立战略伙伴关系,发挥各自的优势,以提高整体竞争力;资源共享是供应链管理的基础,将信息、数据、技术、资源等整合共享,以提高整体运行效率。

需求驱动原理强调市场需求驱动供应链的形成及发展,市场需求驱动信息流、物流、资金流、业务流、价值流的产生;在这种驱动的模式下,供应链系统能够快速响应市场需求。

快速响应原理强调及时采购、及时生产和及时运输;供应链系统能快速响应市场,及时做出反馈;通过对供应链中各环节的有效整合,加快对市场的反应灵敏度。

同步运作原理强调供应链中各环节的协调一致在供应链系统中同时发挥作用,以促进高效采购管理。

动态重构原理强调通过快速响应能够及时进行动态重构;供应链系统是动态的,不同的环境产生不同的供应链结构,环境发生变化时,供应链系统应该及时响应、及时反馈和及时调整重构。

供应链管理重视利用信息化技术进行资源整合,将各部门及时反馈的信息集成,建立信息数据库以便资源共享和有效管理[35]。供应链管理关注各方伙伴关系是否能够有效建立,通过长期的合作交流,聚焦共同目标以提升质量与效率,达到节约成本的目的[36]。基于供应链管理理论的高效采购管理,优势体现在以下方面:

(1)以供应链管理理论优化采购计划和采购策略,可以提高采购工作效率、降低采购成本[37]。

(2)有助于信息在各个单位、各个职能部门、供应链体系之间的快速流动,降低彼此沟通成本,提升沟通效率。

(3)信息的互通,将有助于供应商提前获取市场状况,有针对性地做好供应工作,改善生产流程,通过规模生产降低生产成本。

(4)在仓储与物流的平衡过程中也有信息的传递与沟通,通过信息分析可以明确管理目标,对物料采购及使用全程跟踪,在满足使用需求的前提下,减少库存成本。

在全球经济一体化的进程下,跨国公司往往根据经济发展水平在不同的国家或地区开展商品设计、原材料采购、生产制作、整合加工、销售运输等,这种更加全球化、开放性的贸易机制就要求公司采取更加多样的手段来处理复杂的供应链关系[38]。供应链一体化理论的探索与实践应用为各地区之间生产合作提供了有效的运作模式,助力跨国公司生产经营的成功。

国际工程EPC项目从各环节来看,也具有与跨国公司类似的属性。例如,在设备生产、原材料采购、物流运输、设备安装、运营等阶段都通常部署在不同的国家或地区。

此外,考虑到国际工程 EPC 项目具有一次性、临时性、规模大、生命周期长等特点,进一步增加了采购管理的难度。因此,有必要引入新的供应链理论,将供应链一体化应用在制造业的成功经验引入建设行业中来。

实施供应链一体化的基础就是与供应链利益相关方构建良好的合作关系,各参与方通过特定的项目建立合作关系,使得供应链的下游组织可以降低采购成本、节约采购时间,供应链上游的组织也可以获得稳定的市场需求,满足预期,降低生产成本[39]。因此,在国际工程 EPC 项目管理中运用供应链一体化理论,将有助于加强设计、采购、施工、验收等各环节之间沟通效率[40],推进各环节、各组织协同工作,促进一体化作业,提高设计可施工性,实现高效的采购和有效施工,最终保证项目质量,节约项目成本和时间。

### 4. 风险管理理论

风险是指在一定环境条件下,某种具有不确定性结果的事件在一时间段内发生的可能性,也常描述成某一段具体的时间内,实际的结果与期望之间存在的偏差[41]。按照不同的标准,风险有不同的分类方式,如:按风险来源分,可分为政治风险、经济风险、社会风险、自然风险、管理风险等;按项目实施环节分,可分为设计风险、采购风险、施工风险、试运行风险等;按分布状况分,可分为国家/地区风险、行业风险等;按风险的影响、后果分,可分为纯粹风险和投机风险等。工程项目风险管理的过程通常由风险管理规划、风险评估、风险应对、风险监控四部分组成[42-44]。

20 世纪 90 年代以来,随着过程的、动态的、系统的风险观念的引入,传统风险管理逐渐向现代风险管理转变。现代风险管理思想的最新发展和典型体现是全面风险管理理念。全面风险管理指用系统的、动态的方法进行全员性、全过程、全方位的风险管控,以更好地应对工程风险的普遍性、客观性、偶然性、多样性、全局性、规律性以及可变性,进而减少项目实施过程中的不确定性因素[45]。这个概念主要包含两个基本含义:一是要对全部风险进行管理,包括不同的种类、部门、地域等;二是要对全部风险因素进行整理汇总,以做进一步分析。全面风险管理不仅要控制风险,更要把握机会利用风险,是积极、主动、进攻性的风险管理,其目的是把风险影响控制在项目可接受范围之内,找到防范风险投入与承担风险成本之间的平衡点,实现项目所有利益相关方的效益最大化。

相较于传统风险管理,全面风险管理具有以下主要特点:

(1)致力于建立规避风险和利用风险相统一的风险管理体系,主动控制风险甚至利用风险,而非仅防范风险以减少损失。

(2)强调风险管理的系统性、整体性,不再把不同的风险当作相互独立的个体来研究,而是考虑风险之间的联系和相互影响,以系统作为管理对象。

(3)强调风险管理的动态性、连续性,不再仅依靠管理人员的个人项目经验和主观判断,而是循环进行风险管理各流程,不断依据最新的风险识别、分析、监控结果实时调整风险管理计划。风险管理贯穿于项目全生命周期和整个项目管理的各项活动之中。

（4）强调风险管理的全员参与性，实行风险管理的主体不再仅仅是项目的风险管理职能部门或企业决策层、管理层，而是涉及项目全体人员。

（5）要求工程项目参与各方共同承担相关风险责任。

（6）分析方法具有现代化和先进性，依托于风险信息系统和相关信息平台，运用大数据、人工智能等先进信息技术，对水利工程项目中可能存在的风险进行有效监控、评估、预防，以提升水利工程项目绩效[46-47]。

由于全面风险管理系统性、全局性的要求，再加上国际工程 EPC 项目实施涉及业主、承包商、咨询工程师和设计等众多利益相关方，他们的任何一个特定行为均会对工程的实施产生不同程度的影响。因此，有必要在国际工程 EPC 项目管理中引入利益相关方管理理论，从利益相关方管理的视角增强对风险管理的理解。

# 1.3　调研方法

本书通过问卷调研、访谈为主，项目资料查阅、案例分析等多种方式相结合的方法收集数据。问卷内容主要包括国际工程 EPC 项目实施过程评价和承包商能力评价两部分，采用 Likert 5 分法对上述指标进行量化。调研中选取中国水利水电第十一工程局有限公司中高层管理人员为问卷调研和访谈对象，涉及的 EPC 项目包括赞比亚卡里巴、伊泰兹、330kV 输变电线路、凯富峡项目、津巴布韦卡里巴南岸扩机、委内瑞拉农业项目、委内瑞拉新卡夫雷拉燃气项目、哥斯达黎加楚卡斯项目和安哥拉琼贝达拉项目等。

# 第2章

>>>>>>>>>>>>>

# 国际工程EPC项目设计管理

## 2.1 国际工程 EPC 项目设计管理理论基础

### 2.1.1 国际工程 EPC 项目设计管理特点

#### 1. EPC 项目设计管理的重要性

EPC 总承包模式具有设计、采购与施工一体化的优势,在国际承包市场应用越来越广泛。设计管理在 EPC 模式中影响着项目执行过程中的各个环节,起到了主导性作用。EPC 模式下,业主对项目只提出工期、功能等概念性要求,具体的设计、采购和施工任务均由承包商负责,这对项目的设计管理提出了更高的要求:承包商工作不仅包括具体的设计工作,还包括整个项目实施过程的总体策划和管理。重视设计管理,尤其是对设计在项目实施过程中主导作用的强调,有利于 EPC 项目整体方案的不断优化。根据美国建筑业协会(CII)对工程项目的整体统计分析,项目中的设计偏差占偏差总数的78%,由设计偏差产生的费用占总偏差费用的 79%,占工程总费用的 9.5%[48]。目前,我国大部分海外 EPC 项目承包商是我国大型施工企业。因长期受到行业管理体制的制约和传统模式的影响,国内工程设计过程和施工过程相互独立,施工企业缺乏设计管理人员以及设计管理经验。这导致了我国承包商对 EPC 项目设计管理尚缺乏经验,因此,对项目设计管理过程、问题和方法的研究具有重要的理论和实践意义。

#### 2. EPC 总承包模式与传统模式在设计方面的差异

从项目层面、设计内容层面和设计变更层面,EPC 总承包模式与传统模式在设计方面存在以下差异。

##### 1) 项目层面

传统模式下,设计和施工是一个项目独立的两个阶段,先设计,再施工,设计管理主要集中在前期的设计阶段；而 EPC 总承包模式下设计管理贯穿于整个项目过程。

**2）设计内容层面**

传统模式下，设计管理只关注设计本身，设计只需根据设计规范及深度提供设计图纸；EPC 总承包模式下，设计管理不仅管理设计本身，还要协调设计与采购、施工之间的关系，实现设计与采购、施工一体化管理。

**3）设计变更层面**

传统模式下，设计方根据业主功能需要完成设计图纸，并依据图纸评估的工程量进行定价，在遇到不利地质条件等情况时业主需调整投资；EPC 总承包模式下，承包商自主负责设计和施工工作，承担了地质等风险，使设计变更情况减少，能有效控制业主投资。

## 2.1.2  基于伙伴关系的国际工程 EPC 项目设计管理

### 1. 基于伙伴关系的 EPC 项目设计管理必要性

目前，很少有企业能够做到只依靠自身能力完成整个 EPC 项目。我国 EPC 承包商主要是施工企业，其强项在于施工。然而，设计影响整个项目的质量、费用、进度，因此设计管理对于施工企业 EPC 承包商来说至关重要。设计性能很大程度上依赖项目实施过程中利益相关方之间的相互合作与信息分享。从资源整合的角度，许多学者倡导在利益相关方之间建立伙伴关系，这样有利于利益相关方优势互补，提高 EPC 项目设计管理绩效[49]。

项目设计过程中，各参建方间的潜在冲突常常被忽略，因而需要在后续阶段投入更多精力和资源解决相关问题，对项目的顺利实施产生不利影响[50]。设计和施工之间有效的交流是 EPC 项目进度管理和成本管理的关键因素[51]；设计管理就意味着设计过程的有效管理，及设计义务的公平分配[52]。EPC 承包商与设计的良好合作关系有助于在设计环节及时有效地提出采购所需的技术规格，缩短材料设备采购周期，保障后续环节顺利开展[53]。从冲突管理的角度，国际工程 EPC 项目承包商也应与设计方建立良好的合作伙伴关系，以解决 EPC 项目实施过程中的设计相关问题。

伙伴关系是指两个或两个以上组织间为充分使用各参与方资源、实现特定目标而达成的长期的合作关系。伙伴关系要素分为行为要素和交流要素两大类：行为要素包括共同目标、积极态度、信守承诺、公平和信任，其中信任是核心；交流要素包括开发、团队建设、有效沟通、及时反馈和解决问题，其中解决问题是关键[54]。在设计管理中引入伙伴关系的理念有助于建立充分获取各方设计资源的渠道，提供丰富的决策信息[55]，也有助于总承包商强调设计管理贯穿项目实施过程中的作用，并能使设计方从共同利益和目标的角度出发，提升深化和优化设计的积极性，也能加强承包商与设计方的有效沟通交流，避免冗杂的设计交互程序影响到项目的进度。

**2. 基于伙伴关系的设计管理概念模型**

根据以上理论基础,建立了基于伙伴关系的国际工程 EPC 项目设计管理概念模型,如图 2-1 所示。

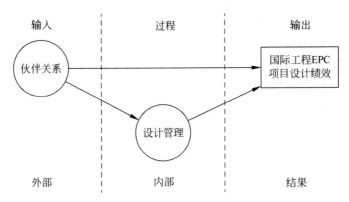

图 2-1　基于伙伴关系的国际工程 EPC 项目设计管理概念模型

EPC 项目模式中,承包商与设计单位建立良好的伙伴关系有利于将设计工作有效地纳入采购和施工工作中,使得设计与项目执行过程的各个环节形成紧密联系,有利于强调和发挥设计在 EPC 项目中的主导作用[56]。设计与采购的紧密配合有利于保证设计成果对采购设备的质量和采购周期的指导作用;承包商与设计之间良好的伙伴关系确保了双方沟通交流的顺畅,使得设计成果充分反映施工过程的信息,提高设计的可施工性[57-58]。承包商能通过与设计方建立良好的伙伴关系促进双方之间的有效沟通和交流,使得项目执行过程中的问题得到及时反馈和有效解决,最终促进 EPC 项目实施绩效的提升[59]。

## 2.1.3　国际工程 EPC 项目设计管理过程

工程项目的设计是指根据业主的要求和工程建设规范,全面规划项目所需资源、技术和环境等条件,提供一种把业主目标和要求转变为设计文件的途径,所有项目参与人按照设计文件的内容与要求去交付实施。设计的划分方法因各国的工程建设管理制度不同而存在一定的差异,但一般可分为初步设计和施工图设计两个阶段。在国际工程EPC 项目中常采用三阶段划分法,即概念设计、初步设计和最终设计,其中最终设计又包括基础设计和详细设计,如图 2-2 所示。

**1. 概念设计**

概念设计的内容反映在业主的招标文件中,目的是界定和确定工程内容、范围和建筑物功能等,包括投标人须知、业主要求、设计技术标准、工程量(设备)清单及附图等。与业主方建立良好的伙伴关系有助于充分收集设计信息,准确理解业主的意图和要求,为项目的后续设计阶段提供良好的基础。

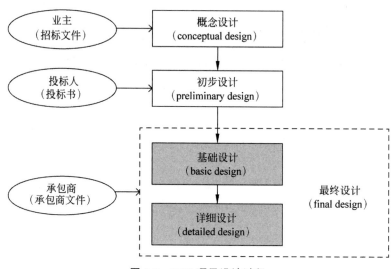

图 2-2  EPC 项目设计过程

**2. 初步设计**

基于招标文件,投标人在投标书中有针对性地结合自身设计技术评估业主的概念设计,分析工程建设范围、工程任务、建筑物特性及功能,提出初步设计文件,包括设计技术标准、设计图纸、工程量清单、设计进度计划表等,以提出合理的投标报价。

**3. 最终设计**

最终设计反映在承包商的承包商文件中,包括基础设计和详细设计。

**1) 基础设计**

在初步设计基础上进行补充、修正、完善和优化,完整提出设计准则、工程总体布置和相关建筑物布置,确定可行的重大技术方案并获得业主或业主代表批准。

**2) 详细设计**

以基础设计为基准,提出详细的设计计算、施工图纸和施工技术要求并获得批准,以保障采购和施工的顺利实施。

# 2.2  国际工程 EPC 项目设计管理评价

## 2.2.1  国际工程 EPC 项目设计问题

对国际工程 EPC 项目设计管理中存在的问题及其影响程度进行评价,结果如表 2-1 所示,得分为 1 代表没有影响,5 代表影响很严重。

表 2-1 显示,18 项设计问题评分均值为 3.74,表明上述设计问题对项目实施的影响均不可忽视。主要存在如下几方面的设计问题:

表 2-1　设计问题重要性评估

| 指　标 | 得　分 | 排　序 |
|---|---|---|
| 国内外项目标准差异导致的设计问题 | 4.12 | 1 |
| 不熟悉、不适应当地 HSE 相关法律法规导致的设计问题 | 4.08 | 2 |
| 设计信息收集不足 | 3.97 | 3 |
| 设计批复率低 | 3.97 | 3 |
| 所设计项目成本较高,性价比不合理 | 3.92 | 5 |
| 设计深度不足,延误采购计划的编制和设备制造 | 3.92 | 5 |
| 设计失误、缺陷 | 3.90 | 7 |
| 设计工期拖延 | 3.88 | 8 |
| 工程具体范围、产品品牌和型号不确定等,造成工程造价偏差 | 3.83 | 9 |
| 设计方案可施工性不佳 | 3.81 | 10 |
| 设计与采购、施工协调效率低 | 3.66 | 11 |
| 与咨询工程师沟通交流不畅 | 3.61 | 12 |
| 设计返工 | 3.59 | 13 |
| 设计方案技术上缺乏竞争力 | 3.56 | 14 |
| 设计优化不足 | 3.52 | 15 |
| 设计变更流程不规范 | 3.39 | 16 |
| 设计费用比例过低导致设计投入不足,产生设计问题 | 3.29 | 16 |
| 设计信息管理不规范 | 3.25 | 18 |
| **平均值** | **3.74** | — |

（1）标准差异导致的设计问题。在各个设计问题的重要性评价中,"国内外项目标准差异导致的设计问题""不熟悉、不适应当地 HSE 相关法律法规导致的设计问题"分别排在第 1 和第 2 位,表明国内外标准差异对国际工程 EPC 项目设计的影响最为突出。在当前国际工程承包市场格局下,大部分业主倾向于使用欧美标准建设项目。由于设计院缺乏国际工程设计经验,存在不熟悉国外标准、对国内外技术标准差异认识不足的情况,从而严重影响所设计方案的成本、质量、进度以及 HSE 管理。

（2）投标策划设计问题。投标策划设计问题主要包括"设计信息收集不足""所设计项目成本较高,性价比不合理""工程具体范围、产品品牌和型号不确定等,造成工程造价偏差"和"设计方案技术上缺乏竞争力",分别排在第 3、第 5、第 9 和第 14 位。国际工程 EPC 项目业主在招标文件中给出的概念设计比较笼统,所给出的设计基础条件（现场水文地质资料数据等）和基础设计成果存在着很多不确定性,在投标策划时对设计信息收集不足会给项目带来很大的风险,包括所设计项目成本偏高、技术方案缺乏竞争力等。

（3）设计质量、进度问题。项目实施阶段设计问题包括"设计批复率低""设计失误、缺陷""设计工期拖延""设计方案可施工性不佳"和"设计返工",分别排在第 3、第 7、第 8、第 10 和第 13 位。上述问题主要归因于设计人员不熟悉国际工程技术标准,设计资料不够完整和设计与采购、施工协调不充分。

（4）设计接口管理问题。设计接口管理问题包括"设计深度不足，延误采购计划的编制和设备制造""设计与采购、施工协调效率低""设计变更流程不规范"和"设计信息管理不规范"，分别排在第5、第11、第16和第18位。设计与采购、施工之间缺乏有效的沟通交流，是设计失误和缺陷产生的重要原因。设计变更协调不好或关键设计信息缺失也会对项目成本、进度产生重要影响。

（5）设计激励问题。设计激励问题包括"设计优化不足"和"设计费用比例过低导致设计投入不足，产生设计问题"，分别排在第15和第16位。设计优化需要人力、物力和时间等资源的投入，承包商应设置适当的激励机制，使设计方有足够的资源和动力进行设计优化，以获得性价比更高的设计方案。

## 2.2.2　国际工程EPC项目设计能力

对国际工程EPC项目设计能力进行评价，结果如表2-2所示，得分为1代表完全不符，5代表完全符合。

表2-2　国际工程EPC项目设计能力评价

| 指　标 | 得　分 | 排　序 |
|---|---|---|
| 能基于工程建设范围、工程任务、建筑物特性及功能，提出技术上可行的初步设计方案 | 4.15 | 1 |
| 所设计项目报价在商务上具有可行性 | 3.97 | 2 |
| 能基于招标文件结合自身设计技术准确理解业主的意图 | 3.93 | 3 |
| 能较为完整地掌握设计基础资料 | 3.87 | 4 |
| 能通过深化和优化初步设计方案，在基础设计阶段提出完整可行的重大技术方案，并获得咨询工程师及时批准 | 3.65 | 5 |
| 设计深度、进度满足采购和施工要求，保障项目顺利实施 | 3.63 | 6 |
| 能以基础设计为基准，提出详细的设计计算、施工图纸和施工技术要求，并获得咨询工程师及时批准 | 3.60 | 7 |
| 平均值 | 3.83 | — |

表2-2设计能力评价排名前三位的指标显示，EPC项目投标策划过程中，能基于招标文件结合自身设计技术准确理解业主的意图，根据工程范围、工程任务、建筑物特性及功能，提出技术上可行的初步设计方案，并且投标报价在商务上具有较强的竞争力。"能较为完整地掌握设计基础资料"排名第4位，表明对项目基础资料的完整性还需进一步重视。

设计能力评价排名后三位的指标表明，EPC项目实施阶段在优化设计方案、提出详细的设计计算和施工图纸，并获得咨询工程师及时批准，以满足采购和施工要求等方面还有较大提升空间。

## 2.2.3 国际工程 EPC 项目总承包商与设计方伙伴关系

对总承包商与设计方的伙伴关系实现程度进行评价,结果如表 2-3 所示,得分为 1 代表完全不符,5 代表完全符合。

表 2-3 总承包商与设计方关系评估

| 指　标 | 得　分 | 排　序 |
|---|---|---|
| 总承包商与设计方努力共同完成初步设计,成功中标 | 4.21 | 1 |
| 总承包商与设计方间相互信任 | 4.14 | 2 |
| 总承包商与设计方间形成长期的战略合作伙伴关系,共同成功拓展更大的国际市场 | 4.07 | 3 |
| 中标后,总承包商与设计方间利益分配公平 | 4.00 | 4 |
| 总承包商与设计方能共同及时解决项目实施问题 | 4.00 | 4 |
| 总承包商与设计方间沟通高效 | 3.77 | 6 |
| 总承包商建立激励机制,有效促进设计优化,降低成本,提高设计方可施工性 | 3.66 | 7 |
| 平均值 | 3.98 | — |

表 2-3 显示,所有 7 项指标得分平均值为 3.98 分,表明承包商与设计方之间建立了较好的合作伙伴关系。"总承包商与设计方努力共同完成初步设计,成功中标"得分最高,表明总承包商和设计方能够共同承担风险,努力实现中标这一共同目标。总承包商和设计方相互信任,可以实现公平的利益分配,并能够及时解决项目实施过程中遇到的问题。总承包商和设计方之间基于成功的项目实施,往往能形成长期的战略伙伴关系,共同拓展更大的国际市场。

"总承包商与设计方间沟通高效"得分为 3.77 分,排在第 6 位,表明总承包商与设计方还需要进一步建立有效的沟通机制,归因于项目、设计院和承包商所在地往往相距较远,欠缺高效的协同工作信息平台。"总承包商建立激励机制,有效促进设计优化,降低成本,提高设计方可施工性"排名最末,表明总承包商对设计方的激励机制还需进一步加强。

对总承包商与设计方伙伴关系进行相关性分析,结果如表 2-4 所示。

表 2-4 总承包商与设计方合作关系各指标之间相关系数

| 指　标 | V1 | V2 | V3 | V4 | V5 | V6 | V7 |
|---|---|---|---|---|---|---|---|
| V1(总承包商与设计方间相互信任) | 1 | | | | | | |
| V2(总承包商与设计方努力共同完成初步设计,成功中标) | 0.552** | 1 | | | | | |
| V3(中标后,总承包商与设计方间利益分配公平) | 0.512** | 0.676** | 1 | | | | |

续表

| 指　　标 | V1 | V2 | V3 | V4 | V5 | V6 | V7 |
|---|---|---|---|---|---|---|---|
| V4（总承包商与设计方间沟通高效） | 0.585** | 0.477** | 0.433** | 1 | | | |
| V5（总承包商与设计方能共同及时解决项目实施问题） | 0.513** | 0.522** | 0.386** | 0.434** | 1 | | |
| V6（总承包商建立激励机制，有效促进设计优化，降低成本，提高设计方可施工性） | 0.438** | 0.340** | 0.497** | 0.470** | 0.317* | 1 | |
| V7（总承包商与设计方间形成长期的战略合作伙伴关系，共同成功拓展更大的国际市场） | 0.393** | 0.394** | 0.278* | 0.479** | 0.572** | 0.377** | 1 |

　　* 表示显著性水平在 0.05 级别；** 表示显著性水平在 0.01 级别；*** 表示显著性水平在 0.001 级别。全书含义同此。

　　表 2-4 显示，总承包商与设计方伙伴关系要素之间显著相关。这表明总承包商与设计方间相互信任、EPC 项目中标、公平的利益分配、高效沟通、及时解决问题、激励机制和长期的战略合作关系联系密切，项目的成功是这些要素之间相互作用的结果。

　　利用表 2-4 的相关性系数进行总承包商与设计方伙伴关系典型指数分析，结果如表 2-5 所示。

**表 2-5　总承包商与设计方伙伴关系典型指数分析**

| 指　　标 | 典 型 指 数 |
|---|---|
| 总承包商与设计方努力共同完成初步设计，成功中标 | 0.255 |
| 总承包商与设计方间相互信任 | 0.253 |
| 总承包商与设计方间沟通高效 | 0.233 |
| 中标后，总承包商与设计方间利益分配公平 | 0.230 |
| 总承包商与设计方能共同及时解决项目实施问题 | 0.217 |
| 总承包商与设计方间形成长期的战略合作伙伴关系 | 0.181 |
| 总承包商建立激励机制，有效促进设计优化，降低成本 | 0.170 |

　　表 2-5 显示，"总承包商与设计方努力共同完成初步设计，成功中标"的典型指数最大，说明了成功的投标策划与其他指标关联性较强，归因于初步设计方案对 EPC 项目所具有的全局性重大影响。

## 2.2.4　国际工程 EPC 项目设计管理

　　对总承包商设计管理水平进行评价，结果如表 2-6 所示，得分为 1 代表完全不符，5 代表完全符合。

表 2-6　设计管理水平评价

| 指　标 | 得　分 | 排　序 |
|---|---|---|
| 总承包合同中明确设计的深度和责任 | 4.07 | 1 |
| 对执行业主的变更指令或修改原始设计错误及时办理相应索赔手续 | 3.83 | 2 |
| 设置内部设计审核流程,对设计方案进行质量审核、造价核算和进度分析,对设计图纸提出可施工性方案和优化设计建议,并现场协调,推动实施 | 3.79 | 3 |
| 总承包商能让各专业设计部门根据指定的工程施工总进度计划提前编制各专业的出图计划,并按计划执行 | 3.76 | 4 |
| 对项目参与方之间有关设计的所有文件进行规范化管理 | 3.71 | 5 |
| 总承包商提供设计质量保证文件,作为设计部门开展工程设计的依据 | 3.66 | 6 |
| 将采购、施工的信息集成到设计过程中,有效实施设计与采购、施工的一体化管理 | 3.59 | 7 |
| 引入外部咨询机构,负责设计文件的审核、解读业主/咨询工程师的批复意见,为项目部设计管理提供技术支持 | 3.47 | 8 |
| 引入国外优秀设计公司,借助其熟悉国际常用规范和设计能力强的特点,提高 EPC 项目设计管理水平 | 3.10 | 9 |
| 平均值 | 3.66 | — |

表 2-6 显示,评分最高的是"总承包合同中明确设计的深度和责任",这表明设计范围和内容的定义较为明确。"引入外部咨询机构,负责设计文件的审核、解读业主/咨询工程师的批复意见,为项目部设计管理提供技术支持""引入国外优秀设计公司,借助其熟悉国际常用规范和设计能力强的特点,提高 EPC 项目设计管理水平"得分较低,表明承包商在设计管理国际合作方面还有较大提升空间。

## 2.3　国际工程 EPC 项目设计管理案例

### 2.3.1　赞比亚卡里巴项目简介

卡里巴水电站地处赞比亚南部,在赞比亚和津巴布韦交界的赞比西河上的卡里巴峡谷段,位于赞比西河和喀辅埃河交汇处上游 40km,距首都卢萨卡 192km。业主为赞比亚国家电力公司(ZESCO)和卡里巴北岸水电站扩机项目公司(KNBEPC),业主代表为法国电力公司(EDF)。工期原定为 48 个月(2008-11-5～2012-11-4),延期后为近 65 个月(2008-11-5～2014-3-31);合同价格为按照即时汇率计算,加上变更和调差等超过 2.90 亿美元。

卡里巴水电站进水口由两个进水室(闸门室)组成,距原进水口约 60m,与已建进水室形式相同;两条圆形的直径 7.8m 引水隧洞位于已建隧洞的山体内侧,最近点在平面上距离仅约 8.5m,5 号和 6 号隧洞上平段长度约 70m,两条隧洞竖井段长度均约为

90m；5 号和 6 号隧洞下平段长度分别为 270m 和 300m；厂房在原电站厂房的下游侧扩建，将共用安装间和桥吊，距离 4 号机组轴线 51m，形式也与原厂房相同，扩建的厂房长 51m，宽 25.8m，高 49m；尾水隧洞位于原尾水隧洞的下游侧，形式为马蹄型，最大开挖高度和跨度约 10m，洞长 100～110m。

## 2.3.2　设计管理重点问题

### 1. 标准差异导致的设计问题

扩机工程采用 1994 版英国施工制度在施工设计和管理方面的规定，或者等级的国际标准。混凝土标准参照的是英国标准协会（British Standards Institution，BSI）、国际大坝委员会（International Commission on Large Dams，ICOLD）、建筑工业研究与情报协会（Construction Industry Research and Information Association，CIRIA）、美国垦务局（United States Bureau of Reclamation，USBR）、欧洲锅炉制造和类似钢铁结构委员会（Comité Européen de la Chaudronnerie et de la Tôlerie，CECT）等或相似的国际标准化机构颁布的现代工程师手册。水电站土木项目的设计应完全符合国际大坝委员会、建筑工业研究与情报协会、USBR 以及类似的标准化机构等的当前规定。另外，水电站的设计应满足相关赞比亚规章制度和独立大坝安全板块的要求。在整个水电站扩机工程中，应提供火灾探测和保护系统，包括固定的保护水装置、火警和可移动设备。这些系统的设计应符合赞比亚国家防火协会或损失预防协会的要求，以及当地消防要求。电气安装工程依照 BS 7671 相应的规定。供应的所有设备都应符合合同签订时的国际或国家标准。

设计人员工程经验主要来自国内项目，存在不熟悉国外标准、对国内外技术标准差异认识不足的情况，导致部分设计图纸不符合现场的实际条件及规范要求。设计方由于缺乏国际工程设计经验，设计思路和理念不能满足业主要求，导致设计批复时间长、设计进度较慢，甚至影响到机电设备采购和机电安装施工。

### 2. 设计质量、进度问题

设计图纸利用国内设计经验绘制，不能向业主提供设计计算书和满足国际标准的计算书，造成报批延误，影响了上述设备采购及工程进度和成本。以机械设计为例，包括进水口闸门、液压启闭机、拦污栅和门机设计，出水口的闸门、门机设计等，相关设计理念不清晰，对金属结构在工程中的功能和要求理解不到位。

### 3. 设计内部审核问题

对设计的审核需要加强，尤其是在机电设计把关方面。由于项目部的大部分管理人员为土建人员，缺乏机电专业国际人才，导致对机电设计图纸和机电设备的厂家资料把关不够,一定程度影响了项目成本和施工进度。

### 4. 设计激励问题

设计资源投入不足,表现为现场的设计人员数量太少,满足不了现场生产的需要,同时现场设代和后方设计是不同人员,一定程度上造成了现场设代不能充分理解后方设计的意图,不利于在前方与其他各方进行沟通交流。图纸每次审批回来的意见,需要反馈到国内进行修改再报批,导致效率降低。

### 5. 设计优化问题

设计方没有足够的动力进行设计优化。对于大型的机电设备和金属结构的设计、加工和制作,一旦设计标准和主要材料确定以后,优化设计的难度很大。因此,需要把现场施工信息及时反馈给设计,促进设计优化,以方便施工,降低成本。

## 2.3.3　设计管理措施

### 1. 与业主保持友好的合作关系

项目部与业主和咨询工程师建立了基于共赢的合作伙伴关系,使业主和咨询工程师简化了设计方案和施工图审批流程,深入了解咨询工程师批复意见,加强运用国际工程技术标准的能力,以提高图纸审批效率。

### 2. 建立完善的设计激励机制和设计审批制度

制定针对设计环节的激励措施,与设计方共享设计优化成果,以提高设计方开展设计优化工作的积极性。同时,邀请专家参与设计审批,为设计工作提供技术支持,保障设计质量满足业主要求。

### 3. 明确设计优化重点,及时提出设计变更

项目部在满足基本设计和运行要求的基础上,明确了在土建方面开展设计优化的思路;同时,主动参与施工过程,依据实际地质情况进行衬砌和支护设计,并结合现场信息及时提出设计变更,通过与业主的充分沟通获得设计批复。

### 4. 支持和鼓励采用先进设计方法,以提高设计批复效率和促进优化

项目部支持和鼓励采用先进设计方法,显著提升了设计批复率并促进设计优化。例如,水轮机模型试验的成功应用,让业主对水轮机效率有了正面认识,使得水轮机的批复工作顺利;地下厂房洞室采用3D数字模型计算,取消了厂房混凝土顶拱衬砌,节省了厂房施工时间、降低了厂房施工成本;引水洞采用3D数字模型计算,将原设计的

两层钢筋优化成一层,节省了钢筋用量,加快了隧洞衬砌进度;进水口闸门设计和压力钢管设计,采用国外的设计标准和设计理论,不仅能够赢得业主很快批准设计,而且还不同程度上比国内节省钢材。项目部与设计院之间始终保持着密切的沟通和交流,在基本设计的基础上,双方密切合作而且充分发挥积极性,设计优化经济效益超过了200万美元。

# 2.4　国际工程EPC项目设计管理建议

## 2.4.1　提升国际工程EPC项目设计管理能力

国际工程EPC项目总承包商设计管理需重视以下设计环节:

(1) 设计输入(设计基础资料、设计范围、设计标准);

(2) 设计过程;

(3) 设计输出评审;

(4) 设计优化;

(5) 设计-采购-施工一体化管理。

**1. EPC项目设计输入**

设计输入是设计工作的依据和基础,包括业主勘察或通过其他途径获取的水文地质资料、工程现场的相关测量数据,界定了设计采取的技术规范标准、设计的范围以及设计开始的切入点等。由于在国际咨询工程师联合会(FIDIC)的《设计采购施工(EPC)/交钥匙合同条件》条款中,业主对招标文件资料的准确性、充分性和完整性不承担责任,因此在设计输入这一环节需注重以下几点。

**1) 明确设计基础条件**

设计的基础条件(包括概念设计和招标文件其他部分给出的水文、地质地貌、交通等的描述和数据资料)是初步设计的基础,对设计方案具有重要影响。目前我国承包商承担的EPC项目多位于亚非拉经济欠发达地区,这些地区基础设施建设大多较为薄弱,作为设计输入的基础设计资料一般都不是很完善;如不提前整理,有可能造成投标报价的重大偏差;并且在中标后,可能因承包商对现场实际情况掌握的偏差而导致设计失误、施工困难、工期延误和费用损失。对以上风险,承包商应采取以下防范措施:

(1) 注重投标阶段的技术澄清,就设计基础条件问题向业主核实,并就招标文件中的模糊化、遮掩性质的描述进行沟通。

(2) 从多个渠道收集现场或工程相关数据,佐证设计基础条件数据资料的完备性、时效性以及准确性。

(3) 进行现场勘探,及时完善基本设计资料,尤其是对风险性最大的地质部分;并将获取的数据资料与业主提供的进行核对,如有问题应及时向业主澄清。

（4）关注施工现场的气候和交通条件。

**2）明确设计工作范围和深度**

设计的输入界定了设计的工作范围和深度,并对项目的投资具有重要影响。业主在合同中对"工作范围"（scope of work）的界定主要基于概念设计,具体工作范围需要承包商在设计过程中把握。由于一般在合同中都规定业主拥有合同的解释权,如果承包商对合同理解不透彻、对"范围"不敏感,就会导致 EPC 项目的造价大幅提高。因此,在 EPC 实践中设计阶段应采取以下措施:

（1）采用工作分解结构（work breakdown structure,WBS）的方式对设计的工作范围进行定义,提交业主批准。凡包含在 WBS 中的设计工作即属于合同规定的"工作范围",反之则不在承包商/设计方的工作范围之内,由此可以界定业主的指令是否属于变更。

（2）在投标和合同谈判阶段应就合同文件中对工作范围的模糊描述请业主书面澄清。

（3）承包商在报价的时候针对范围的模糊描述从专业角度出发,考虑设计基本满足规定的基本功能要求即可,但必须要确保自身有足够的技术能力满足采购和施工进度要求。

（4）注重设计阶段的范围监控,内部审核设计图纸文件是否满足合同中的业主范围要求,而一旦提交业主审核获得批准,即视为业主认可和接受承包商的工作范围,施工在此基础上严格按照获批的图纸进行。范围监控的目的:一是控制投资;二是保证设计文件顺利获批;三是为一些索赔提供依据,因为如果是业主的原因导致获批的图纸作废或者进行修改,承包商可以启动索赔程序。

**3）加强对国际工程技术标准的理解**

国内承包商在接触国际市场的过程中,由于语言差异、设计习惯等原因导致对国际工程技术标准和 HSE 相关法律法规不熟悉,会对 EPC 项目设计造成重大影响。例如,伊泰兹项目主要采用印度标准,由于设计方对国际标准的不熟悉以及国内外设计理念的差异,导致出图滞后,审批困难。提高国际工程技术标准应用能力具体措施如下:

（1）加强对国际标准和规范的学习和培训,提升对国际工程项目标准和规范的理解深度。

（2）充分考虑项目的安全要求,运用与国际接轨的设计程序、特殊结构的设计方法,以提高设计批复率。

（3）按国际惯例制定设计管理手册,要求设计人员严格按照要求进行设计文件的编制。

（4）加强复合型人才的培养,使技术人员能够理解咨询工程师批复意见,并能保持顺畅沟通。

**2. EPC 项目设计过程**

投标阶段,EPC 项目总承包商应就投标方案的商务、技术和风险三个方面进行控制,具体包括:

（1）项目投标总体方案与投标策略的策划；

（2）投标文件编制；

（3）投标技术方案评审；

（4）项目投标商业评估；

（5）风险分析与评估。

中标后，EPC项目总承包商应就设计深度和责任、设计进度以及设计质量进行过程控制：

（1）总承包合同中明确设计的深度和责任。

（2）依据指定的工程施工总进度计划，提前编制专业出图计划，同时推进计划的有效执行。

（3）制定设计质量保证文件，作为工程设计的依据，内容包括设计管理体系、各专业资源投入、专业接口协调、设计文件管理与审查办法。

（4）注重培养设计团队综合能力，包括职业道德、专业能力、合同素养、共赢意识、服务意识、语言能力和沟通能力等。

（5）设计过程控制重点包括：国内外设计标准适应性、技术方案可行性、设计工期、设计项目性价比、重大技术方案的变更控制、设计优化、工程现场设计、突发事件或事故评估与处理和设计信息管理。

**3. EPC项目设计输出评审**

EPC项目输出主要包括计算书、图纸和技术要求，对设计输出的评审涉及内部评审和外部批复。

**1）EPC项目设计的内部评审**

设计内部评审目的是提高设计质量，促使设计文件在业主/咨询工程师处得到顺利批复，有效减少文件的驳回或提出修改建议，减少设计返工和设计费用。主要措施包括：

（1）设置内部设计审核流程，组织有设计经验、熟悉项目技术标准的专家对设计方案进行质量审核、造价核算和进度分析，对设计图纸提出可施工性方案和优化设计建议。

（2）引入外部咨询机构，负责设计文件的审核、解读业主/咨询工程师的批复意见，为项目部设计管理提供技术支持。

（3）引入国外优秀的设计公司，以借助其熟悉国际常用规范和设计能力强的特点，提高EPC项目设计管理水平。

**2）EPC项目设计的外部批复**

由于EPC项目所有设计产品都必须要在业主批复后方可用于现场施工，为避免因设计文件批复影响现场施工从而对项目的总体进度造成影响，需加强设计批复过程中的沟通。沟通包括函件的沟通和面对面的沟通，面对面的沟通又可以分为定期的会议式的沟通（如定期组织的设计与业主/咨询工程师的设计专题会）和现场实时的沟通。结合设计文件批复和双方沟通的特点，需采取如下措施：

（1）合同签订时，把握业主的审核范围和审核权限，明确业主对设计成果的审核方式。

（2）对业主的审核意见和设计变更指示，要与合同条款进行对照。当出现超出合同边界的内容时，需及时提出设计变更。不仅可以有效保证业主设计要求的合理性，也能够为之后的索赔工作提供证据。

（3）在EPC项目中，承包商应尽量在EPC合同中明确要求业主咨询工程师常驻现场，以提高设计批复过程中的沟通协调效率。

（4）设计进度安排应具有一定提前量，以减小审批不顺利等因素对施工进度造成的不利影响。

（5）建立与业主/咨询工程师良好的合作关系，逐步赢得咨询工程师的信任，以利于设计方案获得咨询工程师的支持，包括简化设计批复程序、明确审核重点、接受设计方采用的规范和设计优化方案等。

### 4. EPC项目设计优化

由于承包商为了中标，必须使报价在商务上具有竞争力，往往在项目成本控制方面压力巨大。为此，需要采取如下措施进行设计优化，以降低项目成本风险。

（1）引入限额设计。承包商签订承包合同后，将合同总价、总工期、业主要求的功能定义为最大限额、最长工期和最低功能要求，据此进行限额设计。将限额设计目标分解到各专业，在保证各功能的基础上，从设计源头控制各项工程费用。

（2）设计优化节约的成本与业主共享，以获得业主对设计优化的支持，并减小设计批复的阻力。

（3）不同设计阶段设计优化的侧重点应不同，力求留有设计优化变更余地。

（4）支持和鼓励设计采用先进技术和方法，以促进优化并提高设计批复效率。

（5）加强对设计院的激励，通过提高设计取费比例、奖励现场设计人员等措施，从资源上支持设计院在项目实施过程中进行设计优化。

（6）与国外优秀的设计公司合作，借助其熟悉国际工程设计规范和特有专门技术，以解决项目设计难题。

### 5. EPC项目设计-采购-施工一体化管理

EPC项目设计-采购-施工业务关系密切。首先，设计产品的功能、信息输入到采购环节并执行相应设备、材料的采购，而采购设备、材料的质量和采购过程中发生的费用又会影响设计产品的实现及实现程度；其次，施工过程安装的输入主要为采购环节的输出，它需要使用采购的原材料，安装所采购的设备与大型机械。同时，施工过程安装所发生的费用、时间信息又会反馈到设计方，促进以后设计的可施工性分析及设计优化。

设计与采购一体化管理的作用包括：

（1）在投标阶段设计方案就应考虑如何解决主要设备的供应厂商问题，使推荐采用的机电设备型号和技术参数能达到评审要求。

（2）设计方准确提供材料和设备的技术规格要求，避免采购失误。

（3）设计方参与材料、设备供应商报价评审工作，以免出现技术规格偏差。

（4）设计方的及时审查有利于保证设备、材料的制造质量。

（5）设计方及时提交设计图纸，有利于制订采购计划，保障后续工作顺利进行。

（6）设计与施工方间的良好沟通与协调可使设计过程及时吸收施工过程反馈的信息，促进设计优化。

（7）设计过程中充分考虑资源的可获得性及现场施工需求，可以避免过于复杂的工艺及不利条件下的施工，提高设计方案可施工性。

## 2.4.2 建立国际工程 EPC 项目总承包商与设计方伙伴关系

在设计阶段进行设计的可施工性分析，将采购、施工的信息集成到设计过程中，实施设计-采购-施工的一体化管理，对项目绩效具有重要影响，需要总承包商与设计方间建立良好的合作伙伴关系，以提升对设计相关资源的集成能力。基于伙伴关系的国际工程 EPC 项目设计管理流程如图 2-3 所示。

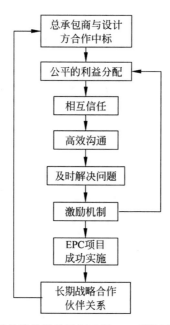

**图 2-3 基于伙伴关系的国际工程 EPC 项目设计管理流程**

### 1. 总承包商与设计方共同完成初步设计，成功中标

投标阶段，EPC 项目总承包商和设计方应共同承担风险，共同完成投标策划。需重点关注以下方面：①准确理解业主/咨询工程师在招标文件中的意图；②通过向业主/咨询工程师澄清、现场考察和补勘等方式尽可能较为完整地掌握设计基础资料；③基

于工程建设范围、工程任务、建筑物特性及功能,提出技术上可行的初步设计方案;④提出商务上具有竞争力的报价;⑤充分考虑 EPC 项目外部环境、技术、经济和社会方面的风险因素。

### 2. 总承包商与设计方间利益分配公平

中标后,承包商根据 EPC 总合同对设计工作的规定,对双方责、权、利进行详细规定,明确设计方工作范围、设计进度、奖惩措施等内容,做到工程实施时有据可依。此外,还需注重取费的差异。有别于国内传统项目,国际工程 EPC 项目设计方承担的工作量显著提高,应分配较高的设计费用,以使设计方有资源和动力完成好所规定的设计任务。

### 3. 总承包商与设计方间相互信任

基于伙伴关系的设计管理过程中,伙伴关系要素可分为行为要素和交流要素两类。行为要素包括共同目标、积极态度、信守承诺、公平和信任,其中信任是核心。伙伴关系首先要建立起项目的共同目标(成功中标并顺利实施),使各方能以积极的态度进行合作,积极态度就是良好的执行力。在执行过程中各方能信守承诺(即承诺的事情愿意兑现,并有能力兑现),奉行公平原则(即利益/风险分配合理),就能逐渐建立起信任的关系。

### 4. 总承包商与设计方间高效沟通,及时解决项目实施问题

伙伴关系的另一类要素是交流要素,包括开放、团队建设、有效沟通、及时反馈和解决问题,其中解决问题是关键。承包商与设计方间相互信任的作用在于能促进交流要素的有效实现;有助于双方在开放的氛围中,加强团队建设,愿意充分沟通,使各种信息顺畅交流,及时反馈并解决出现的各种问题,促进基础设计、详细设计及其与采购、施工间的合理衔接,有助于:①信息流动加快,从而提高 EPC 项目实施效率;②增加决策信息,加强风险管理;③降低 EPC 项目监控成本;④促进价值工程与创新;⑤提高设计、采购和施工质量。

### 5. 建立激励机制,促进设计优化,降低成本,提高设计方案可施工性

总承包商对设计方进行激励的关键问题为:①激励相容问题。在签订设计分包合同的时候,缺少激励安排,设计方看不到设计优化的利益;而设置激励,又存在激励空间有限的问题,即当设计优化成本大于激励收益或设计业务较多时,设计方便会缺乏设计优化的动力。②信息不对称问题。承包商缺乏有效的设计优化评估机制或者评估团队,使得激励机制的执行存在困难。③设计方的优化设计能力问题。如果设计方优化设计能力不足,将导致激励机制无效;承包商要获得满意的激励收益,必须要促使设计方不断提升设计能力。

### 6. 建立长期的战略合作伙伴关系,共同拓展更大的国际市场

EPC 项目成功实施后,承包商与设计方公平分享 EPC 项目的收益,则可进一步促进双方间的相互信任,有助于形成长期的战略合作伙伴关系,共同拓展更大的国际市场。

# 第3章 >>>>>>>>>>>>>>>

# 国际工程EPC项目采购管理

## 3.1 国际工程 EPC 项目采购管理理论基础

### 3.1.1 供应链一体化理论

自 20 世纪 80 年代以来,一体化就认为是供应链的核心,是组织供应链绩效和竞争优势的来源,因此无论从研究还是实践来讲都得到极大的关注。从理论视角普遍被接受的定义大多涉及内部和外部层面的互动与合作。在内部整合层面,互动代表了与不同部门之间活动相关的交流;在外部整合层面,一些学者用"社会化"的概念来代表信息在组织间和组织外部流动的过程。供应链一体化可以被定义为组织与其利益相关方进行战略合作与管理组织内外部流程的程度,以实现产品、服务、信息、资金和决策等高效快速地流动,最终以低成本和快速度为客户提供最大的价值。被广泛使用的供应链一体化定义包括:供应链一体化是供应链网络成员在战略、战术和运作决策方面的全面合作,其特点为合作、信息交流、信任、伙伴关系,以及从管理单个职能流程到管理整合的流程链的本质转变[60]。此外,还有学者将供应链一体化定义为,企业与供应链伙伴进行战略合作和共同管理组织内和组织间流程的程度[61-62]。有学者认为供应链一体化是供应链过程中企业之间联系的范围和强度。综上所述,供应链一体化的本质就是建立供应链参与方之间的合作与信任、加强组织间的沟通与交流、重新规划组织业务流程、运用信息技术来加快组织间和组织内部信息的流动[63]。

供应链管理在一定程度上受到约束理论的影响。约束理论(theory of constraints)中心思想是,系统的产出效率取决于系统中的瓶颈环节,组织的管理目标应当是寻找并完善"瓶颈"环节,其他环节的改进对于整体产出的提高意义不大[64]。供应链是由多个环节组成的系统,各参与方仅致力于自身内部的最优并不能实现整个供应链的最优,因此必须从供应链一体化的角度致力于整条链的优化。通过回顾供应链一体化相关研究的文献可以发现,对于供应链一体化的研究主要集中在供应链合作关系、供应链接口管理、供应链流程管理和供应链信息管理四个方面。

## 3.1.2　供应链一体化的必要性

在全球经济一体化的进程下,跨国公司的出现加速促进了供应链一体化的发展,跨国公司的产品开发、原料采购、生产加工、销售等环节往往在不同的国家和地区,这需要更加有力的手段来管理企业更长、更复杂的供应链。对供应链一体化的探索和应用,改善了各地区之间的生产运作方式,帮助许多跨国公司取得了极大的成功[65],如:IBM公司为建立全球生产管理体系而开发了供应链管理软件,并在全球的生产基地中进行应用,实现了在公司总部对生产、销售、库存等进行一体化管理[66];沃尔玛凭借其有效的供应链管理在短时间内实现快速成长,其中首创了沃尔玛与宝洁之间的合作伙伴关系得到推广。与跨国公司类似,国际工程EPC项目的产品生产、原料采购、产品组装、运营等环节通常都在不同的国家和地区,并且由于国际工程项目一次性、大规模、非标准等不同于制造业的特点,更是大大增加了采购工作的难度[67]。作为一种先进的管理方法,供应链一体化在制造业中已经得到很好的推广并取得显著成果,建设行业需要向制造业学习并实施新的想法[68]。

目前供应链一体化在建筑业中的应用仍停留在学术研究阶段,总承包商在这方面也缺乏实践[69]。现有文献提出了一些方法来实施供应链管理,包括与供应链成员保持长期的关系、与更少的供应商合作来减少存货和周转次数[65]、与供应链成员进行信息共享[70],以及基于信任建立与供应链成员的合作关系以提高绩效[71]。虽然这些方法似乎反映了不同的策略,但都强调了一个最基本的共同原则:合作与交流的重要性。在这种情况下,信息共享就是合作与交流的根本方法。当前制造业的工具通常提供信息共享来帮助供应链经理,这些工具主要针对具有相对稳定供应链的大型制造商和零售商,并且实施和配置非常复杂和耗时。从建设角度来讲,这些工具是否也适用不得而知。建设行业有基于项目的临时供应链,即大多数情况下建设项目的供应链随着项目变化而变化,项目参与方无法投入大量的时间去配置一个系统[72],因此建设项目的供应链管理需要具有足够的灵活性来高效地适应基于项目的供应链。

面对国际环境的不确定性,国际工程EPC总承包商需要更好地进行供应链一体化来利用采购利益相关方的资源和知识[73]。因此,有必要将供应链一体化的管理方法引入对国际工程EPC项目采购管理的研究,探索总承包商如何有效集成企业内外部供应链,并根据约束理论发现国际工程EPC项目采购管理工作中的"瓶颈"环节,采取针对性的措施加强总承包商的采购管理能力,为总承包商进行国际工程EPC项目管理提供理论和实践指导,这对于提高项目的实施效率和经济效益具有重要作用。

## 3.2　国际工程EPC项目采购管理内容

在国际工程EPC项目中,采购活动存在于利益相关方组织内部和组织之间[74],业主、总承包商、供应商和设计方等参与方之间烦琐的运作流程和复杂的关系会导致采购过程的低效,其中总承包商是采购工作的主体,是在供应链中实现一体化的最关键要素[74]。国际工程 EPC 项目采购管理供应链一体化指的是,总承包商通过与采购利益相关方建立合作关系,高效获取和集成各参与方的资源,共同进行采购全流程的管理,协调上下游产业链来提高供应链运作效率,最终改善采购绩效。具体来看,就是总承包商通过对信息流、资金流和物流的控制,从采购设备和材料开始到运输、仓储、使用、交付直至售后服务,将业主、咨询工程师、供应商、设计方、施工方、物流服务商、安装服务商等一系列供应链参与方连成一个整体的功能网链结构[69]。这需要总承包商与采购利益相关方建立合作伙伴关系,加强接口管理以实现产品、服务、信息、资金和决策等资源在组织间的高效流动,整合流程链以提高运作效率,以及促进各方之间的信息共享来实现有效决策。通常认为供应链一体化可以改善总承包商的采购管理过程,如图 3-1所示。

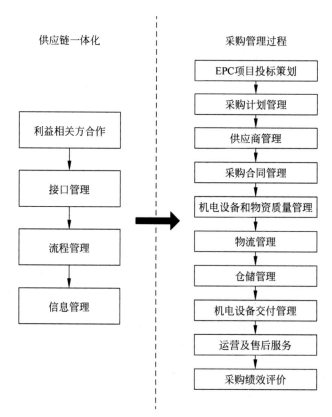

**图 3-1  基于供应链一体化的国际工程 EPC 项目采购管理模型**

总承包商通过利益相关方合作、接口管理、流程管理和信息管理,促进在 EPC 投标策划、采购计划管理、供应商管理、采购合同管理、机电设备和物资质量管理、物流管理、仓储管理、机电设备交付管理、运营及售后服务和采购绩效评价方面的管理过程,各要素的具体含义如下。

## 3.2.1 国际工程 EPC 项目供应链一体化

如图 3-1 的理论模型所示,供应链一体化要素包括利益相关方合作、接口管理、流程管理和信息管理。对总承包商来讲,实施供应链一体化的基础是与供应链利益相关方建立良好的合作关系,各参与方通过特定项目建立合作关系,使得供应链下游的组织可以降低采购成本、节省采购时间,供应链上游的组织可以获得稳定的市场需求,有利于降低生产成本[69]。

### 1. 利益相关方合作

与总承包商相关的各种供应链利益相关方构成了总承包商的外部环境。伙伴关系的策略可以用来解决资源限制的问题,通过采取共赢的理念在供应链参与方之间建立共同目标,在基于信任的关系下最大化各个组织资源的共享[75]。在伙伴关系中,比共赢理念更先进的是运用公平的利益与风险分担机制来管理项目,这给了参与者一个与组织共享自己资源的机会[76-77]。伙伴关系使得总承包商能够了解每一个利益相关方的组织活动是否与他人的目标一致,这可以帮助组织建立合理使用资源的声誉,并且最终改善他们的品牌知名度[78]。声誉和品牌知名度是组织赢得其他利益相关方信任的前提条件,进而有助于获取外部稀缺和宝贵资源[79]。能够以独特方式整合资源的组织与其他组织相比具有较大优势,通过获得稀缺资源并培养核心竞争力优势,组织可以实现可持续的市场优势[80]。系统资源方法强调对关系资产进行投资来保证利益相关方之间良好的合作伙伴关系,以帮助组织建立难以模仿和取代的竞争优势[80]。

在与供应链利益相关方建立合作关系的基础上,总承包商可与供应链参与方共同计划和实施供应链的运行[81],给利益相关方带来好处的同时,帮助总承包商分担风险、获得互补资源、降低交易成本和提高竞争优势[82]。采购活动中存在众多利益相关方,包括业主、咨询工程师、集团总部、设计方、施工方、供应商、国内外海关部门、物流服务商、安装服务商和同一海外市场的本国承包商等,如图 3-2 所示。

#### 1)业主

在 EPC 模式下,业主对工程项目提出具体要求,总承包商全面负责工程项目的实施并对项目目标全面负责。业主主要通过 EPC 合同对总承包商进行监督和管理,以确保实现预期项目目标,总承包商期望在满足项目工程技术标准和功能的前提下减小成本、获得利润,目标的不一致会影响采购的具体活动。在供应链一体化视角下,业主和总承包商应基于共赢的理念发展伙伴关系,将业主获取和整合当地资源的优势与总承包商在技术和管理上的经验相结合,以实现共同目标。

#### 2)咨询工程师

咨询工程师代表业主的利益,帮助业主在项目实施过程中进行具体工作的监督与管理。伙伴关系中开放的交流和问题解决机制有助于总承包商与咨询工程师营造良好

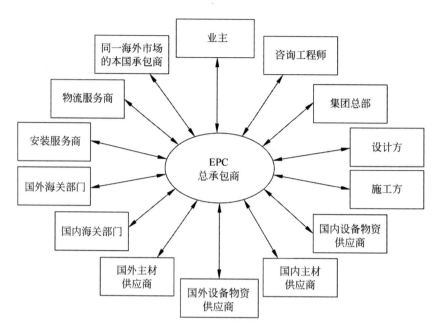

**图 3-2 EPC 总承包商采购业务利益相关方**

的工作氛围,并及时解决采购中出现的各种问题,保证项目的顺利推进。

**3)集团总部**

集团总部对 EPC 项目中大型机电和施工设备的采购有严格的招投标流程和管理措施,对总承包商的采购工作进行监控和管理,以保障大型设备的顺利采购。集团总部还有完善的供应商档案和信息化采购管理平台,有利于总承包商了解全球范围内的供应商信息,以实现供应商选择中的高效决策。由于大型机电设备和施工物资的采购与获得成本高、风险大,总承包商可以借助集团总部更广阔的平台来有效获取稀缺和宝贵的资源,在集团总部的支持与管理下降低采购风险,保障各项采购工作的顺利进行。

**4)设计方**

根据 EPC 合同的要求,设计方对所需采购的设备和物资提出具体的技术标准和参数,总承包商根据设计方提供的技术文件进行采购。与设计方的良好合作有助于掌握设计方案的进度以及时编制采购计划,顺利实现 EPC 项目的设计意图。

**5)施工方**

采购与施工过程相互依赖,采购管理要满足施工技术和进度计划的要求,同时对施工过程有着巨大影响,双方需要就施工设备、施工物资、机电设备安装等活动达成一致,才能保证项目的顺利进行。

**6)供应商**

EPC 项目中大型机电设备、施工设备和施工物资等按时保质供应对于实现项目成本、质量和进度目标具有重要影响,与供应商建立良好的合作关系有助于高效获取稀缺资源,降低采购成本。

**7）国内外海关部门**

EPC项目实施所需的部分设备和物资需要从国内或第三国采购,这其中会涉及出口退税、报关和清关等事项,与国内外海关部门良好的合作关系有助于及时了解政策变化和提高清关效率。

**8）物流服务商**

国内采购和第三国采购的设备物资运输距离远、周期长、不确定性因素多,与物流服务商良好的合作关系有利于实时了解物流信息,提高运输效率。

**9）安装服务商**

大型机电设备的安装通常较为复杂、专业性强,需要高水平的安装服务商在业主、总承包商、设计方、施工方、供应商等多方共同参与下进行,以实现设备安装的准确和有效,这是项目能够顺利运营的重要保障。在大型机电设备的安装过程中,往往会由于设备缺陷、缺少配件等情况阻碍安装工作的正常进行,与安装服务商良好的合作关系有助于应对安装中出现的各种不利状况和保证安装的效率和质量。

**10）同一海外市场的本国承包商**

在国际工程中,由于缺少物资而停工待料的现象并不少见。总承包商与处在同一市场的本国承包商发展合作关系,能够在关键时刻就紧缺物资互通有无,以节约采购成本和保证施工进度。

**2. 接口管理**

国际工程EPC项目采购工作中存在众多利益相关方,他们之间复杂的关系造成了大量的接口问题,如无效沟通、缺乏信任、隐藏动机和协调不佳等,造成利益相关方之间资源不对称和沟通成本增加,进而导致进度延误、质量影响、成本超支和索赔等后果[83]。在EPC项目中,采购工作起着承上启下的作用,同时需要与各利益相关方进行沟通与协调,总承包商与其他参与方之间良好的联系对于保证组织间流程衔接顺畅和信息传递高效具有重要影响。由于项目实施需要从由利益相关方组成的外部环境中获取资源,这需要总承包商根据组织相互依赖的程度来跨越组织边界建立联系,以保证所需的资源在组织间高效和快速地流动[84]。接口管理是反映组织和外部环境之间互动程度的复杂过程,它需要管理以上利益相关方之间的各种关系,这些只有依靠伙伴关系才能够改善[76]。伙伴关系可以帮助改善采购工作中复杂的接口管理而不用担心其他利益相关方的隐藏动机[76]。通过建立信任的关系,利益相关方之间的边界会逐渐融合,最终鼓励各方使得融合的边界变得更加有穿透力[85]。经过改善的接口管理会使得想法、知识、技术等资源通过不同的渠道在利益相关方之间积极地交流,这对于总承包商协调一体化的采购活动至关重要[77]。

**3. 流程管理**

供应链一体化下的采购管理工作环节多、涉及范围广,良好的利益相关方合作有助于总承包商了解组织内外部资源,进而优化组织结构和业务流程来更好地实现供应链一体化[77,86]。伙伴关系不仅能够帮助组织获得实施项目必不可少的稀缺和宝贵资源,并且通过优化组织业务流程来最大化每个参与方资源的有效性[76]。流程被定义为运用信息和资源将输入转化为输出的有序关联行为所组成的重复使用的网络。组织通过与关键供应链利益相关方的合作与接口管理,将内外部战略、实践、流程和行为建造成为合作性的、同步化的和可管控的一体化流程来满足客户需求[87]。流程效率指的是供应链一体化中组织与各利益相关方的合作流程具有竞争成本优势的程度,是测量组织盈利能力和成功的重要因素,包括信息传递流程、共同的物流流程、共同的产品制造流程以及共同决策流程等。总承包商通过持续的流程优化提高流程运作效率,实现资源的合理分配,以最大化每个参与方资源的有效性,同时为总承包商降低成本、增强盈利能力[88]。

**4. 信息管理**

在组织边界间和业务流程流动的资源中,信息的流动在促进决策、过程运作和项目交付中发挥着关键作用,并且由于国际工程 EPC 项目多学科多界面的复杂性,对组织的挑战就是处理大量的存在于项目参与方中的信息[89]。信息在整个项目实施过程中都扮演着重要的角色,对供应链上所有的利益相关方都有关键作用。在国际工程 EPC 项目采购中,供应链上各利益相关方都需要基于可获得的信息进行决策,因此,信息需要在利益相关方之间高效地交流和传递。基于信任的伙伴关系会促进采购流程中的开放交流,这将产生在供应链利益相关方中高效整合信息流的需求。信息流的整合需要保证采购参与方之间完整、及时和准确的信息交流[90],高效的信息交流能够为总承包商在采购过程中进行及时决策和实时监控提供支持,以同时帮助内部和外部的采购活动。信息流的整合有助于通过使用各个参与方的知识与技能共同解决问题[91],还可以减少供应链参与方之间的信息不对称,以降低全球化采购过程中的交易成本。

综上所述,利益相关方合作、接口管理、流程管理和信息管理是供应链一体化的4 个主要组成部分,它们通过相互作用共同对采购管理过程产生影响。

## 3.2.2　国际工程 EPC 项目采购管理过程

如图 3-1 所示,采购管理过程要素包括 EPC 项目投标策划、采购计划管理、供应商管理、采购合同管理、机电设备和物资质量管理、物流管理、仓储管理、机电设备交付管理、运营及售后服务和采购绩效评价。

**1. EPC 项目投标策划**

为了确保项目的顺利实施,业主在 EPC 项目招标时就编制了详细的标准来明确如何对总承包商的资质、技术方案和商务方案等进行评价,其中采购部分是业主衡量总承包商综合实力的重要方面[92]。因此,在EPC项目投标策划阶段,总承包商就应当根据招标文件的要求将采购相关方案合理纳入,使得采购部分技术和商务方案与整体方案相配合,不仅要做到在满足招标文件要求的基础上提升EPC项目投标的竞争力,又能在中标之后不受制于投标方案中的规定。采购占整个合同费用的比例较高,且EPC项目实施周期较长,货物价格会受到国际市场需求、汇率变化、税收、政策等因素影响,而EPC模式的特点是在项目早期就基本确定实施成本[93],总承包商需要考虑以上风险因素对采购部分进行合理报价,实现采购部分技术和商务方案的有机结合。

**2. 采购计划管理**

设计、采购和施工的一体化管理使得EPC项目实施周期比传统模式缩短是业主选择EPC模式的重要原因之一[93],其中总承包商对采购工作的合理计划至关重要,采购与设计和施工之间的紧密衔接可以有效缩短项目实施周期[67]。因此,总承包商应当与合作伙伴共同充分考虑项目特点、业主需求、供应商能力和市场不确定性等因素进行采购计划的编制[94]。

EPC项目的采购计划可以分为总体计划与进度计划。总体计划是根据项目整体实施计划对整个项目的采购工作做出全面要求的指导性文件,一般包括以下内容[95]:

(1) 采购范围和与各利益相关方之间的接口关系;

(2) 与业主的工作和沟通流程以及业主对采购文件审批的原则;

(3) 与供应商/厂家的工作和沟通流程;

(4) 采购的进度与成本目标,并保证采购目标符合项目总体目标的要求;

(5) 总体采购原则,包括符合合同要求,保证进度、质量、成本、安全等目标,以及各原则的优先顺序;

(6) 采购工作流程,包括招标、评标、供应商选择等;

(7) 对采购文件进行编码和存档的规定;

(8) 对关键设备和材料的特殊采购流程和措施。

采购进度计划是在采购总体计划的原则下为实现设备物资采购进度控制目标而编制的计划性文件,编制依据是EPC主合同、项目总体计划、设计进度计划、施工进度计划、采购预算文件等。编制采购进度计划应当注意两点:一是采购进度计划一定要满足项目总体计划的要求,然而总体计划可能会在实施中有所调整,且大型机电设备的供货周期长、物流不确定性多,因此在编制采购进度计划时应充分考虑到这一点,预留提前量;二是采购进度计划的编制要充分结合设计、施工进度计划中对各时间节点的安排,如设计方提交图纸和审查的时间、施工方要求材料设备进场的时间等,做到与设计、施工进度计划的协调一致。

### 3. 供应商管理

供应商管理是采购工作的主要活动之一。采购活动对供应商的依赖性大,并且总承包商对供应商没有像对设计方和施工方同样的掌控力,尤其是生产周期较长的设备[67]。为了有效实施采购计划,总承包商需要选择具有较强技术和管理能力的供应商以实现设备和材料的及时供应。由于国际项目的特殊性,EPC总承包商要有全球化的采购视野,在全球范围内进行供应商选择。全球化采购将采购决策与战略决策联系在一起,采购决策不再完全基于直接购买成本或者能够轻易识别的交易成本(如运输成本、关税等),而且还存在多种其他类型的交易成本(如与文化、制度和政治差异相关的成本),这要求总承包商注重采购策略的选择,以降低采购中的交易成本。

国际采购的货物价格受到国际市场需求、汇率变化等因素影响而波动较大,全球化采购的运输成本较高,不同国家的文化、经济和制度等方面存在差异,因此,总承包商应当密切关注市场变化趋势和国际金融经济形势,结合项目进度制定灵活的采购策略,选择合理的采购渠道和时机,减少价格波动、文化差异等带来的负面影响。根据采购内容可以将供应商分为两类:一类为大型机电设备供应商,由于是非标准件,一般需要厂家根据总承包商的技术要求进行生产;另一类是可以从市场上直接购买的标准设备、配件和施工材料等供应商[67]。这两类采购各有特点,要根据采购内容的不同区别对待。

### 4. 采购合同管理

采购活动面临与经济、社会、政治和环境等相关的众多风险因素,会对采购的质量、成本和进度等产生影响。EPC主合同中对于采购的规定是总承包商开展采购工作的基础,也是业主验收相关设备和材料的依据,包括采购总体责任、质量和进度控制、业主方协助和甲方供材等[95],总承包商要根据EPC主合同中的相关规定进行采购合同的编制,其中对机电设备的制造标准和施工材料的要求要严格依照EPC主合同进行明确规定[96]。

适当的合同基础是项目成功实施的重要保障,尤其是在涉及众多参与方的采购活动中,具有公平、清楚和全面的风险分担的采购合同对于顺利完成采购活动非常必要,采购活动实施的风险和责任应当通过合同条款在项目参与方之间进行合理分配。与选定供应商签订的合同会正式规定供应链参与方在技术和市场风险中的责任,这需要基于询价和谈判的系统过程;合同不仅要具体明确与设备设计、制造和安装相关的参与方职责,还要公平地分担如通货膨胀、汇率波动和法律变动等市场风险造成的影响。采购合同管理水平对于采购目标的实现至关重要,总承包商应当制定完善的合同管理流程和规范以实现对采购合同的有效管理。与传统项目相比,由于EPC合同条款严格且总承包商对项目整体负责,EPC项目中的合同变更数量和涉及的成本较少,尤其是设计造成的合同变更明显减少,当出现合同索赔或争议时,总承包商应当进行有效解决。

#### 5. 机电设备和物资质量管理

机电设备和物资质量管理对于总承包商实现项目质量目标、保证机电设备最终正常运营具有重要作用。国际工程对机电设备的技术要求与国内差异大、对材料质量要求严格，由于国别、项目性质、设计概念的不同，机电设备和物资所使用的标准各有所异[69]，就国际工程中常用的标准来看就有美国标准、欧洲标准、澳新标准等，每种标准或多或少存在差异，这要求总承包商严格按照合同中规定的技术标准和规范控制机电设备和物资的质量，使其符合业主要求。由于国际工程 EPC 项目的机电设备制造交货时间长、成本高、工艺复杂，总承包商与供应商共同进行生产监造对于有效跟踪生产活动并及时修正非常必要[76]。设备和物资能否按时运达现场直接关系到下一阶段施工的顺利进行，但由于大型机电设备生产周期长，加上供应商的订单较多，即使采购合同中对交货时间做了明确规定，仍可能出现厂家不能按时交付的情况，这需要总承包商实时掌握供应商的生产状况，做好对订单的监控和催交工作[95]。

#### 6. 物流管理

国际工程 EPC 项目物流管理的主要内容为将项目实施所需要的设备和材料从工厂运送到施工现场的过程。由于海外项目具有跨国运输物流环节复杂、施工现场交通条件不完善等特点，物流运输是国际工程采购中受外部环境影响最大也是最难以掌控的环节，并会对项目进度和成本带来巨大影响[67]。国际工程 EPC 项目物流管理面临的风险因素主要有：

（1）国际工程设备和物资物流运输环节复杂、工作节点多，包括烦琐的货物发运和出口退税等流程；

（2）货物进口的流程根据到达国家港口规定的不同各有所异，并且容易受到当地政府和海关政策变化等因素影响；

（3）由于供应商大多将包装工作外包给专门的包装公司，对包装的合理配置性和准确性无法有效控制，同一批物资或配套设备和配件不能同时到达会影响下一阶段工作的开展；

（4）发运时间受到项目实施总体进度、物资保质期和运输周期等多种制约因素的影响；

（5）运输距离远、周期长、条件恶劣，对于设备和物资的完整性和及时运达无法保证。

对于国内采购或第三国采购的设备和物资，物流运输包括从产地到项目所在国港口的运输和从所在国港口到施工现场的运输两部分。国内采购和第三国采购的货物都属于进口到项目所在国，所以必须按照当地海关规定办理清关手续，根据当地法律法规履行包括海关申报、查验、征税、放行等在内的一系列手续[69]。由于海关控制严格，清关手续烦琐，如果货物不能按时清关出港，滞留时间超过规定期限，总承包商需要缴纳滞港费,并且可能影响到后续的工程进度,总承包商需要雇用当地具有资质的清关代理公司协助办理清关业务,实力较强的清关代理公司将会起非常大的作用,可避免在烦琐的清关手续中产生遗漏。由于项目处在偏远地区或施工所在国的交通基础设施不够完善等因素,机电设备和物资在从港口或厂家运往施工现场的过程中,经常因自然灾害、保存不当或意外事故等遭到损失,总承包商应建立物流风险预警及应急措施机制,尤其关注大型设备从港口到施工现场的运输,制定具有针对性的运输管理措施。

### 7. 仓储管理

设备物资到达施工现场之后可能无法立即投入使用,这就需要总承包商进行仓储管理,以妥善保存项目实施所需设备和物资。物资短缺通常被认为是造成施工效率低下和经济损失的主要原因[60],因此,仓储管理不仅要保证设备和材料储存的质量,还要及时了解用料信息,以确保存货能够满足项目实施的需求并且避免过度存储。鉴于国际工程 EPC 项目的复杂性和对采购工作特有的进度要求,总承包商应当重视库存的优化和管理,根据物资生产周期和项目总体进度安排对库存状况进行合理的评估,并设定安全库存来保证设备物资的正常供应,防止建设过程由于缺少施工材料而中断;同时应当注重与仓储成本的平衡,减少积压以盘活资金,结合所在国情况和项目特点,综合考虑项目进度、经济效益等指标,实现仓储的集约型管理[94]。

### 8. 机电设备交付管理

设备的安装往往由于设备缺陷、缺少配件、尺寸不符等问题受到影响,在加强对前期工作管理的基础上,还需建立应急措施来应对安装、调试中出现的各种问题,以保证后续工作的顺利进行[94]。设备的移交同样会受到前期工作的影响,如合同中对于检修费用、售后服务等定责不清,会导致机电设备无法按时顺利移交,这需要总承包商做好充分的移交准备工作,并有效应对可能出现的各种问题。

### 9. 运营及售后服务

由于项目能否正常运营并产生效益是衡量项目实施情况的重要标准,因此,采购活动不仅包括购买设备和物资,更需要关注项目的运营、维护和售后服务等方面。项目移交之后,总承包商还应当为业主建立规范的机电设备运营管理机制和售后服务机制,以保障项目的顺利运营。

### 10. 采购绩效评价

在采购工作完成之后,对整个采购管理过程的绩效评价有助于总承包商及时发现采购工作中的不足并加以改善,这需要建立完善的采购绩效评价机制并基于结果针对性地提高采购管理水平[61]。

## 3.3 国际工程 EPC 项目采购管理评价

### 3.3.1 调研结果

**1. 利益相关方合作**

总承包商与利益相关方合作的表现如表 3-1 所示,得分为 1 代表表现差,5 代表表现好。

表 3-1 利益相关方合作表现

| 指　　　标 | 得　　分 | 排　　名 |
|---|---|---|
| 与集团总部合作关系良好 | 4.31 | 1 |
| 与施工方合作关系良好 | 4.29 | 2 |
| 与国内设备物资(机电设备、重大施工设施)供应商合作关系良好 | 4.24 | 3 |
| 与设计方合作关系良好 | 4.19 | 4 |
| 与安装服务商合作关系良好 | 4.16 | 5 |
| 与国内主材(钢材、水泥、柴油)供应商合作关系良好 | 4.14 | 6 |
| 与国内海关部门合作关系良好 | 4.12 | 7 |
| 与物流服务商合作关系良好 | 4.09 | 8 |
| 与业主合作关系良好 | 4.09 | 8 |
| 与国外主材(钢材、水泥、柴油)供应商合作关系良好 | 4.02 | 10 |
| 与咨询工程师合作关系良好 | 4.00 | 11 |
| 与国外设备物资(机电设备、重大施工设施)供应商合作关系良好 | 3.98 | 12 |
| 与国外海关部门合作关系良好 | 3.95 | 13 |
| 与同一海外市场的中国承包商合作关系良好(以就紧缺物资互通有无) | 3.82 | 14 |
| **平均值** | **4.10** | — |

表 3-1 显示,总承包商与利益相关方合作表现得分均在 3.82 分及以上,平均值达到 4.10 分,表明总承包商与大多数利益相关方保持着较好的合作关系。其中,与集团总部合作关系得分最高,表明总承包商与集团总部合作关系最好。国际工程 EPC 项目通常规模庞大、资金投入大、风险程度高,需要集团总部为总承包商提供各种稀缺和宝贵资源,与集团总部良好的合作关系有助于总承包商从总部获得强大的支持,进而保障项目的顺利实施。

**2. 伙伴关系**

总承包商与利益相关方伙伴关系的表现如表 3-2 所示,得分为 1 代表表现差,5 代表表现好。

表 3-2　伙伴关系表现

| 指　标 | 得　分 | 排　名 |
|---|---|---|
| 各方相互信任 | 3.95 | 1 |
| 各方均能清楚地认识到大家共同的目标,并致力于这些目标的实现 | 3.95 | 1 |
| 各方处事公正 | 3.89 | 3 |
| 各方信守承诺 | 3.88 | 4 |
| 相互间有一种开放的氛围鼓励信息顺畅交流 | 3.88 | 4 |
| 注重团队建设并鼓励团队成员的参与 | 3.84 | 6 |
| 建立有完善的正式与非正式交流渠道,实现高效沟通 | 3.84 | 6 |
| 各方对他方提议态度积极 | 3.80 | 8 |
| 问题和争端解决得迅速和直接 | 3.68 | 9 |
| 建立有完善的共同解决问题的流程与方法 | 3.68 | 9 |
| **平均值** | **3.84** | — |

表 3-2 显示,总承包商与利益相关方合作伙伴关系表现得分均在 4 分以下,表明总承包商与各利益相关方合作伙伴关系还有较大提升空间,其中在相互信任和共同目标方面表现相对较好。该结果表明总承包商已经开始注重与利益相关方建立伙伴关系,并在信任和共同目标等行为要素方面取得相对较好的表现,但仍需进一步改善有效沟通、问题解决与及时反馈等交流要素的表现。

### 3. 接口管理

总承包商与利益相关方接口管理的表现如表 3-3 所示,得分为 1 代表表现差,5 代表表现好。

表 3-3　接口管理表现

| 指　标 | 得　分 | 排　名 |
|---|---|---|
| 与施工方接口管理良好,沟通顺畅、高效 | 4.29 | 1 |
| 与集团总部接口管理良好,沟通顺畅、高效 | 4.22 | 2 |
| 与国内设备物资(机电设备、重大施工设施)供应商接口管理良好,沟通顺畅、高效 | 4.16 | 3 |
| 与安装服务商接口管理良好,沟通顺畅、高效 | 4.12 | 4 |
| 与物流服务商接口管理良好,沟通顺畅、高效 | 4.12 | 4 |
| 与国内主材(钢材、水泥、柴油)供应商接口管理良好,沟通顺畅、高效 | 4.09 | 6 |
| 与设计方接口管理良好,沟通顺畅、高效 | 4.03 | 7 |
| 与国内海关部门接口管理良好,沟通顺畅、高效 | 4.02 | 8 |
| 与国外设备物资(机电设备、重大施工设施)供应商接口管理良好,沟通顺畅、高效 | 3.93 | 9 |
| 与国外主材(钢材、水泥、柴油)供应商接口管理良好,沟通顺畅、高效 | 3.86 | 10 |
| 与业主接口管理良好,沟通顺畅、高效 | 3.85 | 11 |
| 与咨询工程师接口管理良好,沟通顺畅、高效 | 3.85 | 11 |

| 指　　标 | 得　　分 | 排　　名 |
|---|---|---|
| 与同一海外市场的中国承包商接口管理良好,沟通顺畅、高效 | 3.84 | 13 |
| 与国外海关部门接口管理良好,沟通顺畅、高效 | 3.83 | 14 |
| **平均值** | **4.01** | — |

表 3-3 显示,总承包商与利益相关方接口管理表现得分均在 3.83 分及以上,平均值达到 4.01 分,表明总承包商与大多数利益相关方保持着较好的接口管理。相邻环节之间的接口管理对于保证整个项目的一体化实施至关重要,良好的接口管理有利于总承包商对国际工程 EPC 项目中众多利益相关方之间复杂的接口进行管理以最大化资源的价值。

**4. 流程管理**

总承包商采购流程管理的表现如表 3-4 所示,得分为 1 代表表现差,5 代表表现好。

表 3-4　流程管理表现

| 指　　标 | 得　　分 | 排　　名 |
|---|---|---|
| 建立有规范的采购全过程管理流程 | 4.36 | 1 |
| 采购流程能够为采购活动的执行提供指导,并规范采购业务 | 4.21 | 2 |
| 采购流程设计合理 | 4.10 | 3 |
| 能够通过流程管理促进采购技术和商务目标的顺利实现 | 4.00 | 4 |
| 能够通过全过程流程管理实现资源有效配置 | 3.96 | 5 |
| 采购流程中各项业务环节之间衔接效率高 | 3.91 | 6 |
| 能够不断优化采购流程以适应外部环境和项目需求的变化 | 3.86 | 7 |
| 能够对流程运作绩效进行及时、有效的评价 | 3.78 | 8 |
| 能够利用信息化技术支持采购流程高效运作 | 3.71 | 9 |
| **平均值** | **3.99** | — |

表 3-4 显示,总承包商采购流程管理的表现得分均在 3.71 分及以上,平均值达到 3.99 分,表明总承包商流程管理情况较好,其中在"建立有规范的采购全过程管理流程"和"采购流程能够为采购活动的执行提供指导,并规范采购业务"等方面表现相对较好。与利益相关方建立合作关系与良好的接口管理帮助总承包商更好地了解存在于组织内外部的资源,建立具有合作性、可管控的一体化流程,以充分利用参与方资源,从而提高国际工程 EPC 项目采购管理效率。

**5. 信息管理**

总承包商信息管理的表现如表 3-5 所示,得分为 1 代表表现差,5 代表表现好。

表 3-5　信息管理表现

| 指　　标 | 得　分 | 排　名 |
|---|---|---|
| 建有完善的采购供应链信息管理体系 | 3.72 | 1 |
| 能够不断优化信息管理以适应外部环境和项目需求 | 3.57 | 2 |
| 具有完善和高效的供应链信息网络,使得信息能够在供应链上各方之间进行有效传递 | 3.48 | 3 |
| 能够对信息管理的绩效进行及时、有效的评价 | 3.48 | 3 |
| 能够有效实现对采购全流程(库存、生产、物流等)的实时监控 | 3.47 | 5 |
| 采购管理人员和信息管理人员能有效维护供应链信息流管理中的业务和技术功能 | 3.42 | 6 |
| 能够利用共享信息实现高效决策 | 3.38 | 7 |
| 能与供应链上/信息网络中的各方(如供应商、业主、设计及施工等)有效实现信息共享 | 3.31 | 8 |
| 平均值 | **3.48** | — |

表 3-5 显示,总承包商信息管理的表现得分均在 3.72 分及以下,表明总承包商信息管理情况还有较大的提升空间,尤其在信息共享和高效决策方面。国际工程 EPC 项目采购活动中需要处理的信息总量庞大,信息经常存在于组织深层而获取难度高,供应链上众多的参与方及其复杂关系使得信息传递变得困难。由于建设项目具有一次性、临时性和多组织的特点,利益相关方之间通常没有合作经历,更增加了建立信息传递渠道来交流数据和知识的难度,因此总承包商应当加强信息管理。

### 6. 采购管理过程

#### 1)EPC 投标策划

总承包商 EPC 投标策划的表现如表 3-6 所示,得分为 1 代表表现差,5 代表表现好。

表 3-6　EPC 投标策划表现

| 指　　标 | 得　分 | 排　名 |
|---|---|---|
| 采购部分技术方案能够满足招标文件的技术要求 | 4.05 | 1 |
| 项目总体报价中采购部分报价合理 | 3.98 | 2 |
| 采购部分技术方案和商务方案结合得当 | 3.98 | 2 |
| 采购技术方案倾向性与兼容性结合得当,以利于后续供应商选择和采购合同谈判 | 3.90 | 4 |
| EPC 投标策划对采购的理解深刻 | 3.83 | 5 |
| 平均值 | **3.95** | — |

表 3-6 显示,"采购部分技术方案能够满足招标文件的技术要求"得分最高。总承包商在进行 EPC 投标策划时,通常会邀请合作关系良好的供应商共同参与标书的编制,以做到在供应商的协助下满足招标文件的各项技术要求。

#### 2）采购计划管理

总承包商采购计划管理的表现如表 3-7 所示,得分为 1 代表表现差,5 代表表现好。

表 3-7　采购计划管理表现

| 指　　标 | 得　　分 | 排　　名 |
|---|---|---|
| 能够明确分配采购任务的责任(责任至公司、部门、个人) | 4.24 | 1 |
| 能够对瓶颈物资(发电机、空压机、设备配件等)建立具有针对性的采购策略,以降低工期延误的风险 | 4.19 | 2 |
| 制订采购进度计划时能综合考虑各种制约因素(如采购周期、生产周期、运输周期、报关清关周期、库存情况、材料保质期等) | 4.14 | 3 |
| 能够根据需求制定合理与详细的采购进度安排(年、季、月) | 4.09 | 4 |
| 能够制订详细的采购物资计划(包含详细的图片、标准、参数等信息) | 4.09 | 4 |
| 能综合考虑各因素(工程特点、地理、气候、当地市场条件、工期要求、施工工艺、工程强度、市场布局、设备的配件通用性),合理地对设备配置进行采购 | 4.00 | 6 |
| 能要求设计单位合理掌握设计方案的渐进明细尺度,为机电设备的采购和制造争取时间 | 4.00 | 6 |
| 能够针对设计图纸制定管控措施,以保障采购计划编制工作的及时、准确 | 3.76 | 8 |
| 平均值 | 4.06 | — |

表 3-7 显示,总承包商明确分配采购任务的责任得分最高,明确的责权分配是保障采购工作顺利进行的前提。同时,总承包商对设计单位和设计图纸的管控得分较低。设计在 EPC 项目中发挥主导作用,为采购提供重要技术支持,因此,总承包商还需加强与设计单位的配合和默契程度。不熟悉设计标准和理念的差异、设计文件不够具体、设计滞后等是当前采购工作中亟待解决的问题。

#### 3）供应商管理

总承包商供应商管理的表现如表 3-8 所示,得分为 1 代表表现差,5 代表表现好。

表 3-8　供应商管理表现

| 指　　标 | 得　　分 | 排　　名 |
|---|---|---|
| 能够根据实际情况选择合理的采购渠道(所在国采购、周边国家采购、国内采购,其他国家采购等) | 4.24 | 1 |
| 建立有完善的供应商选择体系(对供应商的履约能力、财务状况、质量管理、生产组织等进行综合评估) | 4.21 | 2 |
| 在选择供应商时,能够综合考虑项目特点及所在国外部环境因素 | 4.10 | 3 |
| 能够对机电技术和成套设备的技术与商务进行综合分析 | 4.05 | 4 |
| 能够对供应商进行全面、准确的评价(对供应商的质量、价格、供应、服务等绩效指标进行评价) | 4.02 | 5 |
| 平均值 | 4.12 | — |

表 3-8 显示,供应商管理各项指标得分均在 4.02 分以上,在选择合理的采购渠道方面得分最高。由于国际项目的特殊性,总承包商需要根据项目所在国市场情况和项目特点进行全球化采购,选择合理的采购渠道以提高成本效益和进度效益。

**4）采购合同管理**

总承包商采购合同管理的表现如表 3-9 所示,得分为 1 代表表现差,5 代表表现好。

表 3-9　采购合同管理表现

| 指　　　标 | 得　　　分 | 排　　　名 |
| --- | --- | --- |
| 能够依照规范的流程起草和订立合同 | 4.16 | 1 |
| 具备完善的合同管理流程和规范,并能够很好地执行 | 4.14 | 2 |
| 能够对合同相关信息(数据、图纸、照片、信息、信函、文件和报告等)进行有效收集与存档 | 4.04 | 3 |
| 了解谈判目的、内容和影响因素,做好充分的谈判准备工作 | 4.03 | 4 |
| 招投标体系完善,并能够很好地执行 | 4.02 | 5 |
| 通过合同谈判,能够达到预期目标 | 3.95 | 6 |
| 具有良好的谈判策略与技巧,能够有效引导合同谈判 | 3.95 | 6 |
| 能够有效解决合同争议 | 3.93 | 8 |
| 能够有效进行合同索赔 | 3.74 | 9 |
| 全球市场范围询价体系完善,并能够很好地执行 | 3.59 | 10 |
| 平均值 | **3.95** | — |

表 3-9 显示,总承包商有效解决合同争议和有效进行合同索赔指标的得分较低,归因于国际工程合同管理涉及因素多,难以做到对所有条款都考虑周全。完善的全球市场范围询价体系指标得分最低,表明总承包商在全球化采购方面还有待进一步改善。

**5）机电设备和物资质量管理**

总承包商机电设备和物资质量管理的表现如表 3-10 所示,得分为 1 代表表现差,5 代表表现好。

表 3-10　机电设备和物资质量管理表现

| 指　　　标 | 得　　　分 | 排　　　名 |
| --- | --- | --- |
| 机电设备现场验收制度严格,并能够很好地执行 | 4.11 | 1 |
| 机电设备出厂验收制度严格,并能够很好地执行 | 4.00 | 2 |
| 物资现场验收制度严格,并能够很好地执行 | 4.00 | 2 |
| 与机电设备供应商共同制定有完善的质量管理体系,并能够很好地执行 | 3.95 | 4 |
| 实时掌握供应商生产状况,并能够及时发现和解决问题 | 3.89 | 5 |
| 建有完善的重要设备驻厂监造机制,并能够很好地执行 | 3.86 | 6 |
| 能够帮助供应商进行技术和管理优化,以满足采购需求 | 3.60 | 7 |
| 平均值 | **3.91** | — |

表 3-10 显示,总承包商对机电设备和物资验收质量把控较好。验收的目的是检验机电设备和物资的质量与型号是否达标,是设备物资能够正常投入下一阶段施工和使

用的重要保障。总承包商在实时掌握供应商生产状况和重要设备驻厂监造方面还有进一步提升的空间。EPC项目大型机电设备制造通常具有规模大、成本高、工艺复杂和周期长等特点,对供应商生产状况的实时监控和完善的驻厂监造机制有利于保障大型机电设备按时保质移交。

**6）物流管理**

总承包商物流管理的表现如表3-11所示,得分为1代表表现差,5代表表现好。

表 3-11　物流管理表现

| 指　　标 | 得　　分 | 排　　名 |
|---|---|---|
| 出口退税流程规范(获取报关单信息、发票管理、核对报关单与发票、国际公司复核、上报税务局等),并能够很好地执行 | 4.12 | 1 |
| 货物发运流程规范(联系海运公司、编制发货清单、报关、装船、运输、清关、问题反馈等),并能够很好地执行 | 4.07 | 2 |
| 对设备物资有针对性的运输管理措施,以保障设备物资能够顺利运抵施工现场 | 3.95 | 3 |
| 具有完善的全过程物流监管机制,并能够很好地执行 | 3.69 | 4 |
| 建有完善的物流信息数据库,并能够很好地运行 | 3.54 | 5 |
| 建有物流决策支持系统(用以协助采购人员选择物流方式、制订物流计划、计算物流成本、规划物流预算等),并能够很好地运行 | 3.53 | 6 |
| 建有物流风险预警及应急措施机制,并能够很好地执行 | 3.44 | 7 |
| 平均值 | 3.76 | — |

表3-11显示,"出口退税流程规范……,并能够很好地执行"和"货物发运流程规范……,并能够很好地执行"指标得分较高,表明总承包商在物流管理方面较为规范。"建有物流风险预警及应急措施机制,并能够很好地执行"得分最低,国际工程EPC项目物流管理具有地点特殊、环节复杂、周期长、设备运输要求高等众多风险因素,总承包商应注重物流风险预警及应急能力的提高。

**7）仓储管理**

总承包商仓储管理的表现如表3-12所示,得分为1代表表现差,5代表表现好。

表 3-12　仓储管理表现

| 指　　标 | 得　　分 | 排　　名 |
|---|---|---|
| 特殊材料(火工材料等)的保存措施完善,并能够很好地执行 | 4.14 | 1 |
| 建有完善的物资设备入库登记制度,并能够很好地执行 | 3.88 | 2 |
| 能实时了解生产发料和用料信息 | 3.72 | 3 |
| 具有完善的仓储保存规范标准进行分类、分库仓储,并能够很好地执行 | 3.63 | 4 |
| 能综合平衡物流成本与仓储成本之间的矛盾 | 3.48 | 5 |
| 建有仓库管理信息化平台,并能够很好地执行 | 3.38 | 6 |
| 建有瓶颈物资(设备配件、耗材、动力)风险控制体系,并能够很好地执行 | 3.34 | 7 |
| 平均值 | 3.65 | — |

表 3-12 显示,完善的特殊材料保存措施得分最高,表明总承包商能够较好地针对特殊材料采取完善的保存措施。针对瓶颈物资建立完善的风险控制体系得分最低,表明总承包商对关键设备或材料的仓储风险识别与应对有待进一步加强。

**8)机电设备交付管理**

总承包商机电设备交付管理的表现如表 3-13 所示,得分为 1 代表表现差,5 代表表现好。

表 3-13　机电设备交付管理表现

| 指　标 | 得　分 | 排　名 |
|---|---|---|
| 能够对机电设备调试进行有效管理 | 4.19 | 1 |
| 能够对机电设备安装进行有效管理 | 4.16 | 2 |
| 能够对机电设备移交进行有效管理 | 4.09 | 3 |
| 能够及时掌控机电设备的交付进度 | 4.02 | 4 |
| **平均值** | **4.11** | — |

表 3-13 显示,总承包商在机电设备的调试、安装和移交方面表现较好,而机电设备的交付进度由于容易受到设备损坏或配件缺失等因素的影响而相对难以控制。

**9)运营及售后服务**

总承包商运营及售后服务的表现如表 3-14 所示,得分为 1 代表表现差,5 代表表现好。

表 3-14　运营及售后服务表现

| 指　标 | 得　分 | 排　名 |
|---|---|---|
| 为业主建立规范的机电设备运营管理机制,运营情况良好 | 4.05 | 1 |
| 建有规范的机电设备售后服务机制,能及时解决售后服务问题 | 3.93 | 2 |
| **平均值** | **3.99** | — |

表 3-14 显示,总承包商在运营及售后服务方面表现较好。

**10)采购绩效评价**

总承包商采购绩效评价的表现如表 3-15 所示,得分为 1 代表表现差,5 代表表现好。

表 3-15　采购绩效评价表现

| 指　标 | 得　分 | 排　名 |
|---|---|---|
| 能够基于采购绩效评价的结果不断提升采购管理水平 | 3.69 | 1 |
| 能够全面、准确地对采购绩效做出评价 | 3.64 | 2 |
| 建有完善的采购绩效评价机制 | 3.64 | 2 |
| **平均值** | **3.66** | — |

表 3-15 显示,采购绩效评价的三项指标得分均较低,表明总承包商在采购绩效评价方面还有较大的提升空间,尤其需要建立完善的采购绩效评价机制。

**11)采购管理过程要素排名**

将十项采购管理过程要素得分的平均值进行排名,可以发现各项采购管理过程要素的表现,如表 3-16 所示,得分为 1 代表表现差,5 代表表现好。

表 3-16 采购管理过程要素表现

| 指 标 | 得 分 | 排 名 |
| --- | --- | --- |
| 供应商管理 | 4.12 | 1 |
| 机电设备交付管理 | 4.11 | 2 |
| 采购计划管理 | 4.06 | 3 |
| 运营及售后服务 | 3.99 | 4 |
| 采购合同管理 | 3.95 | 5 |
| EPC 投标策划 | 3.95 | 5 |
| 机电设备和物资质量管理 | 3.91 | 7 |
| 物流管理 | 3.76 | 8 |
| 采购绩效评价 | 3.66 | 9 |
| 仓储管理 | 3.65 | 10 |
| **平均值** | **3.92** | —— |

表 3-16 显示,"供应商管理"得分最高,表明总承包商在供应商管理方面表现最好,同时在"机电设备交付管理"和"采购计划管理"方面表现较好。从表 3-16 还可以看出,总承包商需要进一步加强物流管理和仓储管理,归因于国际工程 EPC 项目设备和物资的运输受距离、海关政策、特殊运输要求等因素的制约较大。此外,总承包商应当建立完善的采购绩效评价机制,辨识影响采购绩效的关键要素,以持续提升总承包商的采购管理水平。

## 3.3.2 采购利益相关方社会网络分析

### 1. 利益相关方合作

为了解总承包商与利益相关方合作的社会网络关系,将利益相关方合作调研数据进行社会网络分析,得到如图 3-3 所示的利益相关方合作社会网络图。圆点代表各利

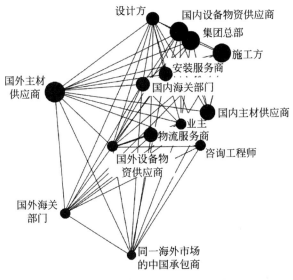

图 3-3 利益相关方合作社会网络

益相关方,点的大小代表影响范围,点的位置代表关键程度,点之间的距离代表相似性程度。

利益相关方合作的中介中心度得分如表 3-17 所示。

表 3-17　利益相关方合作中介中心度得分

| 利益相关方 | 中介中心度得分 |
| --- | --- |
| 国外主材供应商 | 186.621 |
| 集团总部 | 171.367 |
| 施工方 | 162.278 |
| 国内设备物资供应商 | 153.377 |
| 安装服务商 | 143.296 |
| 国内主材供应商 | 136.911 |
| 设计方 | 125.243 |
| 国内海关部门 | 118.968 |
| 物流服务商 | 109.481 |
| 业主 | 101.091 |
| 咨询工程师 | 100.290 |
| 国外设备物资供应商 | 92.083 |
| 同一海外市场的中国承包商 | 70.341 |
| 国外海关部门 | 64.652 |

表 3-17 显示,国外主材供应商的中介中心度得分最高(即点的形状最大),表明承包商与国外主材供应商的合作对整个采购工作的影响范围最广,施工主要材料的供应直接影响到后续工作的进行,由于施工主要材料大都从当地或第三国采购,与国外主材供应商的合作有助于及时供应施工关键物资。与集团总部、施工方和国内设备物资供应商合作关系的中介中心度得分也较高,集团总部对于国际工程 EPC 项目的采购工作,尤其是大型机电设备的采购有着严格的管理制度和流程,对整个采购过程有着全面的管控作用;施工方和国内设备物资供应商直接涉及采购的全过程,与他们的合作关系对采购工作的影响也比较广泛。

总承包商与集团总部、国内设备物资供应商、业主、咨询工程师等的合作表现出更多的相似性,表明分别与这些利益相关方保持合作的总承包商人员相似性较高,该结果能够帮助总承包商进行内部组织结构和人员的配置,以提高组织结构和业务流程的运作效率。

## 2. 利益相关方接口管理

为了揭示总承包商与利益相关方接口管理的网络关系,将利益相关方接口管理调研数据进行社会网络分析,得到如图 3-4 所示的利益相关方接口管理社会网络图。

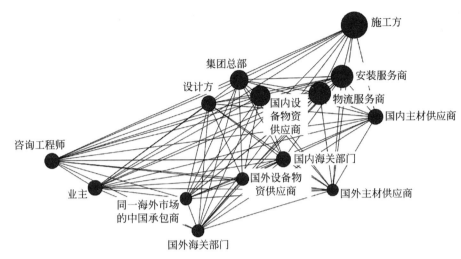

**图3-4　利益相关方接口管理社会网络**

利益相关方接口管理的中介中心度得分如表3-18所示。

**表3-18　利益相关方接口管理中介中心度得分**

| 利益相关方 | 中介中心度得分 |
| --- | --- |
| 施工方 | 198.221 |
| 安装服务商 | 169.475 |
| 物流服务商 | 160.132 |
| 国内设备物资供应商 | 150.585 |
| 集团总部 | 148.778 |
| 国内主材供应商 | 131.016 |
| 咨询工程师 | 119.388 |
| 设计方 | 106.837 |
| 业主 | 102.482 |
| 国内海关部门 | 94.605 |
| 国外设备物资供应商 | 87.044 |
| 国外主材供应商 | 85.153 |
| 同一海外市场的中国承包商 | 74.037 |
| 国外海关部门 | 71.247 |

从表3-18可以看出，施工方的中介中心度得分最高（即点的形状最大），表明与施工方的接口管理对整个采购工作的影响范围最广。施工的主体建筑需要与机电设备的尺寸和型号相匹配，施工过程需要总承包商提供各项符合施工要求的材料和物资，因此，采购工作的各个方面都要做好与施工方的配合与协调，以保证相互依赖的采购和施工活动能够有序进行。

总承包商与集团总部、国内设备物资供应商、咨询工程师、业主的接口管理表现出更多的相似性,表明分别与这些利益相关方保持沟通和联系的总承包商人员相似性较高,该结果有助于总承包商进行内部组织结构和人员的配置,以提高组织结构和业务流程的运作效率。

### 3.3.3 供应链一体化与采购管理过程内部要素分析

**1. 供应链一体化要素分析**

为了揭示供应链一体化要素之间的相关性,计算各要素之间的 Pearson 相关系数以及系数的显著性水平,结果如表 3-19 所示。

表 3-19 供应链一体化要素 Pearson 相关性

| 要　　素 | 利益相关方合作 | 接口管理 | 流程管理 | 信 息 管 理 |
|---|---|---|---|---|
| 利益相关方合作 | 1 | | | |
| 接口管理 | 0.815** | 1 | | |
| 流程管理 | 0.751** | 0.669** | 1 | |
| 信息管理 | 0.717** | 0.638** | 0.705** | 1 |

注:分析样本 $N = 61$。

表 3-19 显示,供应链一体化要素之间的相关系数都在 0.638** 及以上,相关性较高,表明供应链一体化的整体表现是这四个要素相互作用的结果。采用因子分析来检验是否存在单一背景的因素,结果在只析出一个因子的情况下变异量为 78.735%,这解释了表 3-19 中供应链一体化要素之间的高度相关性。以上结果表明可以通过典型性分析选出一个代表性要素来解释供应链一体化整体的变异量。典型性系数的计算公式为 $\overline{R_i^2} = \sum r^2 / (m_i - 1)$,其中 $r$ 代表相关性系数,$m_i$ 代表因素的个数,结果如表 3-20 所示。

表 3-20 供应链一体化要素典型性系数

| 要　　素 | 典型性系数 |
|---|---|
| 利益相关方合作 | 0.581 |
| 接口管理 | 0.506 |
| 流程管理 | 0.503 |
| 信息管理 | 0.473 |

表 3-20 显示,利益相关方合作的典型性系数最高,为供应链一体化的典型性要素,可以在一定程度上反映其他三个要素的表现,这是由于与利益相关方的合作关系是其他三个一体化要素得以实施的前提。

为了进一步反映供应链一体化要素之间的距离和分组情况,对供应链一体化要素进行聚类分析,结果如图 3-5 所示。0~25 代表要素/群组之间的距离/相关性,值越大代表距离越远或相关性越差。

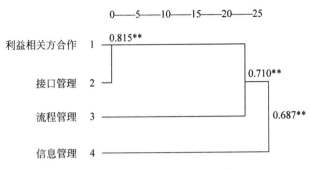

**图 3-5　供应链一体化聚类分析结果**

图 3-5 显示,利益相关方合作与接口管理最先聚为一类,总承包商与利益相关方之间良好的合作关系是建立接口管理的基础,使得信息和资源能够在组织边界进行高效流动,反过来组织之间顺畅的沟通与交流也能够促进利益相关方之间的合作。总体来看,这四个要素最终聚为一类,相关系数达到 0.687[**],证实了他们之间密切的相互作用关系。

**2. 采购管理过程内部要素分析**

为了揭示采购管理过程要素之间的相关性,计算各要素之间的 Pearson 相关系数以及系数的显著性水平,结果如表 3-21 所示。

**表 3-21　采购管理过程要素 Pearson 相关性**

| | EPC 投标策划 | 采购计划管理 | 供应商管理 | 采购合同管理 | 机电设备和物资质量管理 | 物流管理 | 仓储管理 | 机电设备交付管理 | 运营及售后服务 | 采购绩效评价 |
|---|---|---|---|---|---|---|---|---|---|---|
| EPC 投标策划 | 1 | | | | | | | | | |
| 采购计划管理 | 0.791[**] | 1 | | | | | | | | |
| 供应商管理 | 0.738[**] | 0.808[**] | 1 | | | | | | | |
| 采购合同管理 | 0.729[**] | 0.729[**] | 0.837[**] | 1 | | | | | | |
| 机电设备和物资质量管理 | 0.546[**] | 0.559[**] | 0.580[**] | 0.682[**] | 1 | | | | | |
| 物流管理 | 0.582[**] | 0.639[**] | 0.657[**] | 0.731[**] | 0.657[**] | 1 | | | | |
| 仓储管理 | 0.592[**] | 0.570[**] | 0.574[**] | 0.609[**] | 0.524[**] | 0.648[**] | 1 | | | |
| 机电设备交付管理 | 0.555[**] | 0.619[**] | 0.664[**] | 0.615[**] | 0.622[**] | 0.535[**] | 0.512[**] | 1 | | |

续表

| | EPC 投标策划 | 采购计划管理 | 供应商管理 | 采购合同管理 | 机电设备和物资质量管理 | 物流管理 | 仓储管理 | 机电设备交付管理 | 运营及售后服务 | 采购绩效评价 |
|---|---|---|---|---|---|---|---|---|---|---|
| 运营及售后服务 | 0.281* | 0.415** | 0.401** | 0.385** | 0.345** | 0.313** | 0.344** | 0.524** | 1 | |
| 采购绩效评价 | 0.408** | 0.423** | 0.495** | 0.541** | 0.339** | 0.570** | 0.642** | 0.398** | 0.496** | 1 |

注：分析样本 $N=61$。

表 3-21 显示，采购管理过程要素之间的相关系数达到 0.281* 及以上，相关性较高，表明采购管理过程的整体表现是这十个要素相互作用的结果。采用因子分析来检验是否存在单一背景的因素，结果在只析出一个因子的情况下变异量为 60.970%，这解释了表 3-21 中采购管理过程要素之间的高度相关性。以上结果表明可以通过典型性分析选出一个代表性要素来解释采购管理过程整体的变异量，结果如表 3-22 所示。

表 3-22　采购管理过程要素的典型性系数

| 指　　标 | 典型性系数 |
|---|---|
| EPC 投标策划 | 0.360 |
| 采购计划管理 | 0.399 |
| 供应商管理 | 0.427 |
| 采购合同管理 | 0.439 |
| 机电设备和物资质量管理 | 0.304 |
| 物流管理 | 0.364 |
| 仓储管理 | 0.318 |
| 机电设备交付管理 | 0.320 |
| 运营及售后服务 | 0.157 |
| 采购绩效评价 | 0.238 |

表 3-22 显示，采购合同管理的典型性系数最高，为采购管理过程的典型性要素，可以在一定程度上反映其他九个要素的表现。适当的合同基础是项目成功实施的重要保障，尤其在涉及众多参与方的采购活动中，具有公平、清楚和全面风险分担的采购合同对于采购活动顺利进行非常必要。在复杂的采购活动中，采购合同是保障各方利益的重要文件，采购活动实施的风险和责任通过合同条款在项目参与方之间进行合理分配，合同中的重要和关键条款也是通过总承包商与供应商谈判而形成的，因此，采购合同管理对于保障采购过程的顺利进行至关重要。

为了进一步反映采购管理过程要素之间的距离和分组情况，对采购管理过程要素进行聚类分析，结果如图 3-6 所示。

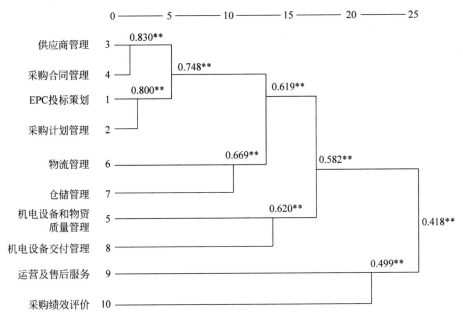

**图 3-6 采购管理过程聚类分析结果**

图 3-6 显示,供应商管理与采购合同管理最先聚为一类,供应商管理与采购合同管理是供应商选择中密切相关的两块重要内容,总承包商对供应商的管理在一定程度上也是通过采购合同来实现的。总体来看,这十个要素最终聚为一类,相关系数达到 0.418** ,证实了他们之间密切的相互作用关系。

## 3.3.4 供应链一体化与采购管理过程相关性分析

为了检验供应链一体化要素与采购管理过程要素之间的关系,对两者进行 Pearson 相关性分析和典型相关性分析。Pearson 相关性分析结果如表 3-23 所示。

**表 3-23 供应链一体化与采购管理过程 Pearson 相关性**

| | EPC投标策划 | 采购计划管理 | 供应商管理 | 采购合同管理 | 机电设备和物资质量管理 | 物流管理 | 仓储管理 | 机电设备交付管理 | 运营及售后服务 | 采购绩效评价 |
|---|---|---|---|---|---|---|---|---|---|---|
| 利益相关方合作 | 0.562** | 0.609** | 0.678** | 0.734** | 0.575** | 0.660** | 0.716** | 0.626** | 0.412** | 0.636** |
| 接口管理 | 0.563** | 0.625** | 0.679** | 0.736** | 0.519** | 0.706** | 0.564** | 0.663** | 0.388** | 0.577** |
| 流程管理 | 0.534** | 0.660** | 0.681** | 0.709** | 0.451** | 0.666** | 0.628** | 0.350** | 0.260* | 0.561** |
| 信息管理 | 0.550** | 0.532** | 0.650** | 0.598** | 0.510** | 0.653** | 0.642** | 0.389** | 0.264* | 0.691** |

注:分析样本 $N = 61$。

表 3-23 显示,供应链一体化要素与采购管理过程要素的相关系数均在 0.260* 及以上,具有显著的相关性。基于表 3-23 的结果可以得出供应链一体化要素与采购管理过

程要素相关性的雷达图,如图 3-7 所示。

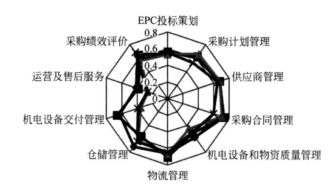

图 3-7　供应链一体化与采购管理过程相关性的雷达图

供应链一体化与采购管理过程典型相关性分析的结果如表 3-24 所示。

表 3-24　供应链一体化与采购管理过程典型相关性

| 供应链一体化 | 典型荷载 | 交叉荷载 | 采购管理 | 典型荷载 | 交叉荷载 |
| --- | --- | --- | --- | --- | --- |
| 利益相关方合作 | 0.882 | 0.787 | EPC 投标策划 | 0.699 | 0.624 |
| 接口管理 | 0.825 | 0.736 | 采购计划管理 | 0.721 | 0.643 |
| 流程管理 | 0.855 | 0.763 | 供应商管理 | 0.820 | 0.731 |
| 信息管理 | 0.933 | 0.832 | 采购合同管理 | 0.823 | 0.734 |
| | | | 机电设备和物资质量管理 | 0.643 | 0.574 |
| | | | 物流管理 | 0.837 | 0.746 |
| | | | 仓储管理 | 0.816 | 0.728 |
| | | | 机电设备交付管理 | 0.573 | 0.511 |
| | | | 运营及售后服务 | 0.350 | 0.312 |
| | | | 采购绩效评价 | 0.819 | 0.730 |

　　表 3-24 显示,供应链一体化要素都具有较高的典型荷载和交叉荷载,表明供应链一体化要素对采购管理过程影响显著。其中,信息管理要素的荷载最高,表明信息管理对采购管理过程的作用最强。总承包商和利益相关方的决策大多是由获得的信息所驱动,因此信息管理的最终目的是帮助参与方在获得及时和有效信息的基础上实现高效决策。信息管理可以促进总承包商在采购管理过程中进行有效决策和过程运作,并通过想法和知识的交流实现学习与创新。

　　在采购管理过程要素中,采购物流管理具有最高的典型荷载和交叉荷载,表明供应链一体化对采购物流管理的作用最强。对于国际项目,物流运输成本通常在采购成本中占有较高份额,由于设备和材料的生产周期和价格相对固定,合理有效的物流运输方案实施可以显著改善项目成本和进度绩效。国内采购和第三国采购的运输周期一般较长,存在众多风险因素,对全球化供应链中物流成本和进度的准确评估已经成为总承包商的关键战略优势;EPC项目的机电设备规模较大,且项目大多处在偏远地区(如水电项目等),现场条件恶劣,从港口到施工现场运输途中存在诸多不可控因素。供应链一体化促进总承包商加强接口管理和获得更多的信息,有助于总承包商制定完善的物流运输方案、实时掌控物流运输过程和有效应对物流运输中的各种风险。

# 3.4 国际工程EPC项目采购管理案例

## 3.4.1 赞比亚卡里巴水电项目

### 1. 项目简介

赞比亚卡里巴水电项目位于赞比亚和津巴布韦两国的交界处,是在电站原有基础上新增两台180MW水轮发电机组,主体枢纽建筑物包括进水口、引水隧洞、地下扩挖厂房、尾水隧洞和尾水渠等。该工程为EPC总承包项目,项目业主为赞比亚国家电力公司,合同额为2.43亿美元,合同工期为48个月。

### 2. 采购管理重点问题

赞比亚卡里巴水电项目在采购方面主要有以下重点问题:

#### 1) EPC项目中采购管理的重要性

EPC项目与传统项目不同,需要总承包商进行机电设备和物资材料的采购,并且要充分协调与设计、施工之间的衔接。EPC项目管理经验对于项目的顺利实施至关重要。

#### 2) 设计管理对于永久机电设备采购的重要性

在EPC项目中,设计方需要全程参与永久机电设备的采购工作,从依照业主对合同的要求编制采购进度计划、编制招标文件、供应商资格预审、采购招标、供应商选择、签订合同、生产监造、设备检验、安装交付,直至竣工验收、正式运营,都需要设计方提供技术服务,总承包商应当加强采购工作中对设计方的管理。

#### 3) 供应商资料批复

部分供应商提供的资料不全、递交周期长,并且由于语言和专业的局限性,总承包只起到将供应商技术文件传送到业主手中的作用,机电设备技术资料主要还是依靠业主和咨询工程师进行审核,文件批复效率较低。

#### 4) 国内外标准差异

国际工程大多采用欧洲或美国标准,而总承包商在选择供应商时一般会选择具有良好合作基础的国内大型供应商,如果国内供应商的生产标准不能满足合同的要求而导致业主不接受所供应的产品,则会给总承包商的进度和成本带来重大影响。

**5）第三国主材采购**

当地市场能够满足总承包商对水泥和木材的需求,其他主材如钢筋、外加剂、粉煤灰等需要从第三国进行采购,总承包商应当合理组织采购工作,并特别注意材料标准差异等问题。

**3．采购管理策略**

赞比亚卡里巴水电项目在采购管理方面的具体策略如下。

**1）建立完善的采购全流程管理体系并严格执行**

项目的永久机电设备采购由总承包商的海外事业部负责,而海外事业部又受到集团总部的管理,采购管理全流程完善、制度严格,能够对招投标和供应商管理等一系列工作实现有效掌控;严格执行采购管理流程和制度,能够对EPC总合同、采购进度计划编制、采购技术文件编制、采购招标、供应商选择、合同签订、生产监造、物流运输、仓储管理、验收、安装、交付、运营等进行全面的动态管理。

**2）重视利益相关方管理**

在与设计方签订的合同中约定技术标准,要求设计方提出的设备采购技术规范必须满足主合同的规定,并重视对设计图纸的管控,以避免机电设备设计图纸提交和审批滞后而影响设备采购进度;加强对供应商的管理,要求机电设备供应商能够充分理解并严格执行主合同中关于设备标准的规定,应当将主合同中对永久设备的技术和标准的约定作为设备验收的条件。

**3）良好的接口管理**

基于与业主、设计方和供应商等参与方之间的联系渠道和信息传递方式,建立了良好的接口管理流程与体系,通过该体系明确了各方的责任与沟通关系,最终实现业主与供应商之间的高效对接。通过与业主人员建立良好的接口管理,对业主将要参加的工厂验收试验(factory acceptance test,FAT)和将要审批的供应商技术文件进行事先沟通,并初步形成双方认可的技术文件,有效提高了审批和验收效率,避免执行过程中产生争议而影响设备生产进度。

**4）高效的信息流管理**

为了实现对采购全过程的实时监控,总承包商成立了专门的工作小组负责跟踪机电设备设计和采购的全过程,及时掌握机电设备的采购进展情况,例如,与公司总部采购部门以采购周报的方式沟通设备招标与资料批复的情况。通过与利益相关方及时交流促进信息在整个采购供应链中的流动,全面推动了采购过程中的信息流管理,帮助总承包商实现高效和正确决策。

**5）综合考虑各项因素制定合理的采购计划**

提前制订施工主要材料的采购计划,对材料采购成本、价格波动情况、供应和价格影响因素进行经济活动分析,对第三国采购材料的性能和标准进行技术分析,以此来制定合理的采购计划并根据实际情况不断调整,在保证数量和质量满足施工需求的前提下降低采购成本。

**6）建立与同一海外市场中国承包商的合作**

与同一海外市场中国承包商之间良好的合作有助于双方进行信息共享与互助合作。如该项目在混凝土浇筑期间缺少钢筋,向处在同一市场的某中国承包商进行求助,该承包商给予大力支持,以国内价格将钢筋卖给卡里巴项目,保证了施工进度。

**7）加强仓储管理和机电设备交付管理能力**

由于影响安装和调试工作的主要问题是设备缺陷和缺少配件等,在安装时才发现缺件(非标准件)会对工期产生巨大影响。总承包商针对缺件漏件的情况制定了完善的应急措施,并提前安排供应商客服人员到现场验货,一旦出现问题迅速联系厂家补救,将保证工期和正常发电作为首要目标。

## 3.4.2 赞比亚330kV输变电线路项目

### 1. 项目简介

赞比亚330kV输变电线路项目包括全长129.2km的单回路双分裂330kV输电线路和两个开关站扩建。该项目为EPC总承包项目,项目业主为赞比亚国家电力公司,合同工期为18个月。其中,山区段65km,沼泽地18km,线路穿过丘陵、高山、河流、沼泽地,跨越公路、铁路、高压线路。

### 2. 采购管理重点问题

**1）地理位置受限**

赞比亚处于南部非洲的中心位置,是纯内陆国家,大量的进出口货物需要通过莫桑比克贝拉、南非德班以及坦桑尼亚达累斯萨拉姆港口转运。

**2）特殊材料的运输**

该项目设备基本从国内进行采购,距离遥远,且在海运中塔材等金属设备易被锈蚀。

**3）施工条件的挑战**

由于受到项目地形的限制,设备和材料向施工现场的运输存在较大难题。

### 3. 采购管理策略

**1）完善的物流管理机制**

对设备物资制定有针对性的运输管理措施,以保障设备物资能够顺利运抵现场。如该项目的导线和塔材全部从国内采购,在发运之前全部用集装箱打包,仅塔材一项就用了约150个集装箱进行发运,以避免运输过程中丢失或锈蚀,保证设备顺利抵达,而相比其他公司,有些仅打捆散装,丢失现象严重。

**2）建立与国外海关部门良好的合作关系与接口管理**

承包商与赞比亚海关部门保持着良好的合作关系,定期来往和沟通,及时了解政策的变化和免税清关情况的更新。例如,该项目为免税项目,但由于前期业主融资不到位拿不到免税批文,并且税费额度较大无法垫资。通过与赞比亚海关部门建立良好的合作关系与接口管理,总承包商在无批文且没有交税的情况下,在六个月暂进期之后仍不断与海关周旋,直至业主融资成功之后,迅速办理免税批文。

**3）建立与物流服务商的合作关系**

由于受到设备体量和施工条件的限制,设备和材料到施工现场的运输可能难度较高,与物流服务商良好的合作关系有助于解决特殊情况下的物流问题。如项目中某一处施工地点,由于河流跨距较大,需要在核心岛设置跨河高塔,然而河上没有大型船只,设备与材料的运输非常困难。总承包商与英国 Autoworld 公司合作,由 Autoworld 提供船只负责运输,并在河流两侧修建临时码头,运用组塔抱杆作为起吊工具成功克服了这一难题。

## 3.4.3　委内瑞拉新卡夫雷拉燃气电站项目

**1. 项目简介**

委内瑞拉新卡夫雷拉燃气电站项目位于阿拉瓜州马拉盖市,设计安装 $2 \times 190MW$ GE 7FA 单循环燃油机组。该项目为 EPC 总承包项目,业主为委内瑞拉国家石油公司 PDVSA,合同总金额为 3.33 亿美元,合同工期 12 个月。

**2. 采购管理重点问题**

委内瑞拉新卡夫雷拉燃气电站项目在采购方面主要有以下重点问题:

**1）项目工期紧张**

由于该项目工期较短,且施工作业面小,施工条件艰苦,需要从设计和采购方面为施工争取更多的时间。

**2）供应商选择少**

业主指定的主机型号和标准在全球范围内能够生产的厂家较少,供应商的选择有限;主机为大型机电设备,生产周期较长,容易受到供应商自身生产能力和生产计划的限制。

**3. 采购管理策略**

委内瑞拉新卡夫雷拉燃气电站项目在采购管理方面的具体策略有:

**1）与集团总部良好的接口管理,有助于信息共享,实现高效决策**

集团总部建有完善的合格供应商名册,通过与集团总部良好的接口管理得知,业主指定的主机型号和标准在全球范围内只有西门子、通用和三菱三家公司能够生产，并且集团总部下属另一家公司选择西门子作为生产商，为错开生产时间，该项目总承包商选择通用作为主机供应商。

**2）建立与国外大型机电设备供应商良好的合作关系**

基于总承包商与通用公司良好的合作关系，通用公司将为另一家不急需此产品的公司生产的两台机组给该项目，大幅缩短了设备制造周期。

**3）完善的全过程物流监管机制**

货物代理公司定期发送物流信息，总承包商能够有效实现对物流运输的实时监控。

## 3.4.4　赞比亚伊泰兹水电项目

### 1．项目简介

赞比亚伊泰兹水电项目位于赞比亚南方省丘莫市，装机容量为 $2×60MW$，主要工程包括基础设施（业主营地、供水供电系统、污水处理和线路改造）和永久工程（电站、调压井、开关站）两部分。该项目为 EPC 总承包，业主为赞比亚国家电力公司与印度塔塔集团的联营体，EPC 合同总额为 1.56 亿美元。该项目建成后将有效缓解赞比亚电力不足的情况，而赞比亚也有望向周边电力紧缺的国家出口电力。

### 2．采购管理重点问题

**1）业主融资困难**

总承包商为了保持在当地市场的声望和知名度，在业主融资困难、资金不到位的情况下继续开工，以利于打造品牌和后期市场开发。

**2）当地主材供应商选择少**

由于第三国采购的运输价格较高，因此大部分主材选择在当地采购，然而当地厂家较少，供应商选择受限，如当地只有一家水泥厂的产品满足要求。

**3）货物价格浮动大**

由于当地原材料稀少、货币汇率变动大，水泥、柴油等货物的价格常常有较大波动，采购的时机对于成本具有重要影响。

### 3．采购管理策略

**1）加强与利益相关方的接口管理**

总承包商与利益相关方之间良好的接口管理不仅有助于自身与各方联系，还能促进原本无直接联系的利益相关方之间的沟通，提高项目实施效率。对于瓶颈物资的制造，可能由于设计批复较慢而影响生产进度，例如，该项目的变压器在国内采购，为了加快变压器的图纸批复，总承包商邀请业主到中国进行设计审查，与供应商直接沟通，改善的沟通渠道大大提高了采购效率。

**2）与供应商保持良好的合作关系**

与供应商良好的合作关系有助于总承包商获得关键设备与物资，及时掌握材料价格变动等信息，促进高效与正确决策。例如，总承包商与当地唯一一家合格的水泥供应商保持良好的合作关系，使得厂家能够优先给项目供货，满足项目施工需求；南非的粉煤灰供应商也在涨价之前给大客户发函通知；项目前期业主融资不到位，由于与国内机电设备供应商具有良好的合作关系，在付款延误的情况下，仍能保证设备正常的生产制造和发货。与供应商保持良好合作关系的策略有，帮助供应商宣传品牌、建立信任、加强沟通交流等。

**3）完善的物流管理机制**

对于国内采购的设备和物资，选择综合实力较强的运输公司，以提高运输和清关效率，保证运输质量；总承包商公司总部的机电设备部负责设备和材料的包装和装船，对设备物资制定了针对性的运输管理措施，如大型设备装船的位置、对美感要求较高的设备提高包装质量、对于防潮等特殊要求的设备和物资采取相应措施等；总承包商安排专人与物流公司保持联系，实时掌握运输进度；为设备和物资的运输投保，及时解决运输过程中出现的问题，并联系保险公司索赔。

# 3.5　国际工程 EPC 项目采购管理建议

## 3.5.1　与全球范围内关键利益相关方建立合作伙伴关系

国际工程 EPC 项目总承包商应当与全球范围内关键利益相关方建立合作伙伴关系。在与利益相关方发展合作伙伴关系时，应当注重建立共同目标、态度积极、信守承诺、公平和信任等行为要素，在此基础之上关注开放的氛围、团队建设、有效沟通、解决问题和及时反馈等交流要素。良好的合作伙伴关系有助于改善采购供应链关系，在可靠的供应链伙伴共同努力下，维护各方利益并及时满足各方需求，以提高供应链运作效率。

由于选择不同的采购途径都有各自的利弊，总承包商应当培养全球化采购的视野与能力，广泛发展与全世界范围内潜在供应商的合作伙伴关系，构建全球化的供应商网络来从全球市场中获取资源与整合信息，以根据项目的实际情况与供应商的特点选择合适的合作伙伴。高效的供应商选择过程会直接对供应链绩效产生影响，改善组织的产出，与供应商建立战略合作伙伴关系对于项目获得成功至关重要。积极的合作伙伴关系需要总承包商对供应商进行仔细的资格预审以选择可靠的材料和设备供应商，这首先需要总承包商建立完善的供应商选择体系，对供应商的履约能力、财务状况、质量管理、生产组织等情况进行综合衡量，以识别供应商的综合实力，这是采购的重要部分和核心环节。在供应商管理中,应当与可靠和有保障的供应商建立战略合作伙伴关系,在信任和公平的利益/风险分担机制下,建立基于共赢的长期合作关系以获得可靠的设备物资供应和质量保障,给总承包商采购带来成本和进度优势。在采购工作执行过程中,对供应商进行动态考核,并依据考核结果督促供应商实时改进;在采购工作结束之后,对供应商的质量、价格、供应能力、服务等绩效指标进行全面评价,并根据评价结果来衡量与该供应商的后续合作。通过绩效管理帮助供应商实现持续改进,从而有效提高采购效率。与全球范围内关键供应商的合作伙伴关系可以帮助总承包商将国际工程EPC项目采购供应链围绕这些合作伙伴而延伸,有利于灵活和快速地制定战略合同,在与供应商良好合作关系的基础上有效简化采购过程、缩短采购周期。

为了实现供应链上中下游利益相关方的共赢,总承包商应当从供应链整体的角度出发综合考虑项目的采购管理和成本控制,基于公平的利益/风险分担机制与设计方建立合作伙伴关系,将设计与采购工作有机结合。在项目前期进行设计优化,以降低项目实施和采购成本;在设计阶段就综合考虑设备和物资供应链上的各种约束条件,并针对具体的约束条件进行有效处理,减少采购环节的不确定因素;在项目设计阶段提前开展采购工作,以合理选择采购策略,缩短采购周期和降低采购成本;与设计方共同解决采购中复杂的技术问题。

供应链利益相关方之间的信任与合作形成了伙伴关系的基础,通过与利益相关方的资源共享和优势互补实现共赢,改善风险管理,降低采购工作中的交易成本和监督成本;合作过程中的沟通机制保证信息在供应链合作伙伴之间快速流动,从而促进项目信息共享;通过公平的利益/风险分担机制维持长期的合作伙伴关系,形成国际工程EPC项目采购供应链的良性发展,加强创新和价值工程以及改善全面质量管理,最终促进项目的成功实施。

## 3.5.2　加强利益相关方接口管理

接口管理是全球性和复杂大型项目中有效的管理方法,指的是对两个及以上的接口利益相关方之间交流、关系和交付的边界与连接的管理。由于利益相关方之间接口管理的低效是造成大型复杂项目成本和进度超支的主要原因,因此,国际工程EPC项目应当注重对采购利益相关方及其接口的高效管理,并有效应对项目全寿命周期中由于沟通不畅造成的风险。

非正式的接口识别和跟踪使用邮件、文件夹、列表和电子表格等传统的管理方法,然而大型复杂项目需要处理利益相关方之间大量的信息流动,语言和文化的多样性更增加了国际项目中信息沟通的障碍。沟通不畅带来的影响随着项目利益相关方数量的增加、项目实施范围的扩大,以及项目中活动和信息之间的相互依赖而逐渐增大。由于EPC项目采购活动与设计、施工等工作重叠,项目不同阶段的信息交流显著增加,总承包商需要建立完善的接口管理系统来识别和管理采购工作中的接口与信息流动,以应对国际工程 EPC 项目的复杂性,其中应当包括:应用基本的自动化和工作流方法,跟踪组织间的交接点和工作界面,建立预警机制来提醒交接点和工作界面的延误,并创建绩效报告;高级的接口管理系统应当做到与项目进度、成本控制、风险管理和变更管理等系统相结合;指定专门人员作为接口管理经理、接口协调员和接口工程师,通过建立和执行接口管理规划以促进接口管理的实施;基于明确的绩效指标对接口管理进行评价。

采购接口管理的具体内容主要有:

(1)与管理相关的接口管理问题,包括与采购利益相关方之间充分的谈判、交流与协调,变更和设计图纸提交与批复的效率,快速跟踪技术的应用等。

(2)与信息相关的接口管理问题,包括完善的采购接口管理系统、准确和及时的信息交流、明确定义的组织结构与责任等。

(3)与合同相关的接口管理问题,包括规范的采购合同管理流程、可靠的合同策略、清楚的合同细节、熟悉建设法规和政府条例等。

(4)与技术相关的接口管理问题,包括对设备参数和材料标准的掌握、对设计图纸和施工标准的熟悉程度、与接口管理有关的设计和施工过程与方法。

### 3.5.3　加强供应链全流程管理

总承包商应当建立采购全流程管理的概念,关注整个供应链流程的整合与优化,与供应链伙伴通过战略合作来共同管理组织内和组织间采购流程。流程整合也是组织实现显著和持续创新的来源,通过挤出延迟、多余的任务和低效的流动来改善与竞争相关的运作绩效。这需要总承包商结合外部环境进行一体化的流程设计,将包括采购计划制订、供应商选择、合同管理、质量控制、申办进口许可证、跨国运输、报关、清关、退税等国际工程复杂的采购环节进行整合。以上这些程序不仅需要项目业主和咨询工程师的帮助,与设计方、施工方和供应商的协调,还涉及海关、税务部门、物流公司、保险公司等众多利益相关方,这需要建立规范的供应链全流程管理体系,提高关键利益相关方的参与程度,以实现对国际工程 EPC 项目采购全过程的有效控制。

总承包商可以采用关键链的管理方法实现对采购供应链全流程的有效管理。对于生产周期长、海外采购的关键设备提前制订设备物资采购计划,对于非关键材料可以适当推迟采购,但应当防止延误关键链的进度,基于约束理论不断识别和改善整个采购链中主要的约束和瓶颈环节。项目实施的重要设备和物资供应是采购的瓶颈环节。针对国际工程机电设备和物资采购的不确定性,总承包商可以运用缓冲管理机制,在供应商的共同规划、跟踪和管理下将原本已经非常密切的关键材料和设备采购链中战略性地插入供给缓冲,以保障关键供应链的进度。虽然单独的采购活动没有替补,但整体上存在项目缓冲来达到预期的项目完成日期。运用缓冲管理的采购管理全流程框架如图 3-8 所示。

图3-8　采购全流程的缓冲管理

对于关键设备和材料的采购,两个重要的控制日期是供应商提供的"约定交货日期"和项目进度要求的"需要到达日期",在这两个日期之间可以插入适当的供给缓冲。对于缓冲时间的预测应当基于采购项的关键程度、与整个采购和物流过程有关的风险分析等,风险识别和评估应当基于以往经验、历史数据、供应商投入和当前市场预测等因素在采购计划阶段开展。在合作伙伴中建立信任和整合信息系统的基础上,某些中间过程可以被消除或简化(如进料、谈判与合同环节),通过及时获得有效信息使得供应商更好地向项目规划提供输入,以及改善规划效率和项目绩效。关键链方法为提高关键设备物资的采购绩效提供了强大的支持,在鼓励参与方共享资源和优势的合作伙伴关系、供应链流程和信息基础设施的作用下,管理效果将会进一步增强。

## 3.5.4　整合供应链上下游信息流

在合作伙伴关系、接口管理和全流程管理的基础上,利益相关方之间的开放交流会在采购供应链中产生大量的信息交流,整合供应链上下游信息流为总承包商在采购过程中进行及时决策和实时监控提供支持,以同时帮助总承包商内外部的采购活动,有利于通过使用各个参与方的知识与技能共同解决问题,减少供应链参与方之间的信息不对称,降低全球化采购过程中的交易成本。总承包商和利益相关方的决策大多是由获得的信息所驱动,因此,信息管理的最终目的是帮助参与方在获得及时有效信息的基础上实现高效决策。由于大多数的关键决策源自信息和利益相关方,信息流管理还需加强与利益相关方的互动。由于国际工程EPC项目较为复杂,适当的技术支持能够加快信息在项目伙伴之间流通的效率。总承包商应当建立组织结构良好的采购信息管理系统来作为伙伴关系的基础设施,促进项目参与方之间的信息传递和知识共享。由于利益相关方之间复杂的相互交流和国际供应市场的不确定性,国际工程EPC项目总承包商有必要在采购信息系统的支持下建立与利益相关方的联系机制,以实现采购供应链管理的优化。采购信息系统应当整合来自于业主、咨询工程师、集团总部、设计方、施工方、供应商、海关部门、安装服务商、物流服务商和同一海外市场的本国承包商等所有供应链参与方的信息,涵盖从EPC投标策划、采购计划管理、供应商管理、采购合同管理、机电设备和物资质量管理、物流管理、仓储管理、机电设备交付管理、运营及售后服务到采购绩效评价的采购全流程,并具备实时监控采购状态的功能以支持参与方的及时调整。

　　基于信息技术对采购供应链进行优化之后,总承包商需要在供应链参与方之间建立完善的信息网络和管理机制,以促进供应链参与方在采购全流程中的信息传递,实现各方的高效决策。企业资源规划和运作系统组成了优化的内部供应链管理系统,供应商管理系统、第三方物流系统、业主管理系统等组成了优化的外部供应链管理系统,总承包商对内外部供应链管理系统进行整合成为整体的信息管理系统,并通过优化整体信息管理系统实现供应链的增值。基于信息技术的供应链优化的核心是复杂的生产和质量监控、物流信息等外部供应链管理系统,这也是采购管理过程的薄弱环节,需要总承包商通过完善的信息管理系统实现对上述复杂过程的有效控制。先进的信息技术是总承包商有效进行接口管理、流程管理和信息管理的重要支持。

## 3.5.5　国际工程 EPC 项目采购管理流程

　　基于以上分析,本文制定了国际工程 EPC 项目采购管理流程(见图 3-9),以指导总承包商在国际工程实践中的采购管理工作。

　　**1）EPC 投标策划**

　　为了提高项目投标的竞争力,在 EPC 投标策划阶段总承包商就要对采购部分有较为深刻的理解。这要求采购部分的技术方案能够满足招标文件的技术要求,以达到业主对机电设备技术和参数标准的要求。总承包商可邀请合作关系良好的供应商参与编制标书,以在机电设备潜在供应商的协助下进行投标报价,满足招标文件对采购技术的要求,增强标书的整体实力。为了不在中标后处于被动地位,总承包商还应注重标书的兼容性,留出中标后仍能按照正常设备物资采购流程和性价比来自由选择供应商的空间,以利于后续供应商的选择和采购合同谈判;同时承包商应当结合自身实力编制投标技术方案,避免中标之后 EPC 主合同中规定过于严苛,导致项目实施成本过高或难度较大。采购占整个合同费用的比例较高,在 EPC 投标策划中编制采购部分商务方案时,应当综合考虑市场波动、汇率变化、税收、政策等各种风险因素,对采购部分进行合理报价,在实现采购部分技术和商务方案有效结合的前提下降低采购风险。

　　**2）采购计划管理**

　　总承包商应当重点关注采购计划的编制以加强对于采购过程的管控,需要关注的方面有:综合考虑项目所在国的市场条件、市场布局、地理、气候等当地因素,工程特点、施工工艺、设备通用性等技术因素对设备进行采购;综合考虑采购、生产、运输、报关清关周期等生产运输因素,库存、保质期等仓储因素制订进度合理的采购计划;制定施工关键线路所需瓶颈物资的采购策略,例如设备配件、火工材料等,以降低进度风险;有效掌控设计单位和设计方案的渐进明细尺度,以保证总承包商有充足的时间来进行机电设备的采购;针对设计图纸制定管控措施,以保障采购计划编制工作的及时、准确;根据需求制定合理与详细的采购进度安排;制订尽量详细的物资采购计划,以提高采购计划的准确度;明确分配采购任务的责任(责任至公司、部门、个人)。此外,由于

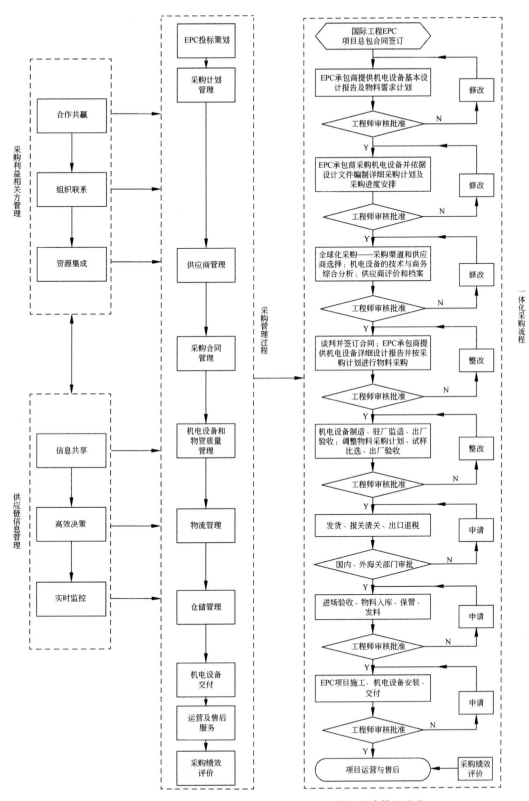

**图 3-9 基于供应链一体化的国际工程 EPC 项目采购管理流程**

物资设备与施工密不可分,在制订采购计划时还应当充分考虑施工进度计划以及一线施工人员的意见,使得采购计划能够更好地配合实际施工。对生产发料和库存情况进行实时监控,结合施工进度安排及时调整采购计划,针对设计变更或物资紧缺情况,应当及时对采购计划进行调整。

**3）供应商管理**

在选择供应商时,综合考虑项目特点及所在国外部环境因素;根据实际情况选择合理的采购渠道,如所在国采购、周边国家采购、国内采购,其他国家采购等;建立完善的供应商选择体系,对供应商的履约能力、财务状况、质量管理、生产组织等进行综合评估;对机电和成套设备的技术与商务进行综合分析;建立完善的供应商评价体系,对供应商的质量、价格、供应、服务、资金、信誉等绩效指标进行全面、准确的评价;建立完善的供应商档案,以方便未来项目对供应商的选择。

供应商选择的步骤主要有:

（1）根据不同的采购内容确定不同类型的供应商,主要包括机电设备、施工材料、施工设备、配件和保障物资等。

（2）综合考虑项目所在国的市场情况和项目特点进行全球化采购,选择合理的采购渠道。

（3）对供应商进行初步筛选,确定范围及采购方式。

（4）综合考核初步选定的供应商。

（5）严格按照规定的招投标流程确定最终供应商。

针对采购内容的不同合理选择策略,以实现高效采购。对于大型机电设备等重要战略物资,采购时应选择知名度较高或者建立有长期合作关系的供应商,以保证重要战略物资的质量和生产进度能够满足EPC项目的总体目标;与供应商建立良好的合作伙伴关系,帮助供应商提高生产效率、改善生产流程等,实现共赢。对于水泥、钢材、柴油等集中采购物资,由于通用性强、需求量大,为了节省运输成本,应当在项目所在地就近集中采购以降低成本。对于火工材料、设备配件等瓶颈物资,应当注重保证货源的及时性和稳定性,与瓶颈物资供应商发展伙伴关系来确保有效供应,同时加强对物资供应链的监控,以避免漏发、缺件等情况的出现,导致由于缺少配件而无法进行大型机电设备的安装,影响整体进度。对于一般性的物资,应当注重采购工作的流程化和规范化。

**4）采购合同管理**

总承包商应当制定完善的合同管理流程和规范以实现对采购合同的有效管理。在合同签订前,总承包商需要在全球范围内询价。在对市场状况具有一定了解之后,进行公开招标或邀请招标;对于大型机电设备的采购,除了业主指定供应商之外,总承包商通常会有建立长期合作关系的可靠供应商伙伴,这些供应商有时在EPC项目投标策划阶段就已参与到项目中,与总承包商提前签订联合投标协议或中标后优先考虑的约定,这些情况都要在招投标时考虑在内。合同谈判是为采购工作争取有利条件的重要一环,这需要总承包商提前了解谈判的目的、内容和影响因素,做好充分的谈判准备工作;

总承包商应当掌握良好的谈判策略与技巧,有效引导合同谈判,通过合同谈判达到预期目标。在就主要条款达成一致后,总承包商要与中标或选定的供应商按照规范的流程起草和订立合同。在合同签订之后,要严格按照合同规定进行采购工作的实施,发生争议时能够有效解决,必要时根据合同条款进行合理索赔。此外,还要对数据、文件、图纸和照片等合同相关信息进行规范的收集与存档,以形成完善的合同资料。

**5)机电设备和物资质量管理**

在机电设备的制造中,总承包商应当要求供应商严格按照 EPC 主合同中规定的机电设备制造标准进行生产,与设备供应商共同制定完善的质量管理体系;建立重要设备的驻厂监造机制;实时掌握供应商的生产状况,及时发现并解决生产中出现的各种问题;帮助供应商进行技术和管理方面的优化,以满足项目对机电设备采购的质量和进度要求;验收是重要的质量保证环节,总承包商应当建立严格的出厂验收制度,对机电设备进行出厂验收和现场验收,对物资进行现场验收。验收人员主要是总承包商采购相关的专业工程师,有时合同规定业主和咨询工程师也同时参与机电设备的验收,甚至会外聘第三方检验机构。

**6)物流管理**

总承包商需要建立完善的物流信息数据库以实时掌控物流运输情况;建立物流决策支持系统用来协助采购人员选择物流方式、制订物流计划、计算物流成本、规划物流预算等,提前制定运输方案尤其是大型机电设备和特殊物资的运输方式和路线;建立物流风险预警及应急措施机制,一方面购买运输保险,减轻总承包商在运输过程中遭受的意外损失,另一方面要制定应急预案,对受损物资及时修复或立即重新采购,以尽可能减少对后续工程造成的影响;建立规范的货物发运流程,主要有与物流公司联络、填写相关发货文件、国内报关、货物装船、物流运输、清关手续、问题反馈等;建立规范的出口退税流程,包括获取报关单信息、发票管理、核对报关单与发票、国际公司复核、上报税务局等;建立完善的全过程物流监管机制;对于不同类型的设备物资采用具有针对性的运输管理措施,以保障物资设备能够顺利运抵施工现场。由于海关控制严格、清关手续烦琐,总承包商应当选择组织机构健全、资金实力雄厚、清关经验丰富、信誉良好、与政府部门联系密切的清关代理公司协助办理清关业务以保证清关效率,有效应对清关中出现的各种难题,保障物资安全顺利地抵达现场,节约清关环节所发生的费用。

**7)仓储管理**

仓储管理主要包括以下方面。

(1)设备物资验收:设备物资到达后,按照装箱单进行验收,并检查有无损坏或型号不符的情况。

(2)设备物资入库:填写包含设备和物资编号、名称、规格、数量等信息的入库单,并录入系统;建立完善的仓储保存规范标准,据此进行分类、分库仓储。

(3)设备物资出库:设备物资出库时应当做好出库登记,物资领料单要符合物资使用计划,建立物料使用信息反馈制度以提高材料的使用效率。

（4）实时了解生产发料和用料信息：编制并及时更新物料库存状况，对物料的使用情况进行跟踪和管理；在保证满足项目正常实施需求的前提下，综合平衡物流成本与仓储成本；完善的仓库管理信息化平台有助于及时掌握物料动态信息。

（5）对瓶颈物资和特殊材料建立针对性的仓储措施：建立对设备配件、耗材、动力等瓶颈物资的风险控制体系，对火工材料等特殊物资制定完善的保存措施。

**8）机电设备交付管理**

总承包商应当加强对机电设备安装、调试和移交工作的管理，及时掌控机电设备的交付进度，有效应对可能出现的各种问题。加强对前期工作的管理，为机电设备的安装做好准备工作；建立应急措施应对安装、调试中出现的各种问题，以保证后续工作的顺利进行；做好充分的移交准备工作，如明确规定检修费用、售后服务等责任归属。

**9）运营及售后服务**

项目顺利移交之后，总承包商应当为业主建立规范的机电设备运营管理机制，确保设备的运营情况良好；建立规范的机电设备售后服务机制，及时解决设备售后问题。

**10）采购绩效评价**

建立完善的采购绩效评价机制，全面、准确地对采购绩效作出评价，并基于采购绩效评价的结果持续提升采购管理水平。

# 第4章 >>>>>>>>>>>>>

# 国际工程EPC项目施工管理

## 4.1 国际工程 EPC 项目施工管理关键问题

项目作为一种临时性的组织活动,完成一件任务或者产品,需要大量的资源投入;在施工过程,需要对投入的资源进行有效的管理以满足质量、进度、成本、HSE 等要求。从资源的角度出发,国际工程 EPC 项目中总承包商作为项目实施的核心,自身有一定的资源投入,如人力、物力等,同时也需要集成设计、供应商、分包商等外部资源[97]。在这种资源投入和集成过程中,实施高效的资源配置和管理从而确保项目顺利实施是承包商能力最为重要的体现。本章从资源角度出发,结合承包商能力分析国际工程 EPC 项目实施过程关键要素,以解决以下问题:

(1) 承包商承担项目的设计、采购和施工等工作,并对工程的成本、工期、质量和 HSE 等绩效目标全面负责,承包商不仅要保证交付业主的是一个配备完善、满足合同规定的各项性能标准、可即刻投产运行的工程设施,还应保证在项目实施过程中不违反当地法律法规,不损害当地社会、居民等各方利益,不对周围环境造成损害[98]。

(2) 业主在招标时通常仅有概念设计,甚至没有详细的技术规范,这给承包商带来了非常大的技术风险[99]。

(3) FIDIC(EPC)合同关于现场数据、合同价格和不可预见的困难等条款对于承包商意味着巨大风险[100-101]。如第 4.10 条:通常情况下业主不对现场数据类资料的准确性和充分性负责,而应由承包商负责这类数据的核实、解释工作;第 4.11 条:合同价格被视为已将承包商的所有合同义务考虑在内;第 4.12 条:承包商一旦签署合同则被认为已获得了关于风险、意外等,可能对工程有影响的情况的全部必需资料,且承包商应对为顺利完工的所有预见到的困难和费用负责。

(4) 就地区市场形势来看,中东、北非地区的政治动荡问题,西非、东非、拉美等部分国家的社会治安问题,对工程项目承揽和在建项目实施以及项目人员人身安全形成巨大的威胁[102];另外,材料和劳动力成本增加、金融汇兑风险加剧等多种外部环境风险因素给海外承包市场拓展和项目履约也带来挑战。

（5）我国承包商开拓国际市场的同时，在 EPC 项目管理方式、决策体系运作规律、企业运行机制等方面也存在一定的问题。例如，对项目当地的市场情况、法律法规、实施惯例、运行机制、文化习俗研究不足；对可能出现的不利情况和困难缺乏准确的估计和整体的把握；对设计、采购、施工之间的协调不充分，一体化管理能力不强等[103-104]。这些不足使我国承包商在实施 EPC 项目时面临较大风险。

# 4.2　调研结果

## 4.2.1　国际工程 EPC 项目实施过程评价

对国际工程 EPC 项目实施过程资源、组织、管理、学习创新等方面进行评价，结果见表 4-1，1 表示完全不符，5 表示完全符合。

表 4-1　承包商国际工程 EPC 项目实施过程评价

| 指　　标 | 得　　分 | 排　　序 |
| --- | --- | --- |
| 具有良好的信誉 | 4.33 | 1 |
| 具有出色的机电设备安装技能 | 4.12 | 2 |
| 具有出色的施工技术 | 4.12 | 2 |
| EPC 项目部门设置分工合理，责权划分明确 | 4.07 | 4 |
| 具有良好的项目办公条件与生活设施 | 4.00 | 5 |
| 对项目监控能力强，能及时发现 EPC 项目实施中出现的问题 | 4.00 | 5 |
| 上下层级间指令传递渠道通畅，信息反馈快 | 3.97 | 7 |
| 配置完善的计算机、通信系统、工程用车等硬件设备 | 3.97 | 7 |
| 善于寻找合作方来弥补自身资源和能力的不足 | 3.91 | 9 |
| 能够及时地进行文档管理 | 3.89 | 10 |
| 善于优化配置自身人力资源 | 3.86 | 11 |
| 善于总结 EPC 经验教训，形成自身隐性资产 | 3.86 | 11 |
| 善于和银行合作，帮助业主获得项目开发的资金 | 3.86 | 11 |
| 熟悉 EPC＋F 模式中的融资工作内容和流程 | 3.86 | 11 |
| 部门与部门之间信息传递渠道通畅，交流反馈快 | 3.83 | 15 |
| 能够有针对性地培养和提升员工 EPC 管理和实施水平 | 3.82 | 16 |
| 各部门流程衔接良好，工作效率高 | 3.81 | 17 |
| 公司内部信息流通顺畅、高效 | 3.81 | 17 |
| 能够有效进行设计、采购、施工一体化管理 | 3.81 | 17 |
| 公司与项目部之间信息传递渠道通畅，交流反馈快 | 3.80 | 20 |
| 服务意识强 | 3.78 | 21 |
| 公司员工素质高、能力强，能够满足 EPC 项目要求 | 3.78 | 21 |
| 能够及时汇总各方信息进行决策 | 3.78 | 21 |
| 在面临外部环境变化时能够及时做出反应并高效解决问题 | 3.78 | 21 |
| 内部流程监控有效，能及时发现问题 | 3.76 | 25 |
| 能有效整合内外资源 | 3.76 | 25 |
| 善于从外部组织学习优秀管理经验和技术方案 | 3.76 | 25 |

续表

| 指 标 | 得 分 | 排 序 |
|---|---|---|
| 善于进行市场调研和市场开拓 | 3.74 | 28 |
| 善于对外谈判和交流 | 3.72 | 29 |
| 工程施工设备先进、高效 | 3.67 | 30 |
| 与外部合作方信息流通顺畅、高效 | 3.64 | 31 |
| 能有效控制金融相关风险 | 3.60 | 32 |
| 设计管理出色 | 3.58 | 33 |
| 善于通过外部咨询提升 EPC 管理水平 | 3.58 | 33 |
| 对外部合作方的管理有效 | 3.57 | 35 |
| EPC 项目中,信息管理制度合理 | 3.50 | 36 |
| 善于管理模式创新 | 3.50 | 36 |
| 项目内部搭建有高效的资源共享信息平台 | 3.50 | 36 |
| 善于从外部引入高端人才 | 3.38 | 39 |
| 具有良好的技术研发 | 3.37 | 40 |
| 建有出色的信息管理系统 | 3.32 | 41 |

表 4-1 显示,承包商在信誉、机电设备安装技能、施工技术、部门设置和权责划分、项目办公条件与生活设施、项目监控能力等方面得分均不低于 4.00,表现较好;而信息管理系统、技术研发、高端人才引入、内部资源信息共享、管理模式创新、信息管理制度等方面得分不高于 3.50,提升空间较大。承包商在 EPC 项目实施中能够较好地识别技术、硬件配置以及过程问题,但仍需提升信息综合和创新等方面的能力。就信息管理而言,公司在系统性信息网络构建方面还有提升空间;如采购工作中,公司总部和项目部主要通过采购周报的形式就采购设备的数量、报批材料的批复情况等进行沟通。

将项目实施评价指标(见表 4-1)分为四大类:内部资源(人力、物力、技术、品牌)、内部资源管理(组织机构与流程设置、人力资源管理、信息管理、内部学习与创新)、外部资源获取(市场开拓、融资、伙伴寻找、向外部学习)和外部资源管理(合作伙伴管理、外部变化应对),结果见表 4-2。

表 4-2 承包商国际工程 EPC 项目实施过程评价指标分类

| 变 量 | 得 分 | 排 序 | 变量包含指标(对应表 4-1 排序) |
|---|---|---|---|
| **内部资源** | **3.96** | | |
| 人力 | 3.78 | 7 | 21 |
| 物力 | 3.88 | 4 | 5、7、30 |
| 技术 | 4.12 | 1 | 2、2 |
| 品牌 | 4.05 | 2 | 1、21 |
| **内部资源管理** | **3.77** | | |
| 组织机构与流程设置 | 3.94 | 3 | 4、17 |
| 人力资源管理 | 3.84 | 7 | 11、16 |
| 信息管理 | 3.72 | 11 | 7、10、15、17、20、25、36、36、41 |
| 组织内学习与创新 | 3.57 | 11 | 11、36、40 |
| **外部资源获取** | **3.74** | | |
| 市场开拓 | 3.73 | 10 | 28、29 |

续表

| 变　量 | 得　分 | 排　序 | 变量包含指标（对应表 4-1 排序） |
|---|---|---|---|
| 融资 | 3.85 | 5 | 13、14 |
| 伙伴寻找 | 3.62 | 11 | 9、33、39 |
| 组织间学习 | 3.76 | 9 | 25 |
| **外部资源管理** | **3.78** | | |
| 合作伙伴管理 | 3.68 | 11 | 17、21、25、31、32、33、35 |
| 外部变化应对 | 3.88 | 5 | 5、21 |

将二级变量平均值绘图显示，见图 4-1。

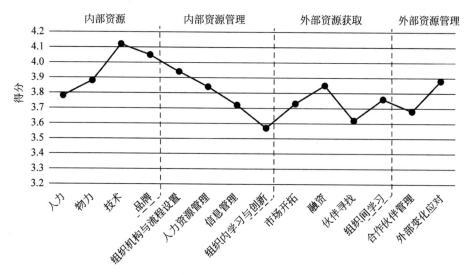

**图 4-1　承包商国际工程 EPC 项目实施过程评价**

表 4-2 和图 4-1 显示：

（1）承包商内部资源得分为 3.96，排名最高，表明了承包商本身具有良好的资源基础；其中，技术表现最好，其次分别为品牌、物力资源和人力资源。

（2）承包商内部资源管理综合得分为 3.77，还有较大的提升空间；二级指标中，信息管理、组织内学习与创新表现较低，表明承包商应基于信息系统进行知识管理，以促进技术和管理创新。

（3）承包商外部资源获取方面综合得分为 3.74，且各子项得分差异不大；承包商在伙伴寻找、市场开拓、组织间学习、融资等方面还有进一步的提升空间。

（4）承包商外部资源管理综合得分为 3.78，对合作伙伴的管理和对外部变化的应对均需进一步改善。

综合而言，承包商在内部资源组织和管理方面的表现较为出色，相比之下，外部资源管理表现欠佳。这表明在国际工程 EPC 项目实施中，承包商需重视建立伙伴关系、进行合作伙伴管理以及加强组织间学习等方面，以适应全球市场对 EPC 项目的资源需求。

对项目实施各指标之间进行相关分析，结果见表 4-3。

表 4-3　项目实施各指标之间相关系数

| | 1 | 2 | 3 | 4 | 5 | 6 | 7 | 8 | 9 | 10 | 11 | 12 | 13 |
|---|---|---|---|---|---|---|---|---|---|---|---|---|---|
| 1. 人力 | | | | | | | | | | | | | |
| 2. 物力 | 0.524** | | | | | | | | | | | | |
| 3. 技术 | 0.542** | 0.549** | | | | | | | | | | | |
| 4. 品牌 | 0.617** | 0.412** | 0.551** | | | | | | | | | | |
| 5. 组织机构与流程 | 0.415** | 0.519** | 0.242** | 0.505** | | | | | | | | | |
| 6. 人力资源管理 | 0.726** | 0.542** | 0.582** | 0.649** | 0.482** | | | | | | | | |
| 7. 信息管理 | 0.553** | 0.613** | 0.337** | 0.503** | 0.675** | 0.590** | | | | | | | |
| 8. 组织内学习与创新 | 0.601** | 0.592** | 0.526** | 0.436** | 0.447** | 0.661** | 0.735** | | | | | | |
| 9. 市场开拓 | 0.584** | 0.678** | 0.466** | 0.634** | 0.508** | 0.592** | 0.611** | 0.597** | | | | | |
| 10. 融资 | 0.383** | 0.390** | 0.537** | 0.601** | 0.400** | 0.465** | 0.282** | 0.487** | 0.646** | | | | |
| 11. 伙伴寻找 | 0.621** | 0.612** | 0.487** | 0.607** | 0.538** | 0.711** | 0.592** | 0.768** | 0.671** | 0.641** | | | |
| 12. 组织间学习 | 0.498** | 0.585** | 0.551** | 0.428** | 0.479** | 0.666** | 0.638** | 0.831** | 0.534** | 0.416** | 0.751** | | |
| 13. 合作伙伴管理 | 0.619** | 0.617** | 0.573** | 0.584** | 0.498** | 0.602** | 0.801** | 0.813** | 0.678** | 0.468** | 0.687** | 0.649** | |
| 14. 外部变化应对 | 0.570** | 0.639** | 0.541** | 0.578** | 0.539** | 0.690** | 0.704** | 0.738** | 0.693** | 0.551** | 0.667** | 0.677** | 0.835** |

各项指标之间显著的相关性意味着可以进一步进行典型指数分析,来寻找能够综合反映项目实施情况的指标。典型指数分析计算方法为:$\overline{R_i^2} = \sum r^2/(n-1)$,即各指标与其他指标相关系数平方的平均值,结果见表 4-4。

**表 4-4　项目实施各项指标的典型指数分析**

| 指　标 | 典　型　指　数 |
|---|---|
| 人力 | 0.319 |
| 物力 | 0.319 |
| 技术 | 0.258 |
| 品牌 | 0.305 |
| 组织机构与流程 | 0.240 |
| 人力资源管理 | 0.381 |
| 信息管理 | 0.365 |
| 组织内学习与创新 | 0.418 |
| 市场开拓 | 0.373 |
| 融资 | 0.243 |
| 伙伴寻找 | 0.419 |
| 组织间学习 | 0.365 |
| **合作伙伴管理** | **0.432** |
| 外部变化应对 | 0.427 |

表 4-4 显示,合作伙伴管理指标的典型指数得分最高,说明了合作伙伴管理与其他指标的关联性较强,验证了国际工程 EPC 项目外部资源管理的重要性;这主要是由于 EPC 项目的成功实施取决于承包商的施工水平,以及合作伙伴管理能力以促使合作伙伴提升设计和采购等方面的绩效。

## 4.2.2　国际工程 EPC 项目承包商能力评价

从两个维度对国际工程 EPC 项目承包商能力进行评价,即项目层面能力(质量、进度、成本、HSE、风险管理能力)和企业层面能力(市场开拓、营销、融资、外部资源集成、硬件配置、技术、人力资源管理、信息管理、学习、创新能力),结果见表 4-5 和图 4-2。

**表 4-5　企业能力评价**

| 指　标 | 得　分 | 排　序 |
|---|---|---|
| **项目层面能力** | **3.77** | |
| 项目质量管理能力 | 3.85 | 3 |
| 项目进度管理能力 | 3.92 | 1 |
| 项目成本管理能力 | 3.78 | 6 |
| 项目 HSE(职业健康、安全、环境)管理能力 | 3.59 | 10 |
| 项目风险管理能力 | 3.72 | 7 |

续表

| 指　　标 | 得　　分 | 排　　序 |
|---|---|---|
| **企业层面能力** | **3.67** | |
| 外部资源集成能力 | 3.55 | 13 |
| 硬件配置 | 3.84 | 4 |
| 技术能力 | 3.90 | 2 |
| 信息管理能力 | 3.46 | 14 |
| 人力资源管理能力 | 3.69 | 8 |
| 融资能力 | 3.56 | 12 |
| 市场开拓能力 | 3.69 | 8 |
| 学习能力 | 3.80 | 5 |
| 创新能力 | 3.58 | 11 |

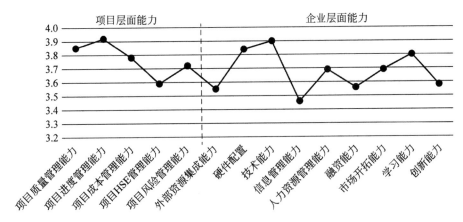

**图 4-2 承包商能力评价**

表 4-5 和图 4-2 结果显示：

（1）承包商项目层面能力平均得分 3.77，优于承包商企业层面能力 3.67。整体而言，在国际工程 EPC 项目中，承包商项目和企业层面能力都有较大的提升空间。

（2）项目层面能力中 HSE 管理能力得分最低，为 3.59，显示了中国承包商在国际工程 EPC 项目 HSE 管理方面所面临的挑战。国际工程项目中 HSE 管理的主要难点在于以下几个方面：

① 国外法律法规要求严格，业主对 HSE 重视程度高。例如，哥斯达黎加楚卡斯项目中，要求工地配置至少两台救护车、加厚的焊接防护镜以及皮制工作服，加强对车辆漏油的处理，并注意保护当地小动物。

② 业主、咨询工程师、当地劳务等项目参与方在文化、习惯和认识上与国内有差异，使得中国承包商在 HSE 管理中非常不适应。

对项目层面各项能力之间进行相关分析，结果见表 4-6。

各项指标之间显著的相关系数意味着可以进一步进行典型指数分析，来寻找能够综合反映项目层面能力的指标,结果见表 4-7。

表 4-6　项目层面能力相关系数

| | 1 | 2 | 3 | 4 |
|---|---|---|---|---|
| 项目质量管理能力 | | | | |
| 项目进度管理能力 | 0.719** | | | |
| 项目成本管理能力 | 0.730** | 0.801** | | |
| 项目 HSE 管理能力 | 0.637** | 0.562** | 0.571** | |
| 项目风险管理能力 | 0.580** | 0.652** | 0.748** | 0.604** |

表 4-7　项目层面能力的典型指数分析

| 指　　标 | 典 型 指 数 |
|---|---|
| 项目质量管理能力 | 0.448 |
| 项目进度管理能力 | 0.475 |
| 项目成本管理能力 | 0.515 |
| 项目 HSE 管理能力 | 0.353 |
| 项目风险管理能力 | 0.421 |

表 4-7 显示,项目成本管理能力典型指数最高,反映了项目成本管理能力与其他项目层面能力的紧密联系。国际工程 EPC 项目往往为总价合同,项目质量管理能力、进度管理能力、HSE 管理能力和风险管理能力最终均会在成本绩效上有所体现。

（3）企业层面能力评价结果显示：承包商信息管理能力、外部资源集成能力、融资能力、创新能力得分均低于 3.6,在 14 项能力指标中排在后四位,这些方面的能力亟待加强。

对企业层面各项能力之间进行相关分析,结果见表 4-8。

表 4-8　企业层面能力相关系数

| | 1 | 2 | 3 | 4 | 5 | 6 | 7 | 8 |
|---|---|---|---|---|---|---|---|---|
| 外部资源集成能力 | | | | | | | | |
| 硬件配置 | 0.591** | | | | | | | |
| 技术能力 | 0.591** | 0.729** | | | | | | |
| 信息管理能力 | 0.628** | 0.536** | 0.651** | | | | | |
| 人力资源管理能力 | 0.590** | 0.614** | 0.564** | 0.598** | | | | |
| 融资能力 | 0.607** | 0.432** | 0.608** | 0.364** | 0.598** | | | |
| 市场开拓能力 | 0.630** | 0.622** | 0.598** | 0.468** | 0.608** | 0.753** | | |
| 学习能力 | 0.400** | 0.411** | 0.525** | 0.601** | 0.576** | 0.539** | 0.628** | |
| 创新能力 | 0.515** | 0.602** | 0.591** | 0.549** | 0.737** | 0.662** | 0.661** | 0.701** |

各项指标之间显著的相关系数意味着可以进一步进行典型指数分析,来寻找能够综合反映企业层面能力的指标,结果见表 4-9。

表 4-9　企业层面能力的典型指数分析

| 指　　　标 | 典 型 指 数 |
| --- | --- |
| 外部资源集成能力 | 0.329 |
| 硬件配置 | 0.331 |
| 技术能力 | 0.372 |
| 信息管理能力 | 0.310 |
| 人力资源管理能力 | 0.375 |
| 融资能力 | 0.339 |
| 市场开拓能力 | 0.391 |
| 学习能力 | 0.309 |
| 创新能力 | **0.399** |

表 4-9 显示,创新能力典型指数最高,与其他能力指标关联性较强,归因于创新能力是承包商可持续发展的内在动力。例如,承包商创新能力与人力资源、技术、信息管理和学习能力密切相关。创新反映了企业在面对新的变化、新的挑战和问题时的应对能力,体现的是企业在国际市场的核心竞争力。国际工程项目外部环境复杂,承包商承担 EPC 所有业务,需要不断进行创新以满足众多利益相关方的需求。

## 4.3　承包商能力与项目实施的关系

对承包商项目层面能力与国际工程 EPC 项目实施过程进行相关分析,结果见表 4-10 和图 4-3。

表 4-10　项目能力与 EPC 项目实施过程相关性

| 项目实施/项目管理能力 | 项目质量管理能力 | 项目进度管理能力 | 项目成本管理能力 | 项目HSE管理能力 | 项目风险管理能力 |
| --- | --- | --- | --- | --- | --- |
| **内部资源** | | | | | |
| 人力 | 0.527** | 0.428** | 0.467** | 0.444** | 0.354** |
| 物力 | 0.512** | 0.561** | 0.593** | 0.499** | 0.555** |
| 技术 | 0.186 | 0.122 | 0.276* | 0.182 | 0.311* |
| 品牌 | 0.533** | 0.310* | 0.410** | 0.476** | 0.400** |
| **内部资源管理** | | | | | |
| 组织机构与流程设置 | 0.558** | 0.514** | 0.500** | 0.525** | 0.473** |
| 人力资源管理 | 0.552** | 0.365** | 0.461** | 0.551** | 0.335* |
| 信息管理 | 0.678** | 0.645** | 0.752** | 0.617** | 0.615** |
| 组织内学习与创新 | 0.633** | 0.502** | 0.646** | 0.441** | 0.469** |
| **外部资源获取** | | | | | |
| 市场开拓 | 0.566** | 0.598** | 0.597** | 0.637** | 0.618** |
| 融资 | 0.423** | 0.342** | 0.399** | 0.341** | 0.457** |
| 伙伴寻找 | 0.585** | 0.441** | 0.531** | 0.483** | 0.509** |
| 组织间学习 | 0.548** | 0.399** | 0.573** | 0.309* | 0.467** |

续表

| 项目实施/项目管理能力 | 项目质量<br>管理能力 | 项目进度<br>管理能力 | 项目成本<br>管理能力 | 项目 HSE<br>管理能力 | 项目风险<br>管理能力 |
|---|---|---|---|---|---|
| **外部资源管理** | | | | | |
| 合作伙伴管理 | 0.643** | 0.570** | 0.682** | 0.560** | 0.594** |
| 外部变化应对 | 0.591** | 0.513** | 0.649** | 0.579** | 0.533** |

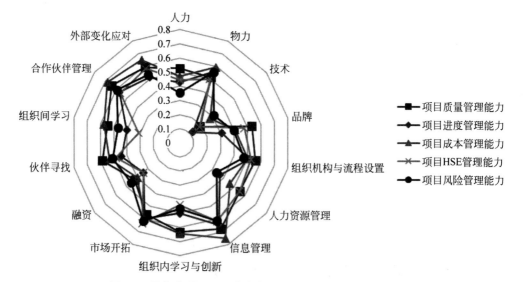

**图 4-3　承包商项目层面能力与国际工程 EPC 项目实施关系**

表 4-10 和图 4-3 结果显示了承包商项目层面各能力与国际工程 EPC 项目实施各内容之间的相关关系情况,分析结果表明:

(1) 信息管理与项目层面能力间关系最为密切,相关系数均位于 0.6 和 0.8 之间,反映了信息管理与国际工程 EPC 项目实施的紧密联系。国际工程 EPC 项目实施中,承包商除了承担传统的施工任务外,还需要对设计和采购工作负责;E、P、C 交互过程涉及多个方面,使得信息管理能力尤为重要,既能够协助承包商有效掌控项目过程并及时发现问题,又有利于承包商整合和利用各种资源、信息和知识,以推动创新和问题的高效解决;此外,承包商还需要与业主、咨询、政府、当地社区和居民等进行沟通,将外部环境信息及时纳入决策过程对承包商有效开展项目活动也有重要影响。由于承包商信息管理工作(见表 4-1)和信息管理能力(见表 4-5)均得分偏低,因此,承包商应重视提升信息管理水平,以促进国际工程 EPC 项目实施。

(2) 合作伙伴管理、外部变化应对、市场开拓等与承包商项目层面能力间关联较为密切,相关系数均位于 0.5 和 0.7 之间。这三个指标均属对外活动,表明国际工程 EPC 项目中外部合作与管理十分重要,包括如何在保证中标 EPC 项目的同时有效管理设计和采购业务等。

(3) 技术与项目成本管理能力和风险管理能力显著相关,显示技术能力对 EPC 项目利润和风险管控的重要性。

# 4.4 国际工程 EPC 项目实施建议

## 4.4.1 构建互信氛围和激励机制促进对外合作管理

承包商对外关系管理中的利益相关方大体可以分为三类。

第一类是买方,或者可以理解为"甲方",主要指业主和咨询,他们是承包商的服务购买者。

第二类是卖方,包括设计方、供应商、分包商等为承包商提供服务和产品的组织,这些相关方和承包商一起组成了国际工程 EPC 项目"供应链"(为业主提供项目产品)。

第三类是社会、政治相关实体,包括政府、社区组织、工会、居民、媒体等反映当地政治社会形势的组织或个体,这些相关方构建了项目实施的外部环境。

与外部各相关方合作管理经验如下。

### 1. 业主和咨询

针对第一类相关方(业主和咨询),EPC 项目承包商以提供良好服务为基础,构建合作关系,同时注意争取自身权益。国际工程 EPC 项目中,由于政治、经济、社会、法律、标准和文化的差异等,业主和咨询的要求与国内项目差异较大;承包商需要加强与业主咨询的沟通交流,及时进行需求分析,提供良好服务,避免不必要的矛盾和冲突的产生;同时,承包商也要注意维护自身权益,对于完成难度较大的要求,合理地与业主和咨询进行沟通和协商,在互相理解的氛围下进行调整。

### 2. 设计、供应商和分包商

第二类相关方(设计、供应商、分包商)的管理是 EPC 项目承包商对外关系管理的核心,他们是互补承包商资源和能力的相关方,直接决定了项目能否顺利履约;同时,对设计、供应商和施工分包/劳务良好的合作管理也是承包商与业主和咨询构建良好合作关系的基础。

#### 1)设计管理

设计管理是国际工程 EPC 项目管理的重点,也是现阶段承包商项目管理的难点。国内外技术标准和设计习惯存在较大差异,而中国设计单位不太适应;同时,设计单位由于资源所限、重视程度和风险预见不到位,导致在一些项目中资源匹配不足,从而出现设计审批问题。

承包商设计管理的关键在于提升设计方重视程度和积极性:

(1)构建和营造相互信任、相互尊重、相互理解的氛围。

(2)加强双方各级管理人员之间的沟通,比如,可尝试统一办公地点。

（3）利益共享,构建设计激励机制。

合同形式上,目前主要采用的是设计分包的形式,也有个别项目开始尝试设计联营体或联合体的形式。就激励机制而言,联营体的形式真正使得二者形成利益和风险上的共同体,对设计方的激励是最大的,而设计分包下的激励机制,有可能由于信息不对称而使得激励效果打折扣。但从决策角度出发,联营体的形式提升了设计的地位,增强了设计的话语权,当承包商与设计出现决策争议的时候,如何构建良好有效的争议解决机制是决定联营体能否成功的关键。承包商和设计方之间需构建相互尊重、理解和信任的合作伙伴关系,从而促进争议的良好解决。

**2）供应商管理**

国际工程 EPC 项目一半以上的合同资金用于机电和物资设备的采购;良好的供应商管理能够为项目顺利开展提供充足的物质保障。

首先,选择良好合适的供应商是保障材料设备采购绩效的关键。

供应商选择原则主要有:

（1）项目合同需要给供应商选择留有充分的空间,保证承包商询价主导性,这就需要承包商在项目合同谈判时就对供应商市场情况进行调研和把握。

（2）供应商选择要结合项目特点,尤其是自然环境特点,比如赞比亚项目中变电系统的采购,原本质量较好的国内供应商的产品由于当地气温高而运行情况不佳。

（3）除了保证产品质量,供应商选择中还需要重视供应商的信誉和服务态度。

然而,现阶段供应商选择中也存在着诸多客观限制,包括:

（1）一些产品的可选供应商受限。比如赞比亚一些项目,电气标准采用美标和英标,国内执行相关标准的供应商特别少,而国外供应商采购价格高,供货期长（虽然质量更高,安全性更好）；业主要求使用超声波流量计,而国内仅两家供应商在做,选择受限。

（2）一些小的供应商质量难以把握。小的设备和配件的采购,需要通过正规的招标程序,而招标程序往往倾向于低价中标；一些小的设备和配件的采购是一次性买卖,供应商可能是皮包公司,或者是买卖后倒闭或消失,而承包商在采购阶段往往很难对所有供应商质量进行把控。

解决上述问题应当从三个方面着手:

（1）供应商选择范围从国内拓展到全球,从全球范围搜寻合格供应商。

（2）综合考虑供应质量、成本和周期,合理选择供应商和安排采购计划。

（3）建立与质量高服务好的可重复采购的设备、配件和材料供应商的长期合作关系,降低采购质量风险和交易成本。

其次,由于国际工程 EPC 项目设备和材料采购品种繁多,现阶段信息化程度还不能保证每个环节都能得到很好的监控,这就需要承包商与供应商在设备和物资生产、运输和交付等环节加强沟通和交流,对采购活动进行合理规划和监控,重点关注采购薄弱环节。

最后,对于中国供应商不熟悉国外技术标准的问题,承包商需要做好协调工作:一方面安排重点供应商,尤其是机电供应商,在设计阶段加入管理团队,推动供应商与设计、咨询的面对面沟通,及时准确把握国外业主和咨询意图;另一方面在机电设计和生产过程中,加强对供应商的监控。

**3)劳务分包管理**

国际工程 EPC 项目施工较多使用当地劳务,一方面在于业主倾向于要求使用当地劳务,帮助解决当地就业,另一方面在于中国外协队伍作业带来的交通和工资等费用太高。由于国别和文化差异,承包商在劳务管理方法上也可能会遇到一些问题。如哥斯达黎加和委内瑞拉等一些项目中劳务因工作环境、用餐、工资等情况不满意而发生罢工。承包商在进行国外劳务管理时,除了协同工会或律师等对不合格劳务进行清退、加强自身精细化管理(如工作档案、时间安排等)之外,更为关键的在于如何增强相互之间的了解和互信的属地化建设。承包商需充分考虑当地劳务的文化和生活习惯,尊重当地法律和文化,满足其合理诉求;同时,也需要加强自身宣传,传播公司文化和理念。

劳务管理的核心在于文化的双向渗透,相互理解有助于推动承包商与当地劳务之间的互信关系,从而保证用工的连续性和稳定性。

**3. 社会、政治相关实体**

对第三类相关方(社会、政治相关实体),其一般不会与项目产生直接的利益关系,但往往具有较大的政治或舆论影响力,一旦与其发生矛盾和冲突,有可能引发项目中止,甚至带来连锁反应,影响承包商后续的市场开拓。承包商需加强 HSE 管理,控制项目对劳务健康安全和外部环境的负面影响;需履行企业社会责任感(CSR)、开展公益等活动,构建良好的企业形象;需利用当地资源,比如聘请当地法律咨询、社会顾问等,指导帮助进行社会政治相关实体的关系管理;需利用媒体等宣传媒介,为项目营造良好的外部舆论环境,同时也推动企业品牌建设,持续拓展当地市场。

# 4.4.2　引入外部优秀人才和组织以弥补自身不足

组织面对新的挑战时,一方面通过自身的学习和创新来应对外部环境的变化,另一方面则可以通过人才和合作组织的引入来快速提升自身能力水平。国际工程 EPC 项目中,承包商不可能在短期内获取各类专业能力而完成全部工作内容,这就需要承包商懂得从外部吸收人力和技术资源来弥补自身资源或能力的不足。

承包商在项目前期阶段需根据项目特点、要求,结合自身资源和能力,识别自身薄弱点,从外部搜寻并引入人才或组织来提升自身项目实施水平。例如,委内瑞拉农业项目雇用外籍工程师对项目实施进行指导,聘请当地律师解决项目实施中的法律、合同、HSE 问题等,聘请当地专业公司负责与工会等进行对接,帮助进行劳务管理等,聘请国内设计专业对当地设计院设计结果进行评估;赞比亚卡里巴和伊泰兹项目中也聘请法国设计咨询来进行设计的审批。

　　人才和伙伴引入的关键在于要与项目特点和承包商特点契合,需要在前期进行综合考量。以设计方的选择为例,中国承包商目前较多与中国设计院合作,少数项目会选择国外设计院进行设计。国内与国外设计方(中高端市场)对比如下:

**1) 合作惯例**

中国承包商与设计院具有长期的合作经历,且同属央企,同属电建集团,许多项目在初期即绑定国内设计院作为设计合作伙伴,而与国外设计院的合作还处于摸索阶段。

**2) 技术**

国外设计院(中高端市场)对当地工程设计标准规范较为熟悉,有些国外设计院的设计优化较好,图纸较为先进,严格遵循规范进行设计,也有一些国外设计院设计能力偏弱。相比而言,国内设计院本身设计实力较强,但设计相对较为保守,安全系数大,同时,不熟悉国外市场标准规范也给设计审批带来一定影响。

**3) 费用**

国外设计费用一般较高,而国内相对较低。

**4) 沟通**

与国内设计院语言一致,沟通更为顺畅,而与国外设计院的沟通往往需要几个月的磨合期,但沟通除了考虑语言因素外,还需要考虑合作意愿和服务态度。

**5) 对外商务**

国外设计院与同市场的业主、咨询等沟通较为方便和顺畅,有助于承包商与业主和咨询的交流,而国内设计院由于语言和习惯差异,在这方面一般不占优。

　　承包商在设计伙伴选择的时候,要综合考虑设计方的各方面能力、费用、服务态度、合作历史等。在工程实践中,还可以将国内外设计加以结合,采用一家单位提供设计服务的同时,选择另一家单位提供设计咨询服务。

## 4.4.3　培养综合性、国际化人才

　　企业的核心资源和能力在于人才,在开拓新市场、开展新项目时,人才素质对业务的影响非常突出。而国际项目管理挑战一方面可以检验公司人力资源的优劣情况,另一方面也是提升公司人力水平的宝贵机会。

　　承包商需加强以下人才的培养。

**1) 商务人才**

商务活动对人才综合素质的需求较高,在国际工程 EPC 项目中表现更为突出;商务人才所需知识储备涉及法律、合同、技术、金融、保险、税务、标准、会计、索赔等各方面,因而商务人才的培养也是最困难的。

**2) 技术人才**

国际工程施工技术要求和国内工程可能不一样,比如国外脚手架搭建会要求提供详细的计算,进行承载力等受力分析,这就对技术人员提出了新的要求。

**3）机电人才**

国际工程 EPC 项目中机电采购、安装、调试、运营工作是决定项目质量非常重要的环节。对机电管理人员而言，既要懂项目管理，还要懂机电专业；同时，机电人才的培养不仅需要招聘具有专业知识背景的人，还需要长期动手和实践经验的历练。

**4）HSE 管理人才**

HSE 管理是现阶段承包商国际工程管理中的一个薄弱环节。HSE 管理不仅需要懂施工，还需要了解当地法律法规；不仅需要做好详细的规划，还需要在过程中时刻保证执行。这就对 HSE 管理人才提出了较高的要求，专业上能够将法律要求和施工作业进行搭接，素质上要懂得宏观规划和细节把握的综合。

这些综合性、国际化人才的培养需要长期的、多个项目的锻炼和沉淀，这也要求承包商将人才培养与项目实施结合起来，需要注重以下方面：

（1）人才招聘，要结合国际工程特点选择吸引高素质人才。

（2）专业人才的培训和发展，既要重视新员工的岗前培训，重视岗中员工之间的交流学习，也要重视员工岗后经验总结和交流推广。

（3）引导不同专业之间人员的流动，培养多层次综合性的管理和技术人才。

## 4.4.4　加强学习与创新

在国际工程 EPC 项目中，承包商除了加强对外合作和人才引进以应对管理挑战，还需要加强学习和创新活动，以充分挖掘企业潜力。

国际工程 EPC 项目虽然涉及众多利益相关方，管理复杂，但却也为承包商提供了好的学习机会。与外部组织合作的过程中，承包商需主动学习外部组织好的管理方法和管理思路，同时，在共同解决问题的过程中增长知识和经验。

依托国际工程 EPC 项目实施，承包商需注重对外学习和创新：

（1）向业主、咨询、当地律师、工会等学习国外法律法规、风俗习惯、文化特点等，为当地市场开拓积累知识。

（2）向设计、供应商等学习相关专业知识，积累专业知识背景，促进技术创新。

（3）向其他承包商（合作伙伴、同一市场承包商等）学习管理理念、思路和方法，结合自身企业特点进行管理创新。

（4）与高校、科研单位合同，加强技术和管理研发等创新投入。

对组织内部而言，相同的组织文化和合作氛围，有利于相互之间的学习交流；然而，组织内部存在一定的内部竞争、管理惰性和专业隔阂，也给相互学习交流造成了一定阻碍。

承包商推动内部学习交流和创新的措施主要如下：

（1）构建良好的学习和知识共享氛围。

（2）开展学习交流会，对各专业信息和项目实施过程中的经验教训及时进行总结分享。

（3）引入外部培训机构促进内部知识共享，推动管理创新。

（4）建立相应的激励机制，促进经验总结和分享。

## 4.4.5　重视融资、营销、CSR 与市场开拓能力提升

随着国际工程市场的开拓，激烈的国际竞争对承包商在融资、营销、CSR 等方面的活动或能力提出了更高的要求。在应对国际工程 EPC 项目挑战的过程中，承包商需注重培养和提升融资、营销、CSR 与市场开拓相关能力。

（1）对于中国承包商而言，目前许多国际工程项目为国家主导，通过进出口银行等政策性银行进行融资；随着国际市场的开拓，会出现一些以企业融资为主导的工程项目，如 BOT 和 PPP 等项目模式。这就对承包商的融资能力提出了更高的要求，在企业工程实力的基础上，需要挖掘和培养懂金融、懂谈判、懂法务的商务人才。

（2）随着国际市场开拓的推进，激烈的市场竞争对承包商营销能力也提出了新的挑战；承包商需通过国际工程项目的良好履约，不断推广自身品牌影响力。

（3）随着企业进入中高端市场，CSR 成为影响承包商品牌和形象的重要因素；在实施国际工程项目过程中，承包商需要加强 HSE 管理，注意履行企业社会责任感（开展公益活动、推动社区发展等）。良好的 CSR 活动对构建企业形象、提升企业市场开拓能力具有重要影响。

## 4.4.6　提升信息管理水平

不同于传统项目，EPC 项目由于设计、采购和施工的一体化作业对承包商信息管理能力要求很高；同时由于国际项目环境复杂多变，及时集成信息对承包商高效决策具有重要作用。从组织视角来看，信息集成包含两个层面：一是组织内部信息的共享和集成，比如，各层级管理人员之间、企业部门之间、企业部门与项目部之间、项目部各部门之间形成的综合性的组织内部信息流通；二是组织外部信息的集成，比如企业管理人员和项目部成员与业主、咨询、设计、供应商、分包商、当地政府、当地社区和居民等外部组织之间的信息流通和融合。

### 1. 加强中高层管理人员与合作伙伴间信息交流

由于国际工程 EPC 项目涉及的利益相关方众多，各方之间文化、习惯、利益诉求等可能存在较大差异，同时国际外部环境复杂多变，存在安全、法律法规、金融、经济、物流等多种潜在风险，这就要求承包商与各方之间建立起畅通高效的沟通渠道，以及时沟通和反馈各类信息供各方良好决策。中高层管理人员之间良好的信息沟通，一方面有助于营造组织间合作互信的氛围，另一方面也有利于及时发现和解决项目中存在的问题。对外信息沟通是贯穿项目实施始终的，尤其是在前期设计阶段，加强对外沟通往往能够避免许

多重复性的工作,从而提升项目实施效率,节约时间和成本。例如,在前期设计阶段,可以将设计方和重点供应商纳入管理团队,增强设计方、供应商与业主咨询的沟通交流,促进设计方和供应商明确业主意图,从而保证设计方案的顺利批复和采购方案的有效性。

**2. 加强企业内部信息共享**

除了对外信息交流外,内部信息的融合和集成也非常重要。国际工程 EPC 项目涉及多种专业,包括设计、技术、物资采购、机电采购、劳务等,而 EPC 重在专业协调和集成。对于企业和项目部而言,各专业人员之间加强信息共享,有助于各专业工作与整体工作的匹配和良好衔接,也有助于高层管理人员充分挖掘企业潜力,综合各专业信息进行高效决策。例如,国际工程中的商务管理不仅仅是表面的谈判和营销,还需要背后各方面专业的支撑,包括技术、金融、合同、税务、语言、会计等。承包商在综合性人才缺乏的情况下,更需要建立各专业之间的沟通桥梁,及时有效地集成信息和知识,以有效应对国际工程管理挑战。

**3. 构建企业项目信息管理系统**

随着信息技术的发展,越来越多的企业在构建信息管理系统、提升效率。信息管理系统应将公司国际工程项目启动、组织、实施准备、综合、进度、质量、职业健康安全、环境、成本、合同、技术、物资设备、人力资源、财务、沟通、风险和收尾管理等方面的管理流程信息化,满足快速变化的、个性化的用户需求,支持企业各部门间、与外部各组织间进行高效的交流和决策。信息管理系统主要内容包括:

(1) 以网络为平台,消除用户空间地域限制;

(2) 支持公司部门和人员间工作流程;

(3) 支持公司与合作伙伴组织间工作流程;

(4) 具有数据传输、存储和搜索功能;

(5) 具有数据统计和分析功能。

构建企业信息系统是一个长期的工作。在国际工程项目实施过程中,承包商需要梳理和总结不同国家和地区不同类型项目的特点以及潜在的信息管理逻辑,并与企业特点相结合,搭建出适合、可行的信息系统;信息系统的构建需要保证一定的灵活性和可更新性,从而动态地适应各类项目;信息系统的构建和推广是系统和管理人员双向适应的过程,需要一定时期的协调过程。

## 4.4.7　结合个体、组织、组织间三个层面提升 HSE 管理水平

国外法律法规要求严格,国外业主、监理、劳务等诉求高,尤其是在中高端市场,给承包商 HSE 管理带来了较大的挑战;同时,承包商自身项目管理存在一定的思维和行为惯性,对 HSE 管理重视不足。

提升 HSE 管理水平的核心在于对自身管理意识、措施和水平的改造,需结合个体、组织、组织间三层视角。

### 1. 个体视角

从个体视角来看,HSE 管理与各级管理人员和作业人员均密切相关。管理人员 HSE 意识不强,水平不高,一方面不能及时匹配相应的资源(资金、安全器具、培训等)保证 HSE 投入,另一方面对作业团队的要求降低,带来行为上的消极影响,容易出现 HSE 事故。对合同管理部的访谈也指出,具有丰富 HSE 管理经验的管理人员可以解决项目 HSE 管理中的绝大部分问题。作业人员是项目施工的具体操作人员,其意识和作业水平是决定项目 HSE 表现的直接因素。若作业人员 HSE 意识不强,习惯性违章操作,在给自身带来健康和安全威胁的同时,也会给其他人员带来负面影响。

### 2. 组织视角

从组织视角而言,是否构建有良好的满足要求的 HSE 管理机制和体系也是影响 HSE 绩效表现的关键因素。与传统质量、进度和成本等结果导向的绩效目标不同,HSE 更侧重于过程导向,贯穿项目始终。传统上,承包商更重视质量、进度和成本,而对 HSE 重视不足;然而,在国际工程项目中,HSE 和质量、进度、成本均是业主合同要求,而且 HSE 更多牵涉到所在地区法律法规。这种情况下,HSE 在项目组织绩效中应提升到其应有的级别,应当平行甚至高于质量、进度和成本指标。此外,项目组织应针对国外工程 HSE 管理要求,建立一套规范可行的 HSE 管理体系,包含人员要求、人员匹配、操作规程等,同时也应建立相应的保障机制,比如培训、考核和激励机制等。

### 3. 组织间视角

从组织间视角来看,HSE 管理涉及许多对外合作和关系管理。首先,要满足业主和咨询的要求,需要承包商在项目开工之前就加强与业主和咨询的沟通交流,明确 HSE 方面的管理要求,制定相应的管理措施和方法;项目实施过程中,就遇到的问题及时与业主和咨询进行协调解决。其次,要重视对当地社区和居民的影响,在项目开工之前就需要了解当地社区和居民位置、特点等,制定相应的 HSE 管理措施以避免引起当地人的不满;就项目实施中的问题,也要主动及时地进行反馈和整改,避免问题扩大。在 HSE 管理过程中,还涉及其他组织或团体,比如:外聘行业安全官、法律顾问等,指导 HSE 管理工作;对当地分包队伍的管理,寻找有经验的分包队伍,加强分包队伍 HSE 方面的培训和执行监控;加强与工会的沟通联系,有助于处理劳务方面的问题;重视媒体等关系处理,营造良好的舆论环境和氛围。

# 第5章

>>>>>>>>>>>>>

# 国际工程EPC项目风险管理

## 5.1 国际工程 EPC 项目风险管理理论基础

风险是指在一定环境条件下,某种具有不确定性结果的事件在一段时间内发生的可能性,也常描述成某一段具体的时间内,实际的结果与期望之间存在的偏差[105]。按照不同的标准,风险有不同的分类方式:按风险来源分,可分为政治风险、经济风险、社会风险、自然风险、管理风险等;按项目实施环节分,可分为设计风险、采购风险、施工风险、试运行风险等;按分布状况分,可分为国家/地区风险、行业风险等;按风险的影响、后果分,可分为纯粹风险和投机风险等。

### 5.1.1 风险管理

#### 1. 风险管理的主要内容

风险管理是项目管理的重要组成部分,是一种高层次的综合管理工作,应贯穿于项目实施的全过程。风险管理最主要的目标是主动控制和处理风险,逐渐降低和消除项目存在的不确定性,以防止和减少损失,保证项目朝预定的方向发展,最终实现项目目标。

工程项目风险管理的过程主要由风险管理规划、风险评估、风险应对、风险监控四部分组成[105-107],其中风险评估包括风险辨识和风险分析两个步骤[1-2],如图 5-1所示。

#### 1) 风险管理规划

风险管理规划指对项目风险管理活动内容及进展的规划,并制定相应计划。需要通过分析项目所处的内外部环境,明确风险管理的目标、范围、职责、所需资源和相关风险准则。风险准则是企业用于评价风险重要程度的标准,体现出企业的风险承受力、价值观等。

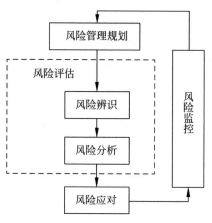

**图 5-1　风险管理过程**

### 2）风险辨识

风险辨识指的是确定会对项目造成影响的风险分类和风险因素，生成一个全面的风险列表[107]。风险辨识的参与人通常涉及项目经理、项目团队、风险管理部门、相关专家、用户等。风险辨识采用包括文件审查，通过专家调查法（见图 5-2）、工程风险五维分解法（见图 5-3）等工具和技术进行信息搜集与分析处理，相关技术也包括因果图、流程图在内的图解技术等。

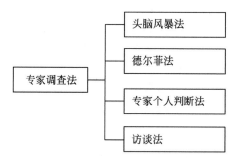

**图 5-2　专家调查法**

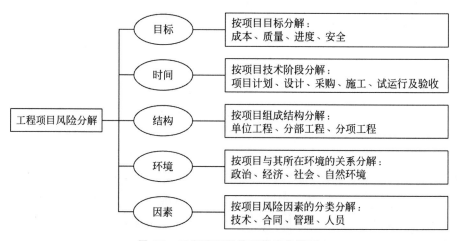

**图 5-3　工程项目风险五维度分解图**

**3）风险分析**

风险分析是指按照风险类别、已获信息以及风险评估结果，对相应风险进行定性、定量分析。分析风险要全面研究风险发生的原因、可能性和后果，以及不同风险之间的关系，现有风险管理措施的效果，等等。通常先采用定性分析，进行风险优先级排序、确认风险重要性主次，再适当在此基础上进行更进一步的定量分析。定性分析可通过挑选对风险类别熟悉的人员（包括项目团队成员和项目外部的专业人士），采用召开会议或进行访谈等方式进行。定量分析可采用决策树、蒙特卡洛模拟等方法量化各项风险对项目总体风险的影响，确定需要特别重视的风险。究竟采用定性、定量分析或者两者都采用，取决于时间安排、经费预算以及分析描述的必要性。

**4）风险应对**

风险应对指的是采取措施以改变风险事件发生的可能性或后果，并制定可整合到项目管理过程中的风险应对计划。选择适当的风险应对措施需要综合考虑各种对风险管理有影响的内外部环境因素，以及措施的执行成本和收益、措施的搭配和组合等。常见消极的风险应对措施包括回避、转移、减轻和接受，积极的风险应对措施包括开拓、分享和提高。

通过风险分析可以将风险按照发生概率的高低和造成损失的严重程度进行分类（见图 5-4），有针对性地采取不同的风险应对措施。

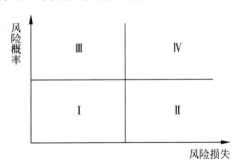

**图 5-4 风险分析结果分类**

处于Ⅰ区内的风险事件不仅发生概率较低，而且造成损失的严重程度也较低，对于这类风险可采取自留、加强内部控制、制定工作管理程序和事件应对程序等措施。对于处在Ⅱ区内虽然发生概率较低但一旦发生损失较为严重的这一类风险，常通过购买保险等手段将风险转移给更有能力承受风险的个人或组织。Ⅲ区的风险虽然发生后造成的损失较小，但发生的可能性较大，对于这类风险可以采取降低风险事件发生可能性的缓解措施和风险转移的方式。处于Ⅳ区内的风险是发生概率较高且损失也较严重的风险类型，必须引起管理者的高度重视，这类风险通常不自留，而是应综合采用各种风险管理手段认真应对，并在项目全生命周期中保持密切跟踪监控，及时掌握这些风险因素的变化情况，适时调整风险应对方案。

**5）风险监控**

风险监控指的是在整个项目生命期中，对已识别风险进行跟踪，对残余风险进行监测，不断识别项目中出现的新风险，并定期评估风险应对计划实施的情况。项目的成功实施离不开在整个项目进程中积极有效的风险监控。

### 2. 风险管理理论发展

与传统模式相比,国际工程 EPC 项目的风险具有以下突出特点:

**1）风险因素复杂**

采取 EPC 合同模式的多为规模较大的工业投资项目和基础设施等,设计施工的难度较大,项目周期长,不确定性风险因素较多。

**2）利益相关方众多**

国际工程 EPC 项目所处的政治、经济、社会、自然等外部环境因素变化多端,难以预测,需协调的利益相关方数量众多,对项目的实施影响极大。

**3）风险影响链长**

EPC 项目中实现设计、采购、施工一体化,各阶段相互搭接并深度交叉,各部门相互合作,导致项目风险很少独立存在于某一环节、某一部门,不同的风险项之间有较强的关联影响性,需要各部门协同分担解决。

**4）风险动态变化**

EPC 项目承包涵盖从设计到施工,甚至再到试运行,整体工期较长,风险在项目全生命周期的各个阶段具有动态变化的特性,对风险识别和持续监控提出更高要求。

**5）风险资料欠缺**

尽管 EPC 模式在工程界所占的合同份额越来越大,但总的说来其成熟度还远远低于传统模式,尤其对于我国的国际工程 EPC 承包商而言,对于 EPC 项目实施的经验和相关资料仍积累不足,对于易发生的新的风险应对能力较差。

## 5.1.2　国际工程 EPC 项目风险因素

国际工程 EPC 项目的风险不仅来源于 EPC 项目管理模式,还来源于其国际环境以及国际工程项目建设本身风险的多发性和复杂性。

国际工程 EPC 项目具有以下特点:

**1）对自然条件依赖性大**

国际工程 EPC 项目一般资金投入较大、技术复杂,工程所处的水文、地质等自然条件一定程度上决定了工程的资金投入以及工程建设的可行性、技术复杂性。

**2）施工条件差**

现阶段我国承包商许多国际工程 EPC 项目处于交通不便、经济落后、生活原始的偏远地区,这不仅增加了工程施工材料和设备采购的成本,延长了运输的周期,还给施工人员的健康、生活、安全保障带来很大的困难。

**3）施工难度高**

国际工程 EPC 项目工程量较大、技术工种多、施工强度高、环境干扰大,需要反复比较论证选择施工方案,才能保证施工质量;多专业交叉施工,相互干扰,使得工期控制难度大;此外,爆破、隧洞开挖、高空作业等,对施工安全措施也有较高要求。

**4)工程规模大**

国际工程 EPC 项目具有投资大、工程量大、周期长、涉及面广的特点,数据和信息处理的难度也大。

**5)国际环境复杂**

在国际市场中,不熟悉政治经济环境、法律政策规定、社会文化风俗、自然条件状况等给承包商项目实施带来很大困难,给项目绩效的实现带来较大威胁[108]。

结合我国国际工程 EPC 项目承包商面临的风险环境特点,依据风险的性质、来源、所属阶段以及各种风险事件之间的关联性,对国际工程 EPC 项目总承包商的主要风险进行初步识别和整合分类,结果如表 5-1~表 5-3 所示。

表 5-1 外部环境风险

| 风 险 类 别 | 风 险 内 容 |
|---|---|
| 政治风险 | 项目所在国与我国关系紧张 |
| | 项目所在国与周围国家存在敌对关系 |
| | 项目所在国政局不稳定 |
| | 政府的办事效率低下 |
| | 存在资产征收或国有化情况 |
| | 存在强有力的反对党 |
| | 当地存在恐怖组织 |
| | 当地政府机构存在腐败 |
| 法律风险 | 当地法律体系不完备 |
| | 对外资公司在当地经营的法律限制与歧视 |
| | 海关进出口的法律规定和限制 |
| | 法律对工程承包有特殊要求(代理问题,特别捐税,环境污染限制,强制性技术标准) |
| | 海关清关手续繁杂 |
| 经济风险 | 当地存在通货膨胀 |
| | 当地金融市场及利率不稳定 |
| | 对外币有限制 |
| | 当地经济下行 |
| | 当地商业交易不便捷 |
| | 存在影响极大的经济事件 |
| | 项目融资困难 |
| 社会风险 | 当地的宗教文化系统影响 |
| | 当地的教育水平较低 |
| | 当地人的诚信度不高 |
| | 当地居民抵触 |
| 自然风险 | 当地地质地貌条件不利 |
| | 当地水文气象条件恶劣 |
| | 自然灾害 |

表 5-2　项目设计—采购—施工风险

| 风险类别 | 风险内容 |
|---|---|
| 设计风险 | 设计意图不清晰 |
| | 设计方案不合理 |
| | 设计审批延误 |
| | 设计失误、缺陷 |
| | 设计优化不足 |
| | 设计变更 |
| 采购风险 | 所需材料设备缺失 |
| | 所需材料设备的价格上涨 |
| | 材料、设备的质量问题 |
| | 采购方案不合理(如性价比不高) |
| | 当地的整体交通水平低 |
| 施工风险 | 现场施工条件恶劣 |
| | 施工机械毁损 |
| | 施工组织设计不合理(如不同施工组织相互干扰) |
| | 工程质量不达标 |
| | 工程量变更 |
| | 项目成本控制不力 |
| | 试运行外部条件准备不足 |
| | 试运行流程不明 |
| | 工程验收标准不明确 |
| | HSE 风险 |

表 5-3　利益相关方风险

| 风险类别 | 风险内容 |
|---|---|
| 业主风险 | 业主审批延误 |
| | 业主要求停工耽误工期 |
| | 业主不付款或拖延付款 |
| | 业主办事效率低 |
| | 没收保函 |
| 承包商风险 | 承包商技术能力薄弱 |
| | 承包商筹集资金能力不足 |
| | 承包商参与工程的各级管理人员有不诚实或违法行为 |
| | 保险不充分 |
| 供应商风险 | 材料供应商的履约不力或违约 |
| 分包商风险 | 分包商的履约不力或违约 |
| | 当地劳动力数量、效率、类型以及工资标准 |

## 5.2 国际工程 EPC 项目风险调研结果

### 5.2.1 风险清单

调研了国际工程 EPC 项目中可能遇到的风险,中等以上的风险如表 5-4 所示,1 代表可忽略风险,5 代表极度风险。

表 5-4　风险清单

| 风　险 | 得　分 | 排　序 |
| --- | --- | --- |
| 汇率/通货膨胀风险 | 3.57 | 1 |
| 业主不付款或拖延付款 | 3.47 | 2 |
| 承包商技术能力薄弱 | 3.47 | 2 |
| 项目融资困难 | 3.45 | 4 |
| 设计失误、缺陷 | 3.36 | 5 |
| 业主要求停工耽误工期 | 3.36 | 5 |
| 项目成本控制不利 | 3.29 | 7 |
| 工程质量不达标 | 3.29 | 7 |
| 业主审批延误 | 3.28 | 9 |
| 不可抗力 | 3.28 | 9 |
| 所需材料设备缺失 | 3.26 | 11 |
| 设计审批延误 | 3.24 | 12 |
| 所需材料设备的价格上涨 | 3.22 | 13 |
| 没收保函 | 3.22 | 13 |
| 项目所在国政局不稳定 | 3.19 | 15 |
| 材料、设备的质量问题 | 3.18 | 16 |
| 分包商不力 | 3.17 | 17 |
| 当地经济下行压力 | 3.14 | 18 |
| 设计方案不合理 | 3.12 | 19 |
| 设计优化不足 | 3.07 | 20 |
| 验收标准不明确 | 3.05 | 21 |
| HSE 风险 | 3.05 | 21 |
| 政府机构存在腐败 | 3.05 | 21 |
| 采购方案不合理(如性价比不高) | 3.04 | 24 |
| 存在资产征收或国有化情况 | 3.02 | 25 |
| 设计变更 | 3.02 | 25 |
| 工程量变更 | 3.00 | 27 |
| 保险不充分 | 3.00 | 27 |

表 5-4 显示,共有 28 项风险为中等以上风险,证实了国际工程 EPC 项目风险较大,做好风险管理对 EPC 项目实施十分关键。调研结果表明,国际工程 EPC 项目实施主要风险集中在经济、业主、设计、施工、采购和政治等方面,承包商需要从外部环境、利益相

关方和项目自身等各个方面注重对风险的管理。

### 1. 经济风险

"汇率/通货膨胀风险""项目融资困难""项目成本控制不利""当地经济下行压力"分别排在第1位、第4位、第7位以及第18位,均是与经济、金融和财务相关的风险,会对项目实施产生重大影响。"汇率变化/通货膨胀风险"会造成项目实施所需材料设备价格的上涨以及因汇率变动而产生的结算损失。"项目融资困难"不仅关系到承包商能否顺利中标,而且会影响项目实施阶段业主的支付能力。"项目成本控制不力"排名靠前,体现了承包商在EPC项目中成本控制的重要性。

### 2. 业主风险

"业主不付款或拖延付款""业主要求停工耽误工期""业主审批延误""没收保函"分别排名第2位、第5位、第9位和第13位,表明与业主行为有关的风险对国际工程EPC项目总承包商有不可忽视的影响。我国承包商承接的国际工程EPC项目所在国发展水平通常不高,EPC项目业主资金来源主要依靠融资,易受外界经济形势的影响而遭遇融资困难,导致无法按照合同规定支付工程款。业主常常在事务性审批等方面办事效率低下,从而影响承包商项目实施的成本和进度。另外,由于承包商对国际工程的不适应,还应注意避免业主要求停工耽误工期和没收保函的情况发生。

### 3. 设计风险

"设计失误、缺陷""设计审批延误""设计方案不合理""设计优化不足""设计变更"分别排名第5位、第12位、第19位、第20位和第25位,表明设计风险是承包商重点关注的风险类别。设计工作在EPC总承包项目实施过程中起引领作用,很大程度上决定了后续采购、施工等环节的工期、质量、成本、安全等绩效目标的实现。国际工程EPC项目中业主招标文件仅限于概念设计,大多缺乏必要的基本地质勘测资料,设计方在这种条件下进行设计还需满足限额的成本要求,设计难度大。另外,国际工程EPC项目的设计大多采用国际标准,而我国设计院对国际标准不熟悉,因此获得咨询工程师一次性审批通过率较低,设计审批需要较长周期。再加上我国承包商在国际工程EPC项目设计管理方面经验欠缺,设计、采购和施工各环节间的协同工作效率还有待提高。例如,赞比亚卡里巴项目在机械设计方面由于不熟悉国内外标准差异难以按时向业主提供满足要求的计算书,导致设计审批周期长,影响了相应设备的采购进度和成本。

### 4. 施工风险

"承包商技术能力薄弱""工程质量不达标""分包商不力""验收标准不明确""HSE风险""工程量变更"和"保险不充分"分别排在第2位、第7位、第17位、第21位、第21位、第27位和第27位。技术是承包商的核心竞争力,工程质量是企业信誉的保障,在施工过程中应高度重视技术和质量相关风险。"分包商不力"作为一项重要风险主要涉及当地劳工的培训和管理。对于"验收标准不明确"风险,承包商应加深对国际工程技术标准的理解。

HSE 也是国际工程 EPC 项目风险管理的重要方面。HSE 风险主要体现在当地疾病(如疟疾)对健康的损害,自然灾害(如洪水、滑坡和泥石流等)对工区的影响,施工队伍(尤其是国外劳务人员)安全意识淡薄、安全知识缺乏、安全保障不到位和劳动技能较低等导致的施工安全事故,政局不稳、宗教民族文化差异冲突对中方工作人员的人身安全威胁,项目施工过程对周边自然环境和社区造成的不良影响如水质污染、空气污染、噪声污染和植被破坏等。国际工程中 HSE 标准与国内不同,很多情况下规定更为严格,要求承包商在管理制度、组织机构和资源配置等方面加强 HSE 管理。

### 5. 采购风险

"所需材料设备缺失""所需材料设备的价格上涨""材料、设备的质量问题"和"采购方案不合理(如性价比不高)"分别排在第 11 位、第 13 位、第 16 位和第 24 位,表明采购相关问题是国际工程中 EPC 总承包商重要风险。采购是 EPC 承包模式中非常重要的一个环节,对项目的投资控制起到关键影响。我国承包商承接的国际工程 EPC 项目多位于市场不成熟的国家或地区,往往物资供应不足且价格较高。为保证工程实施所需材料设备的充足供应并尽可能减少相应的成本开销,承包商常常需在国内进行大量采购。由于国际工程,尤其是水电项目大多处于偏远山区,交通、通信不便,采购周期长,与设计和供货商的沟通协调难度大,给采购带来较大的困难和风险。承包商需要适应国际采购标准和要求,拓展全球化采购渠道,使采购与设计、施工之间高效衔接,实时动态管理物流与仓储,以加强采购风险管理能力。

### 6. 政治风险

"项目所在国政局不稳定""政府机构存在腐败""存在资产征收或国有化情况"分别排名第 15 位、第 21 位和第 25 位。政府项目审批机构、财政、海关、公安和质检等部门的行为会影响项目的立项、征地与移民、证件办理、物资清关、劳务纠纷处理、工程款支付和工程验收,承包商应注重与各政府部门的沟通交流,以提升与政府部门之间的协同工作效率。另外,部分国际工程 EPC 项目所在地政局不稳,会增加项目各环节实施的难度,甚至影响项目的存废和威胁项目人员的生命安全。

### 7. 不可抗力风险

"不可抗力风险"排在第 9 位,表明承包商应重视各种不可抗力事件,如地震、台风、洪水、战争、恐怖活动、骚动和罢工等。承包商不仅应做好对各种不可抗力事件的应急预案,还应在事件发生后及时向业主索赔(尤其是工期),同时处理与保险公司的理赔事项。

## 5.2.2　风险管理方法

对 EPC 国际工程项目常用的风险管理方法进行评分,结果如表 5-5 所示,1 代表不使用,5 代表一直使用。

表 5-5　风险管理方法

| 风险管理方法 | 得　分 | 排　序 |
|---|---|---|
| **风险辨识** | | |
| 主要相关人员集体讨论 | 4.05 | 1 |
| 咨询专家 | 3.63 | 12 |
| 对照问题清单 | 3.51 | 15 |
| 个人判断 | 3.11 | 17 |
| **风险分析** | | |
| 主要相关方共同评估 | 3.95 | 3 |
| 定性分析 | 3.75 | 8 |
| 半定量分析 | 3.60 | 13 |
| 咨询专家 | 3.58 | 14 |
| 定量分析 | 3.35 | 16 |
| 个人分析 | 3.11 | 18 |
| 用计算机或其他方法模拟 | 2.46 | 20 |
| **风险应对** | | |
| 减小风险可能性/后果 | 4.00 | 2 |
| 风险规避 | 3.93 | 4 |
| 转移风险 | 3.77 | 7 |
| 风险分担 | 3.70 | 11 |
| 风险自留 | 2.81 | 19 |
| **风险监控** | | |
| 定期进行文件、报表以及现场检查 | 3.91 | 5 |
| 定期风险状态报告 | 3.84 | 6 |
| 风险预警机制 | 3.75 | 8 |
| 定期风险趋势分析报告 | 3.75 | 8 |

表 5-5 显示,在 EPC 国际工程承包商风险管理过程中,风险辨识阶段最经常使用的方法为"主要相关人员集体讨论",其次为"咨询专家""对照问题清单"和"个人判断"。其中,"主要相关人员集体讨论"得分为 4.05,表明总承包商意识到将风险相关人员的集体认识纳入风险辨识过程的必要性,并且主要依靠的是相关人员集体智慧和共同决策。

风险分析阶段最常使用的方法为"主要相关方共同评估",国际工程 EPC 项目工作地点通常离国内较远,主要项目管理人员依靠自身经验共同讨论分析风险较为常见。接下来所用风险分析方法包括"定性分析""半定量分析""咨询专家""定量分析"和"个人分析"。"用计算机或其他方法模拟"的方法在风险分析过程中使用较少,与计算机模拟对数据要求较高、难度较大有关。更主要的原因在于风险定量分析所需的大量项目风险历史数据较为缺乏,一方面与工程项目具有独一性、不可复制性有关,很难对已做过的其他项目风险管理数据加以直接应用,另一方面也归因于我国承包商进行国际工程 EPC 项目总承包的经验有限,尚未建立起信息收集的有效途径,对风险管理数据的积累总结不足,导致难以进行可靠、有实践指导意义的定量风险分析。

在风险应对阶段,最常使用的方法为"减少风险可能性/后果",其次为"风险规避""转移风险""风险分担",而"风险自留"方法使用频率较低。"减少风险可能性/后果"这一措施使用意味着 EPC 总承包商风险管理的重点在于主动预防或积极减少风险事件的后果,而非尽量把风险转移给其他项目参与方,这也与承包商在 EPC 项目合同中承担主要风险有关。

在风险监控阶段,最经常使用的方法为"定期进行文件、报表以及现场检查",接下来是"定期风险状态报告""风险预警机制"和"定期风险趋势分析报告",表明当前风险监控主要采用的是常规检查的方法,缺少对风险未来发展趋势的深入分析和预测。

## 5.2.3　风险管理制约因素

对风险管理制约因素进行评分,结果如表 5-6 所示,1 代表不是主要制约因素,5 代表是主要制约因素。

表 5-6　风险管理制约因素

| 风险管理问题 | 得　　分 | 排　　序 |
| --- | --- | --- |
| 缺乏正式的风险管理系统 | 4.12 | 1 |
| 缺乏共同管理风险的机制 | 4.10 | 2 |
| 缺乏共同管理的风险意识 | 4.05 | 3 |
| 缺乏协同风险管理的知识和技能 | 3.97 | 4 |
| 风险监控不力 | 3.95 | 5 |
| 参与方对风险控制策略执行不力 | 3.89 | 6 |
| 用于风险分析的历史数据不够 | 3.81 | 7 |
| 工程参与方的风险分配不合理 | 3.70 | 8 |
| 工程参加各方对风险的认识不同 | 3.70 | 8 |
| 用于对目前工程决策的信息不足 | 3.69 | 10 |
| 缺少对更好管理风险的奖励机制 | 3.56 | 11 |

表 5-6 显示,在 EPC 国际工程项目管理过程中最主要的障碍是"缺乏正式的风险管理系统"。目前的 EPC 项目风险管理偏于粗放,总承包商并未能建立起规范化的管理系统,以及高效的风险辨识、分析、应对和监控流程,不利于系统地进行管理风险。

在 EPC 国际工程项目管理过程中排名第 2 位、第 3 位、第 4 位的障碍是"缺乏共同管理风险的机制""缺乏共同管理的风险意识"和"缺乏协同风险管理的知识和技能",印证了项目参与方建立合作伙伴关系共同管理风险的重要性。EPC 项目管理模式中设计、采购、施工高度一体化的特点,导致 EPC 项目的风险往往都不是独立的,而是相互依存的。伙伴关系可以帮助各项目参与方建立互信机制和交流机制，实现信息资源共享，消除对风险管理的分歧，提高风险管理水平。

"风险监控不力""参与方对风险控制策略执行不力""用于风险分析的历史数据不够""工程参与方的风险分配不合理""工程参加各方对风险的认识不同""用于对目前工程决策的信息不足""缺少对更好管理风险的奖励机制"得分都在 3 分以上，表明这些制约因素也需要 EPC 承包商关注并加以解决。

## 5.2.4　伙伴关系

为了解国际工程 EPC 项目风险管理中伙伴关系的使用程度，对伙伴关系要素在 EPC 项目中的运用情况评分，结果如表 5-7 所示，1 代表完全不符，5 代表完全符合。

表 5-7　伙伴关系

| 伙伴关系要素 | 得　　分 | 排　　序 |
| --- | --- | --- |
| 共同目标 | 3.95 | 1 |
| 信任 | 3.95 | 1 |
| 公平 | 3.89 | 3 |
| 开放 | 3.88 | 4 |
| 信守承诺 | 3.88 | 4 |
| 有效沟通 | 3.84 | 6 |
| 团队合作 | 3.84 | 6 |
| 态度积极 | 3.80 | 8 |
| 解决问题 | 3.68 | 9 |
| 及时反馈 | 3.68 | 9 |
| **平均值** | **3.84** | — |

表 5-7 显示，伙伴关系中的 10 个要素的平均得分为 3.84，表明伙伴关系在国际工程 EPC 项目风险管理过程中有一定应用，但仍有很大提升空间。同时，从表中数据可以看出行为要素（共同目标、信任、公平、态度积极、信守承诺）的整体得分比交流要素（开放、有效沟通、团队合作、解决问题、及时反馈）高，表明交流要素的实现困难更大。在行为要素中，共同目标和信任得分最高，表明国际工程 EPC 项目中各方能意识到共同实现项目目标的重要性，并能建立起较高程度的信任关系。在交流要素中，及时反馈和解决问题得分最低，表明如何高效地处理好 EPC 项目过程实施中的各种问题依然是承包商的重要挑战。

## 5.2.5　激励机制

为了解国际工程 EPC 项目管理中的激励措施使用情况，从综合角度进行评价，结果如表 5-8 所示，1 代表不使用，5 代表一直使用。

表 5-8 综合评价与激励机制

| 激 励 | 得分 | 排序 |
|---|---|---|
| **基于结果的激励** | | |
| 激励机制：奖惩与结果评价相结合 | 3.80 | 1 |
| 结果评价：成本、质量、进度、安全、环境、CSR 等目标的实现程度 | 3.75 | 2 |
| **基于过程的激励** | | |
| 过程评价：施工计划、施工过程、材料设备测试、质量控制、各方协调、合理化建议等方面的表现 | 3.67 | 3 |
| 激励机制：奖惩与过程评价相结合 | 3.64 | 4 |
| **基于学习的激励** | | |
| 学习评价：员工培训、质量体系建设、安全体系建设、信息管理等方面的表现 | 3.56 | 5 |
| 激励机制：奖惩与学习评价相结合 | 3.40 | 6 |
| **平均值** | **3.64** | — |

表 5-8 显示，目前 EPC 项目激励的设置方式为混合式，其中最主要的激励依据是项目实施结果，其次是项目实施过程和组织学习。这表明 EPC 总承包商在项目实施中最为看重的还是项目绩效，基于可观测的结果的激励能够为项目参与方提供绩效导向，激励项目参与方为实现项目目标而努力。此外，EPC 总承包商基于项目过程的激励有利于总承包商同项目参与方及时发现问题并发出早期预警，不断优化项目实施过程。基于学习的激励旨在通过员工培训、质量体系建设、安全体系建设、信息管理，在项目团队内部形成良好的学习氛围，持续提高项目团队项目实施的能力。

从 EPC 绩效角度进行评价，结果如表 5-9 所示，1 代表不使用，5 代表一直使用。

表 5-9 EPC 绩效评价与激励机制

| 激 励 | 得 分 | 排 序 |
|---|---|---|
| **基于施工的激励** | | |
| 施工激励 | 4.02 | 1 |
| 施工绩效评价 | 4.00 | 2 |
| **基于采购的激励** | | |
| 材料设备供应商绩效评价 | 3.36 | 3 |
| 材料设备供应商激励 | 3.19 | 5 |
| **基于设计的激励** | | |
| 设计激励 | 3.29 | 4 |
| 设计绩效评价 | 3.19 | 5 |
| **平均值** | **3.51** | — |

表 5-9 显示，目前 EPC 项目激励的对象最主要是施工方。这是因为，我国目前承担国际工程 EPC 总承包工作的多为施工企业，对施工活动进行激励较为熟悉和擅长。相对而言，对采购和设计的激励措施使用较少。一方面是因为，现阶段我国 EPC 总承包商对于采购和设计的认识还不够深入；另一方面是因为，设计和采购工作由总承包商的合作伙伴承担，涉及的范围广，很多过程环节不由总承包商直接控制，进行设计绩效

和采购绩效评价较为困难,因此难以设置有效的激励措施。鉴于设计和采购在国际工程 EPC 项目中的重要性,承包商对于设计和采购活动的激励还有较大提升空间。

## 5.2.6　基于伙伴关系的风险管理激励机制

为了解国际工程 EPC 项目实施过程中伙伴关系与激励机制之间的交互关系,分析了伙伴关系和激励机制相关性,结果见表 5-10。

表 5-10　伙伴关系与激励机制的相关性

|  | 设 计 激 励 | 采 购 激 励 | 施 工 激 励 |
|---|---|---|---|
| 共同目标 | 0.324[*] | 0.342[*] | 0.187 |
| 态度积极 | 0.382[**] | 0.389[**] | 0.161 |
| 信守承诺 | 0.336[*] | 0.336[*] | 0.229 |
| 公平 | 0.391[**] | 0.337[*] | 0.176 |
| 信任 | 0.336[*] | 0.312[*] | 0.199 |
| 开放 | 0.472[***] | 0.439[**] | 0.240 |
| 团队合作 | 0.409[**] | 0.460[***] | 0.280[*] |
| 有效沟通 | 0.344[*] | 0.323[*] | 0.251 |
| 解决问题 | 0.300[**] | 0.293[**] | 0.154 |
| **平均值** | **0.366**[**] | **0.359**[**] | **0.209** |

表 5-10 显示,伙伴关系同激励机制存在较高的正相关性,表明在国际工程 EPC 项目实施过程中,激励机制对伙伴关系有相互促进作用。伙伴关系是项目参与各方间的一种长期合作关系,激励机制的运用有利于各方形成利益共同体,有利于强化各方间的合作关系。使用激励机制的目的是通过激励项目各方,促进项目绩效的提升,最终使项目各方一同受益。这同伙伴关系共赢理念是契合的,伙伴关系在项目各方中形成了良好的沟通和问题解决渠道,有利于改善激励机制作用环境,提高激励作用效果。

伙伴关系要素对于不同激励形式的作用效果是不同的。由表中可以看出,相比于施工激励,伙伴关系对于促进设计激励和采购激励的运用更为有效。基于伙伴关系的设计管理过程中,信任是行为要素的核心;一旦设计方选定,总承包方与设计方开始致力于实现共同的目标(中标),在共同目标下,双方采取积极态度,努力实现完成初步设计的承诺,以便成功中标。中标后,总承包方—设计方间基于公平的利益分配,可以形成对设计方的有效激励,促进基础设计、详细设计及其与采购、施工间的合理衔接,从而显著降低"设计失误、缺陷""设计审批延误""设计方案不合理""设计优化不足"和"设计变更"等风险。

同样,总承包商在采购过程中建立合作伙伴关系,可促进重要材料、设备供应商提供长期稳定的供货渠道,以降低采购过程存在的风险,包括"所需材料设备缺失""所需材料设备的价格上涨""材料/设备的质量问题"和"采购方案不合理(如性价比不高)"等。

# 5.3 国际工程 EPC 项目风险管理案例

## 5.3.1 委内瑞拉新卡夫雷拉电站项目

### 1. 项目简介

**1）项目名称**

委内瑞拉新卡夫雷拉电站。

**2）工程位置**

委内瑞拉新卡夫雷拉电厂一期工程位于委内瑞拉北部，瓦伦西亚湖北岸。厂址东距委内瑞拉首都加拉加斯约 100km，阿拉瓜州首府马拉凯约 9km，北距加勒比海约 30km。

**3）工程规模**

电厂一期工程布置两台燃机 GE-7FA191，装机 2×191MW，同时配备相应的附属系统，包括主变以及厂备变，控制楼，GIS 开关站，原水处理系统，化学水处理系统，燃油燃气前置模块，储油罐以及泵油系统，天然气增压系统，冷却循环水给排水系统，DCS 控制系统，消防系统，安防系统，制氢系统，空调照明系统。取水泵站，材料仓库，燃油泵房，化水处理车间，厂区道路，厂区排水系统及联合建筑物及设备基础。电厂基础桩基的施工由业主分包商 FRANKI 公司负责施工。

**4）合同类型**

合同类型为 EPC 合同——设计、采购、施工总承包，原合同工期 9 个月，合同金额 3.15 亿美元。2010 年签署合同变更补充协议，合同工期 12 个月，项目正式开工日期 2011 年 3 月 1 日，合同金额 5.27 亿美元。

### 2. 项目主要风险

**1）政治风险**

委内瑞拉位于南美洲北部，是资本主义国家。尽管委内瑞拉有丰富的石油储备，但近些年来这个国家政治局势动荡，给项目实施带来了高风险。

例如，2011 年 6 月，委内瑞拉前任总统查韦斯在古巴入院并做了骨盆囊肿切除手术，并宣称自己正在康复，但经医生检查，在摘除的囊肿中发现了癌细胞。此后两周内，查韦斯在古巴一直没有露面，引发外界对他健康状况的猜测。查韦斯康复期间，由于有军队、政府及追随者的支持，国内政局没有出现大的波动，尽管反对派利用其病情向政府不断发起政治攻势，但不会造成较大的影响；但查韦斯一旦发生意外，不能继续履行总统职责，国内各政治势力的博弈必将使全国政局进入一个混乱的调整期，国家经济也会因此迟滞不前。

委内瑞拉电力供应不足已经影响到本国民众生活和社会经济发展,解决电力需求是委内瑞拉政府(查韦斯领导时期或其他政治势力领导时期)亟待解决的问题。新卡夫雷拉电厂项目资金来源于中委基金,假设委内瑞拉政权执掌人发生变动,委内瑞拉经济发展和民众生活改善仍然是"新政权执掌人"需要解决的重大事件,电力项目的建设不会因此事件而停止。但是,混乱的政治局势会给项目的正常实施带来极大的干扰,项目工期也可能因此滞后。

**2)合同风险**

新卡夫雷拉电站项目合同签订时间仓促,合同条款范围不严谨,业主管理团队也没有国际工程管理的经验,且不依照国际工程惯例来执行合同,造成合同管理和索赔工作将面临很大的风险。

(1)合同新增加项目

在初步提交设计图纸审查过程中,业主提出增加黑启动系统和天然气调压站系统。关于增加天然气增压系统设备,原合同只需对原有的气站进行维护和保养,但是由于业主提供的燃气气压低,因此业主要求将原有的调压气站拆除,新建一个增压站。由于业主和项目部在以上两个"新增加项目"属于合同范围内和合同范围外增加方面无法达成共识,我方认为这两项属于合同外新增加项目,属于合同变更应增加费用补偿,双方存在很大分歧。这给施工工期及工程费用(设备采购、建筑安装)带来很大的不确定性。

此外,业主提出的合同新增加项目还有建设电厂食堂、卸油站台休息室、公厕及办公区办公设施、因燃油品质差而增加的油过滤装置等,这些项目直接带来施工成本增大。

(2)合同变更

从经济效益角度考虑,厂区取水系统的取水泵站三期土建放在一期土建施工是经济合理的。对于循环水排水系统,也存在同样的问题,一期设计安装0.75m直径的钢管即可满足排水要求,如果一期施工时按照三期的排水量进行考虑,一次性安装3m直径的钢管用于一期及三期的循环水排放,完全满足循环水排放需求,业主也表示同意这两方面的施工问题。如果三期电厂项目不进行投资,或者更改承包商,这些本应在三期发生的施工投入,都集中到一期进行施工,必然增加一期的施工费用。

**3)经济风险**

经济政策风险是指在项目的建设期或经营期内,由于经济环境发生变化,影响了项目经济效益。经济环境的变化包括国家经济制度的变革、相关法律法规政策的更替。

新卡夫雷拉电站项目预付款金额占合同总金额的50%,由于业主的预付款支付严重滞后,为规避业主支付资金的不确定性,国内的辅机采购工作在2011年1—5月暂停采购,在2011年5月得到业主的一笔预付款后国内的辅机采购工作重新启动,这是影响机组辅机设备的安装及施工的重要因素。

资金投入不足还会直接引起其他风险,例如设计风险、进度风险等。部分分册图纸设计滞后,主要原因是业主对增加部分预付款的支付滞后造成承包商无法对供货厂家进行支付,从而无法取得厂家设备技术资料;2011年5月,在收到业主的一笔预付款之后,国内设备采购工作全面启动设备采购和支付。另外,由于燃机辅机的一些设备系统的生产周期比较长,如燃气增压系统,需要较长的生产、发运、清关周期,而资金保障不足将严重影响工期按期完工。

**4）进度风险**

新卡夫雷拉电厂项目 2010 年签署合同变更补充协议,合同工期 12 个月,项目正式开工日期 2011 年 3 月 1 日,项目一期工程竣工时间为 2014 年 4 月 9 日,超出预计工期200%。进度风险在项目整个实施过程,特别是项目实施中后期非常突出。截至 2011年 11 月,累计实际完成项目总体进度占项目总进度计划的 61.88%,项目进度较为良好。截至 2012 年 6 月,累计实际完成项目总体进度占项目总进度计划的 87.63%,此时已经超过工期 30%。而后,项目进度速度更慢,截至 2012 年 12 月,累计实际完成项目总体进度占项目总进度计划的 94.7%,而此时已超工期 90%。

在项目实施过程中,影响发电目标能否按期实现的最大因素就是辅机系统设备采购工作,由于 2011 年上半年受业主预付款支付严重滞后的影响,国内的辅机采购工作暂停 5 个月,一些已经签订采购合同的重要设备预付款无法及时支付,设备供应厂家在没有收到预付款情况下,拒绝提供设备设计技术资料,不对设备开工生产。即使 2011年下半年得到业主支付的预付款及工程进度款支付后,设备采购进度严重滞后所造成的工期风险成为制约 2012 年 8、9 月底机组发电的主要因素。

**5）HSE 风险**

委内瑞拉允许个人持有枪支,社会治安问题十分严重,时常发生枪击、抢劫、盗窃等犯罪事件。当地曾发生劳务私自携带枪支进入电厂,并且持枪威胁中方人员的事情,对中方人员造成了极大的人身危害。此外,电厂内还时常发生物资被盗窃现象。治安混乱不仅给工程人员带来了很大的健康、安全风险,还对项目进度产生了不良影响。例如,燃机供应商(美国 GE)还以此为借口,提出电厂治安问题差、人身安全得不到保障,拒绝到现场进行机组调试工作。

**3. 风险管理经验**

**1）政治风险管理方案**

针对委内瑞拉政治问题可能引起的对项目的不利境况,总承包商主要从优化项目管理和购买保险两种途径进行规避。如,针对查韦斯病情恶化所带来的政治风险问题,项目部调整了施工计划,并严格按照新制定的施工计划,确保合同节点目标的按期实现,避免因此出现大选所带来的不确定政治风险。此外,项目部分别及时向中国出口信用保险公司、中国人民财产保险股份有限公司提交保险延期申请,避免因自然灾害、突发事件或政治事件给电厂施工带来的灾害,通过保险公司保单延期,弥补各种灾难所造成的一切经济损失。

**2）合同风险管理方案**

EPC 合同由总承包商和业主签订,EPC 合同风险的主要来源也是业主。基于此,解决好同业主的关系,加强沟通、谈判以及索赔,是解决 EPC 项目合同风险的主要途径。首先,总承包商加强了 EPC 合同的深度研究,尽可能地从合同本身规避可能出现的合同风险;其次,继续加强和业主协商、谈判,对业主新提出的合同要求进行充分的合理性探讨;最后,对于新增工作量,做好索赔工作。例如,按照 EPC 合同项目,承包商进行设计工作,必须依据"业主的要求"进行设计的思路,初步设计是在承包商理解原合同条款后根据"业主的要求"提交的初步设计。在初步设计提交后,业主增加的黑启动设备和天然气增压设备,应视为合同外增加项目。总承包商通过加强同业主谈判,促使业主对增加黑启动系统、新建天然气调压站系统两个项目确认为变更项目,给予了合理的费用补偿。

**3）经济风险管理方案**

经济风险不仅影响项目过程,而且能够直接影响到项目绩效,因此需要引起总承包商的特别关注。面对业主支付金额滞后的问题,总承包商应从组织角度、加强同业主沟通、工程组织措施和索赔四个方面进行解决：①项目部需将情况上报集团国际公司高层,引起高层的关注,通过中国电建集团的影响力,推动业主对剩余合同金额的审批、结算;②项目部应进一步加强对代表处、区域经理部的配合工作,和业主进行协商沟通,改变结算方式,按照百分比分次进行账单申报、结算;③尽可能优化组织程序,尽可能降低经济风险带来的潜在损失,例如适时调整总施工进度计划,把设备采购工作作为设计、采购、施工总进度中的重点任务来抓,优化资金分配,尽可能地保障工程进度;④根据业主对已工程账单故意拖延或拒绝签署的状态,应结合项目投保的中国出口信用保险公司短期出口信用保险合同条款,对中国出口信用保险公司进行保险索赔。

**4）进度风险管理方案**

管理工期风险,最为关键的是要厘清引起进度延误的因素,并针对性地优化进度方案或采取止损措施。一方面,总承包商重新修改、制定详细的施工进度计划,合理配置项目部人力、物资、设备各种资源,尽可能从流程上保证进度。例如,成立委内瑞拉项目机电设备发货进度协调小组。负责国内采购永久机电设备,从设计、提交图纸资料、合同的签订、执行、报批业主、厂家生产安排、验收、发货、海运、清关等一系列所有流程的协调、监督工作,以此促进设备采购合同的执行,设备的发运、清关、到场进度。另一方面,要争取足够的资源,破解影响进度的资源约束。

对于 2012 年新卡夫雷拉电厂项目面对劳务纠纷所带来罢工、阻挠中方人员施工等问题,及时与工程所在地政府劳工部门取得联系,劳工部门对确认了劳务辞退补偿费。之后又聘请律师对辞退劳务补偿费标准进行计算,减少超出法律标准之外费用支出风险。采用这些方式处理劳务纠纷事件的发生,减少因劳务罢工、滋事造成的工期延误风险。

对于 2013 年新卡夫雷拉电厂项目面对电厂燃油系统调试困难问题、工程移交困难重重、运行(本该由业主承担)工期延长带来的经济风险,以及因劳务纠纷而发生罢工问题,项目部针对以上潜在的主要风险,结合实际面临的风险问题,采取对应的防范措施,将风险损失最小化,持续跟进风险监测,使各种风险发生的概率、危害降到最低。

对于 2014 年工程移交、运行工期延误形成的经济风险、工期风险问题,项目重新修改、制定详细的调试、施工进度计划,合理配置项目部人力、物资、设备各种资源,降低各项经济成本,加强同业主及电网公司之间沟通、谈判,促进电厂运行、检修工作的全面接管,减少项目后期的成本投入。

**5)HSE 风险管理方案**

针对 HSE 风险,应建立起完善的 HSE 风险防范机制,并有效借助当地警方的力量。对于一些劳工携带枪支威胁施工人员造成的负面影响事件,项目部通过联系当地驻守军队派遣军人到新卡夫雷拉电厂执勤、巡逻,配备安检设备改善电厂的治安环境。为中方施工人员及设备厂家现场服务人员提供良好的工作环境。

对于 12:00—13:00 休息时间容易发生盗窃丢失问题,项目部组织现场中方人员长期分组巡逻、值班加强厂区治安管理。由于电厂的日常治安保卫、巡逻工作是由业主(PDVSA)安排的宪兵负责,项目部数次发函要求业主加强对出入电厂人员的检查及场内巡逻工作。为了让项目部人员和设备厂家人员安心工作,经和业主沟通后项目部购置了安检探测仪器,由宪兵和军人对出入电厂人员进行检查登记。尤其是消除 GE 公司现场技术人员对现场安全问题的顾虑,以尽早开展机组调试工作。

# 5.3.2　赞比亚卡里巴项目

## 1. 项目简介

卡里巴水电站位于非洲赞比亚南部,在赞比亚和津巴布韦交界的赞比西河中游卡里巴峡谷。北岸水电站扩机工程的主体枢纽建筑物包括进水口、引水隧洞、地下扩挖厂房和尾水隧洞、尾水渠。业主为赞比亚国家电力公司和卡里巴北岸水电站扩机项目公司,业主代表为法国电力公司。

## 2. 项目主要风险

### 1)采购风险

项目除水泥和木材等在当地市场采购外,其他主材(如钢筋、外加剂、粉煤灰等)主要从别国进口。由于设备供应滞后,且到货的设备不成套或者存在缺陷,厂房内机电设备安装施工的实际进度与总体进度计划相比,5♯机组安装滞后了 1 个多月,6♯机组安装进度滞后了 2 个多月。

### 2)设计风险

机械设计方面,由于不熟悉国内外标准差异,难以按时向业主提供设计计算书和满足国际标准的计算书,导致进水口闸门/液压启闭机/拦污栅/门机设计、出水口闸门/门机设计等审查和批准过程漫长,影响了相应设备的采购进度和成本。电气一次设计方面,设计人员比较了解 IEEEC 国际标准,设计图纸和招标技术参数能够很快获批,但也存在降压站的电缆颜色和电缆防护不满足合同要求而被拒绝的现象;电气二次设计方面,不能很好地提供所有机电设备和电气二次的工作原理图,影响了电气设备采购、制造和安装。

**3)经济风险**

受 2008 年世界金融危机的影响,业主融资遇到困难,无法按照合同规定支付工程款。

### 3. 风险管理经验

**1)采购风险管理方案**

(1)建立完善的采购管理制度和程序,对厂家资质、业绩等进行把关,对采购全过程进行动态管理。

(2)重视利益相关方管理,同设计院、采购部门、厂家和业主等利益相关方实现协同管理,共同编制采购流程。

(3)成立机电设备设计采购跟踪小组,及时了解设备采购状态,掌握机电设备的采购进展情况。

(4)加强设计管理,重视设计图纸管控,以保证设备采购进度。

(5)采购的设备应满足主合同技术要求和标准要求,并明确国内设备验收标准。

(6)前期对材料采购成本、材料涨价情况、影响供货和价格的因素等进行经济活动分析,制定相应采购计划,以降低采购成本。

**2)经济风险管理方案**

项目部通过调整施工部署,保证现场施工连续进行。同时,协助和推动业主在中国口行的融资进程。2011 年元月,业主融资问题得以解决,口行开始放款。对于资金困难导致永久设备采购无法按计划启动所造成的施工进度滞后问题,双方多次谈判和协商,约定将合同工期延长 17 个月。

**3)业主风险管理方案**

承包商与业主建立长期友好的战略合作关系,通过索赔应对业主相关风险过程中,做到有理有据、友好协商、合作双赢。索赔工作注重过程控制,在运行常规合同管理程序的基础上,实行对外往来信函的统一归档处理,确保及时掌握可能涉及或导致索赔或反索赔的信息,提高了索赔管理的时效性;成立索赔领导小组,明确各部门职责,分析风险点和索赔点,编制项目索赔策划书和变更索赔实施办法[109]。具体措施如下:

(1)安排专业翻译研读合同,理顺合同双方责任和义务,形成正确的管理思路。组织翻译合同文件,召集各部门人员认真学习合同条款,厘清各种合同、补充协议、会议纪要间的相互关系,清晰理解整个合同。

(2)完善项目部施工日报,及时收集经业主确认的第一手资料,及时提出索赔意向并进行后续跟踪。

（3）对所有合同文件进行分类存档,由专人负责,以便于查询。

（4）订购官方报纸,及时向中国经参处咨询并访问其网站,跟踪赞比亚有关法律法规的调整情况。

（5）业主风险的应对,需注重资料和证据的收集;自身风险或者责任不明确的风险应对,需设法减少、避免或转移。

（6）随着项目深入,对于合同本身不是很详尽,尤其是对附属设施描述没有很明确界定、责任含糊不清的状况,多次召集会议进行讨论,必要时向专家咨询,并通过与业主充分沟通,争取让业主进行变更。

# 第6章

>>>>>>>>>>>>>

# 国际工程EPC项目HSE管理

## 6.1 国际工程 EPC 项目 HSE 管理理论基础

### 6.1.1 HSE 管理模式的起源与发展

HSE 管理起源于石油勘探行业。

1965 年,英国海上石油钻井平台"seagem"因事故沉没,对事故的清查第一次导致了安全条例的建立。

1974 年,国际石油工业勘探开发论坛(E&P Forum)建立,从事健康、安全环境体系开发。

1985—1987 年间,壳牌(Shell)公司先后提出了强化安全管理(enhanced safety management,ESM)、环境管理指南(environment management group,EMG)、职业健康管理导则(occupational health management group,OHMG)三套管理体系,HSE 管理体系初现端倪。

1988 年,英国北海油田发生石油与天然气的设备爆炸,导致了 167 人死亡,英国政府展开事故调查,由卡伦爵士提出的报告和建议,对现代安全管理产生了革命性的影响,形成了 HSE 管理体系的思想基础。

1991 年,英荷两国旗下的壳牌(Shell)公司委员会制定并发布了 HSE 方针指南;同年,在荷兰举办了首届"油气勘探开发 HSE 国际会议",HSE 的概念开始逐步在业界被推广和接受。

1995 年,壳牌公司整合了卡伦爵士的安全管理报告和建议、国际标准 ISO 9000 和英国标准 BS 5750 质量保证体系,颁布了一体化的 HSE 管理体系(HSE-MS)EP95—0000。

1996 年,国际标准化组织 ISO 的 TC67 技术委员会发布《石油和天然气工业健康、安全与环境(HSE)管理体系》(ISO/CD 14690 标准草案),成为国际石油界共同执行的管理规则。

HSE 管理的工作模式从 20 世纪 60 年代对装备的完善、自动化流程的控制、以保护工作人员为核心，到 70 年代注重对人安全行为的研究，再到 80 年代，发展形成了一系列安全管理的思路和办法，搭建起全面而系统的管理体系。90 年代后，世界安全管理模式趋于多元化，HSE 管理被赋予了更多文化烙印[110-112]。

## 6.1.2　HSE 标准规范的演变

很多国家把劳工、环境保护等标准视为国家战略的一部分。职业安全管理体系标准化工作在国际范围内开展得十分迅速。例如，亚太地区职业安全健康组织（APOSHO），在 1998 年即建议各成员国参照 ISO 14000 和 APOSHO 1000 制定本国的标准。欧洲、大洋洲、亚洲、非洲一些国家标准化组织及认证机构共同参与制定了OHSAS 18000。1994 年，国际劳工组织在职业健康安全大会上颁布了关于职业健康安全管理体系的指南。1995 年，国际标准化组织开展了职业健康安全管理体系标准化工作。

英国与澳大利亚等国内部均已构建较为完善的标准体系，并相应设立正规的培训机构，颁布国家认证制度。此外，俄罗斯、日本、美国等国也在 HSE 标准体系方面做了很多工作，如俄罗斯建立了"职业安全健康法制化管理"模式，日本建立了"质量管理及安全体系管理"模式，美国则采用了"职业健康安全及环境管理"模式[113-115]。

## 6.1.3　HSE 管理体系基本特征

HSE 管理体系可以提升工程企业健康、安全、环境方面的管理水平，提高工程实施效率。总体而言，HSE 管理体系具有如下特征：

（1）系统特征。建立实施 HSE 管理体系是一个系统的工程，应该将其囊括在公司的组织系统内，与其他组织管理体系相协调，避免出现制定和执行分离的现象。

（2）动态特征。根据戴明提出的持续改进模型，HSE 管理体系构建的是一个往复执行"计划（plan）、实行（do）、监测（check）、修正（act）"的动态循环过程。

（3）一体化特征。HSE 管理体系考虑了健康、安全、环境三个方面的组织管理，统筹了其管理过程中的目标方针、组织架构、实施程序。

（4）功能特征。HSE 管理体系作为系统而有效的管理工具，体系内各要素的协调实现，能够切实有效地提升健康、安全、环境方面的管理水平[116-117]。

## 6.1.4　HSE 管理趋势

（1）HSE 管理将得到国际范围越来越多的关注，"以人为本""社会、经济、环境可持续发展"和"利益相关方共赢"的核心理念将得到广泛的认可和支持。

（2）HSE与质量管理体系实现一体化管理，例如，ISO 9001与ISO 14001可以结合起来实施。

（3）各国HSE相关法律法规将更为严格，国际工程EPC项目承包商必须全面提升自身HSE管理能力，适用以上趋势[118-119]。

# 6.2　国际工程EPC项目HSE管理评价

## 6.2.1　HSE不利条件评价

对项目所在地自然条件、社会治安、法律法规、施工环境中可能存在的不利因素进行评价，结果如表6-1所示，1代表影响很小，5代表影响很大。

表6-1　国际工程EPC项目HSE管理不利条件影响评价

| 项　　　目 | 得　　分 | 排　　名 |
|---|---|---|
| 中外HSE相关法律法规、标准差别较大 | 3.482 | 1 |
| 不熟悉国外HSE相关法律法规、标准 | 3.393 | 2 |
| 项目所在地传染病多发 | 3.286 | 3 |
| 施工现场危险源、干扰因素多，易发事故 | 3.268 | 4 |
| 项目所在地生活条件恶劣 | 3.214 | 5 |
| HSE管理体系不够全面、完善，落实不足 | 3.196 | 6 |
| 项目作业人员受教育程度低、经验不足 | 3.125 | 7 |
| 工程水文条件恶劣，易发事故 | 3.018 | 8 |
| 工程地质条件差，易发事故 | 3.000 | 9 |
| 工程低价中标，合同额偏低 | 2.929 | 10 |
| 项目所在地社会动荡，不安定 | 2.965 | 11 |
| **平均值** | **3.171** | — |

表6-1显示，"中外HSE相关法律法规、标准差别较大""不熟悉国外HSE相关法律法规、标准"分别排在第1位和第2位，说明中外标准差异和对国外HSE标准的了解程度对国际工程EPC项目HSE管理的制约性很强。当地HSE法律法规相关信息通常由国际公司驻地办事处收集，承包商对于实际情况了解甚少，对项目的顺利实施造成了一定的困难。例如，在楚卡斯项目中，中外标准对起吊的钢丝绳、临时操作平台的护栏、平台的承载力要求不同，施工业务难以顺利开展。再如委内瑞拉燃气燃油电厂项目，当地法律十分严格，高空作业时安全防护用具必须齐全，现场必须配备救护车、司机和医生，极大地增加了HSE成本。

"项目所在地传染病多发""施工现场危险源、干扰因素多，易发事故""项目所在地生活条件恶劣""工程水文条件恶劣，易发事故""工程地质条件差，易发事故"和"项目所在地社会动荡，不安定"等在不同程度都会造成HSE问题，承包商需提升HSE管理能力,以减轻自然条件、施工现场和社会环境的不利影响。例如,委内瑞拉治安条件差,枪击、抢劫事件频发,社会环境风险高,项目部为此与当地警察局积极交涉,人员出行均由警察持械护送,保障项目人员的生命财产安全。再如纳米比亚湖山铀矿土建项目,项目部将辐射污染作为重大污染源之一,列入重要环境因素管理清单,制定监控预防措施,实行不间断跟踪检查和隐患排查。

"HSE管理体系不够全面、完善,落实不足""项目作业人员受教育程度低、经验不足"和"工程低价中标,合同额偏低"等也会影响HSE管理。承包商应加强HSE管理体系建设和落实,加大HSE管理资源的投入,重视对项目人员施工技能和安全教育。

## 6.2.2　国际工程HSE标准应用能力评价

对国际工程EPC项目中HSE标准了解程度与应用能力进行评价,结果如表6-2所示,1代表完全不符,5代表完全符合。

表 6-2　总承包商 HSE 标准了解程度与应用能力

| 项　　目 | 得　　分 | 排　　名 |
| --- | --- | --- |
| 能基于项目当地 HSE 相关法律法规、标准要求顺利完成施工任务 | 3.702 | 1 |
| 能基于项目当地 HSE 相关法律法规、标准要求顺利完成采购任务 | 3.702 | 1 |
| 了解项目所采用的 HSE 标准 | 3.667 | 3 |
| 了解项目当地 HSE 相关法律法规要求 | 3.596 | 4 |
| 能基于项目当地 HSE 相关法律法规、标准要求顺利完成设计任务 | 3.596 | 4 |
| 了解国际 HSE 标准指导思想 | 3.561 | 6 |
| 投标和履约所需的 HSE 相关法律法规、技术标准收集全面,更新及时 | 3.554 | 7 |
| 具有足够的国际工程 HSE 管理复合型人才 | 3.193 | 8 |
| **平均值** | **3.571** | — |

表 6-2 显示,"能基于项目当地 HSE 相关法律法规、标准要求顺利完成施工任务""能基于项目当地 HSE 相关法律法规、标准要求顺利完成采购任务"和"能基于项目当地 HSE 相关法律法规、标准要求顺利完成设计任务"分别排在并列第 1 位和第 4 位,表明承包商有着较强的履约能力。"具有足够的国际工程 HSE 管理复合型人才""投标和履约所需的 HSE 相关法律法规、技术标准收集全面,更新及时""了解国际 HSE 标准指导思想"等指标排名较低,说明总承包商需提高对 HSE 标准管理的整体把握和认知,尤其需要加强 HSE 管理复合型人才的培养。

## 6.2.3　项目人员评价

对项目作业人员和项目经理的资质进行评价,调研结果如表6-3所示,1代表完全不符,5代表完全符合。

表 6-3　项目人员资质能力评价

| 项　　目 | 得　分 | 排　名 |
|---|---|---|
| 项目经理的工作经验丰富 | 4.246 | 1 |
| 工程作业人员的工作经验丰富 | 4.035 | 2 |
| 项目经理 HSE 意识强 | 4.018 | 3 |
| 工程作业人员与管理人员关系良好 | 3.982 | 4 |
| 工程作业人员接受过施工技术和方法的培训 | 3.965 | 5 |
| 工程作业人员工作精神状态良好 | 3.877 | 6 |
| 项目经理对 HSE 管理制度执行力很强 | 3.877 | 6 |
| 工程作业人员施工技术水平高 | 3.860 | 8 |
| 工程作业人员对 HSE 管理有参与权和话语权 | 3.772 | 9 |
| 工程作业人员排除周围干扰因素影响的能力强 | 3.737 | 10 |
| 工程作业人员接受过良好的 HSE 培训 | 3.561 | 11 |
| 工程作业人员 HSE 意识强 | 3.554 | 12 |
| 工程作业人员受教育程度高 | 3.509 | 13 |
| **平均值** | **3.846** | — |

表 6-3 显示，"项目经理的工作经验丰富"和"项目经理 HSE 意识强"排在第 1 位和第 3 位，表明项目经理实践经历丰富，并重视 HSE 管理工作。这也是公司 HSE 管理责任体系的具体表现，项目管理人员 HSE 管理责任包括：项目经理（负主体责任）；项目总工（负责安全技术措施、技术方案、施工组织设计）；项目生产经理（负责项目安全实施）；项目安全总监（负责安全监管）。

"工程作业人员接受过良好的 HSE 培训""工程作业人员 HSE 意识强""工程作业人员受教育程度高"分别排在后三位，说明工程作业人员的受培训情况、HSE 意识都有着较大的提升空间。以尼泊尔上马相迪项目为例，项目部发现在引水渠进水口、沉砂池、排沙闸、暗涵进水口的启闭机房层等高空施工作业中，部分劳务安全意识淡薄，两大工区均出现未系好安全带便进行施工作业的情况。项目部就此立即组织开展了安全教育培训，强调大坝工区与厂房工区的高空作业须系好安全带方可作业，以杜绝此类情况再次发生。

## 6.2.4　项目 HSE 管理过程评价

对项目 HSE 管理过程进行评价，结果如表 6-4 所示，1 代表完全不符，5 代表完全符合。

表 6-4　项目 HSE 管理过程评价

| 项　　目 | 得　分 | 排　名 |
|---|---|---|
| 应急预案准备充分 | 3.947 | 1 |
| HSE 事故记录与整理工作到位 | 3.895 | 2 |
| HSE 基层培训宣贯全面、有效 | 3.825 | 3 |

| 项　　目 | 得　　分 | 排　　名 |
|---|---|---|
| HSE 现场监督检查全面、有效 | 3.790 | 4 |
| 目视化管理工作到位 | 3.790 | 4 |
| HSE 考核与奖惩制度完备,并有效执行 | 3.737 | 6 |
| HSE 监督管控制度完整,并有效执行 | 3.719 | 7 |
| HSE 管理方面投入的资源充足 | 3.667 | 8 |
| **平均值** | **3.796** | 一 |

(1)"应急预案准备充分"排名第 1,得分 3.947 分,表明承包商对各种突发情况有应急预案体系,能在事件发生时迅速反应、妥善应对。例如在赞比亚慕松达项目中,项目部设立了安全生产应急管理体系工作小组,建立了安全生产应急管理体系和预案体系,确保在安全事故发生时,能够做到及时有效地组织救援工作,将损失降到最低。

(2)"HSE 事故记录与整理工作到位"排名第 2,得分 3.895 分,表明承包商重视 HSE 事故记录和整理工作。以塞内加尔 DK 项目为例,项目部每个月需要向公司和集团提交安全检查记录表、安全整改记录表、环境管理月报表、职业健康月报表、项目部职工伤亡事故月报表、重大危险源跟踪表、重要环境因素跟踪表、安全费用统计月报表和安全简报等多份文件,对 HSE 管理工作进行及时的记录、整理和总结,为下一阶段 HSE 工作的开展提供借鉴和指导。

(3)"HSE 基层培训宣贯全面、有效"排名第 3,得分 3.825 分,表明承包商在国际工程 EPC 项目 HSE 管理中积极开展培训、宣贯工作。例如在尼泊尔上马相迪项目中,所有新入厂人员都必须进行三级安全生产教育,经考试合格,颁发《安全教育培训合格证》后方可进行施工作业,并需要接受班前 5 分钟安全教育。

(4)"HSE 现场监督检查全面、有效"和"目视化管理工作到位"排在并列第 4 位,表明承包商在 HSE 现场监督方面也较为重视。例如在赞比亚伊泰兹水电站项目中,项目部每日都会进行现场巡查和隐患排查。同时,项目部在施工现场入口处挂设安全标志牌、中英文对照安全标语,并在现场公告栏张贴部分安全宣传知识,不定期更换,时刻提醒员工注意安全。

(5)"HSE 考核与奖惩制度完备,并有效执行""HSE 监督管控制度完整,并有效执行"和"HSE 管理方面投入的资源充足"排在后三位,表明承包商还需加强在 HSE 管理方面的资源投入,以及提高对 HSE 管理制度的执行力。HSE 作为成本支出的一部分,没有显性的利润收入,承包商往往没有足够的动力进行 HSE 激励。承包商加强投入、提升 HSE 管理水平,从长远看,不仅会提升承包商国际工程 EPC 项目的履约能力,还可以树立在当地市场的企业形象。

## 6.2.5　施工现场 HSE 管理评价

对施工现场 HSE 管理进行评价,结果如表 6-5 所示,1 代表完全不符,5 代表完全符合。

表 6-5　施工现场 HSE 管理评价

| 项　目 | 得　分 | 排　名 |
|---|---|---|
| 劳动组织设计(换班、人员分工)科学合理 | 3.965 | 1 |
| 物资存放安全合理 | 3.895 | 2 |
| 作业操作工序和方法设计得当 | 3.895 | 2 |
| 交通线路配置安全合理 | 3.877 | 4 |
| 现场施工环境的组织规划合理 | 3.860 | 5 |
| 材料、设施运输途中的保护工作到位 | 3.825 | 6 |
| 检验、检测技术水平很高,可以及时发现隐患 | 3.456 | 7 |
| 废弃物处理技术水平很高 | 3.333 | 8 |
| **平均值** | **3.763** | — |

　　"劳动组织设计(换班、人员分工)科学合理"排在第 1 位,得分为 3.965,表明承包商对劳动班组人员构成和工作时间安排考虑充分,可以提高生产效率,并保障劳务人员的休息。非洲、拉丁美洲国家对劳工税收、保险和休假制度要求十分严格,例如哥斯达黎加楚卡斯项目中,外籍周六/周日必须休假,常因工作餐、工资待遇等问题出现罢工事件。国际工程中,如何通过合理的劳动组织设计调动作业人员的积极性,提高生产效率,降低对工程进度的影响,非常重要。

　　"物资存放安全合理"位于第 2 位,表明承包商对危险物资的存放高度重视。在埃塞俄比亚阿巴—萨姆尔电站项目中,项目部对易燃易爆品(如柴油、防腐油漆的存放)进行了严格的管控,每次取用必须做好记录,确保无安全隐患发生。"材料、设施运输途中的保护工作到位"排在第 6 位,表明承包商需进一步加强物资运输过程中的保护工作,归因于国际工程 EPC 项目往往位于交通设施薄弱的偏远地区,物资运输难度大。

　　"交通线路配置安全合理"和"现场施工环境的组织规划合理"分别排在第 4 位和第 5 位,表明项目施工现场的规划组织工作还有一定提升空间。国际工程施工现场环境条件复杂,危险源众多,需要精细化的风险管理措施加以规避。

## 6.2.6　企业层面 HSE 管理评价

　　将组织级 HSE 管理体系的 19 项评价指标分为上表所示的四类:战略层面、激励、文化氛围和管理体系,计算各类指标的平均值并进行排序,结果如表 6-6 及图 6-1 所示,1 代表完全不符,5 代表完全符合。

表 6-6　企业层面 HSE 管理评价

| 变　量 | 得　分 | 排　序 |
|---|---|---|
| **战略** | | |
| 加强 HSE 管理已经成为公司战略规划的一部分 | 4.070 | 1 |
| 公司重视 HSE 管理文化氛围的建设 | 4.035 | 3 |
| HSE 管理体系建设在公司项目管理中优先级高 | 3.857 | 8 |

续表

| 变　　量 | 得　　分 | 排　　序 |
|---|---|---|
| **激励** | | |
| 公司重视 HSE 管理培训 | 3.839 | 9 |
| 公司在 HSE 管理方面投入了足够的资金 | 3.804 | 11 |
| 公司重视 HSE 方面的人才培养 | 3.696 | 15 |
| 公司提供足够的 HSE 绩效激励 | 3.643 | 17 |
| **文化氛围** | | |
| 公司鼓励员工提出 HSE 管理改进建议 | 3.732 | 13 |
| 公司内部关于 HSE 管理的沟通很顺畅 | 3.714 | 14 |
| 部门/团队成员清楚个人在 HSE 管理中所担当的责任 | 3.661 | 16 |
| 部门/团队成员积极参与 HSE 管理 | 3.589 | 18 |
| 部门/团队成员熟悉本公司的 HSE 管理体系 | 3.482 | 19 |
| **管理体系** | | |
| 公司 HSE 事故报告和记录详备 | 4.036 | 2 |
| 公司 HSE 管理规章、制度、流程完备 | 4.018 | 4 |
| 公司针对 HSE 突发事故有完备的应急预案 | 3.964 | 5 |
| 公司重视 HSE 管理经验的总结和反思 | 3.946 | 6 |
| 公司 HSE 事故问责清晰 | 3.945 | 7 |
| 公司对 HSE 规章、制度、流程执行能力强 | 3.821 | 10 |
| 公司 HSE 管理相关知识共享度高 | 3.804 | 11 |

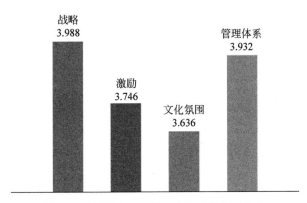

图 6-1　组织级 HSE 管理体系评价指标得分

## 1. 战略

战略要素得分最高，"加强 HSE 管理已经成为公司战略规划的一部分""公司重视 HSE 管理文化氛围的建设"和"HSE 管理体系建设在公司项目管理中优先级高"分别排在第 1 位、第 3 位和第 8 位，表明公司和集团决策层面对于 HSE 管理工作的高度重视。

## 2. 管理体系

管理体系要素得分其次，得分为 3.932 分。"公司 HSE 事故报告和记录详备""公司 HSE 管理规章、制度、流程完备"和"公司针对 HSE 突发事故有完备的应急预案"在

19 项指标中分别排在第 2 位、第 4 位和第 5 位,说明公司在 HSE 管理规章、制度建设方面较为完善。公司制定了安全标准化管理手册,手册分为如下两部分。

**1)安全环保管理制度**

制度包括安全环保监督管理机构建设管理方法,安全环保责任制度,安全环保工作检查管理方法、安全环保管理文件与信息上报管理方法,环境保护、安全生产与劳动防护技术措施等三十五条管理章程,对安保投入、消防安全、交通安全、施工机械管理、防汛工作、危险物品管理等风险源管控提出了明确的规定和指导意见。

**2)安全环保管理制度实施指南**

指南对上述安全环保监督管理机构建设管理方法,安全环保责任制度,安全环保工作检查管理方法、安全环保管理文件与信息上报管理方法等规程提出了具体的管理措施,包括规程的基本要求、工作程序和资料管理方面的实施细则。

"公司对 HSE 规章、制度、流程执行能力强"得分为 3.821 分,排在第 10 位,说明虽然公司的 HSE 管理规章、制度、流程较为完备,但仍需要进一步加强规章制度的执行力。"公司 HSE 管理相关知识共享度高"得分为 3.804 分,排在第 11 位,表明 HSE 事故报告和管理经验记录虽然较为详尽,但还需要将经验提炼为理论知识,以供公司所有人员共享。

### 3. 激励

激励要素得分为 3.746 分,"公司重视 HSE 方面的人才培养"和"公司提供足够的HSE 绩效激励"分别位于第 15 位和第 17 位。国际工程项目 HSE 管理风险因素众多,需要具有法律、经济、管理学等多个学科的知识背景,并对所在国政治、社会、文化环境有一定了解的复合型人才。公司应加强对人才培养的投入,帮助员工尽快成长为国际工程 HSE 管理复合型人才。同时,公司应建立更为完善的 HSE 管理激励机制。

### 4. 文化氛围

文化氛围要素得分为 3.636 分,总体排名靠后,表明公司应明确部门/团队成员在HSE 管理中所担当的责任,搭建 HSE 管理沟通渠道,鼓励员工提出 HSE 管理改进建议,提升部门/团队成员参与 HSE 管理的积极性。

## 6.2.7 伙伴关系管理评价

对承包商伙伴管理水平进行评价,结果如表 6-7 所示,1 代表完全不符,5 代表完全符合。

表 6-7　承包商伙伴关系管理评价

| 评 价 指 标 | 得　分 | 排　名 |
| --- | --- | --- |
| 与各利益相关方有效共同解决 HSE 问题 | 3.911 | 1 |
| 与业主/咨询在 HSE 管理方面目标一致 | 3.893 | 2 |
| 重视业主/咨询方提出的 HSE 管理需求,并顺利实现 | 3.839 | 3 |

续表

| 评 价 指 标 | 得　　分 | 排　　名 |
|---|---|---|
| 选择分包商时重视其 HSE 管理能力 | 3.821 | 4 |
| 与业主/咨询之间关于 HSE 管理的沟通交流高效 | 3.768 | 5 |
| 平均值 | **3.846** | — |

伙伴关系要素得分为 3.846 分,表明承包商与各利益相关方在协同解决 HSE 问题方面还需进一步加强,HSE 管理沟通效率还需进一步提高。

## 6.2.8　HSE 管理影响因素评价

对上述 HSE 项目人员、管理过程、施工现场管理、伙伴关系、组织层面和技术标准因素的管理水平进行横向对比,结果如图 6-2 所示。

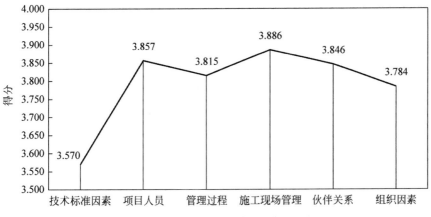

**图 6-2　HSE 影响因素评价得分**

图 6-2 显示,"施工现场管理""项目人员"和"伙伴关系"排在前三位,得分分别为 3.886 分、3.857 分和 3.846 分,表明承包商在施工现场管理、项目人员管理、与项目利益相关方合作进行 HSE 管理方面表现较好。"管理过程"因素得分 3.815 分,排名第 4,表明承包商还应加强对 HSE 管理过程的控制,强调预防而非事后处置。"组织因素"得分 3.784 分,排名靠后,表明应从组织层面加强 HSE 管理文化的建设和资源的投入,提高公司 HSE 管理的整体水平。"技术标准因素"得分为 3.570 分,排名最低,表明承包商在适应国外 HSE 法律法规与标准方面仍存在很大短板。承包商应注意收集与履约相关的 HSE 法律法规、技术标准,深入了解和分析中外 HSE 标准差别,加强培养国际工程 HSE 标准管理复合型人才,以达到业主/咨询工程师 HSE 方面的要求。

## 6.2.9　HSE 管理影响因素典型指数分析

对 HSE 项目人员、管理过程、施工现场管理、伙伴关系、组织层面和技术标准因素 6 项 HSE 管理影响因素做相关分析,结果如表 6-8 所示。

**表 6-8　国际工程 EPC 项目管理影响因素相关性分析**

| 相关系数 | 1 | 2 | 3 | 4 | 5 | 6 |
|---|---|---|---|---|---|---|
| 技术标准 | 1.000 | | | | | |
| 项目人员 | 0.618** | 1.000 | | | | |
| 管理过程 | 0.653** | 0.773** | 1.000 | | | |
| 施工现场管理 | 0.645** | 0.706** | 0.714** | 1.000 | | |
| 组织因素 | 0.656** | 0.776** | 0.717** | 0.613** | 1.000 | |
| 伙伴关系 | 0.637** | 0.751** | 0.695** | 0.595** | 0.874** | 1.000 |

表 6-8 显示，6 项 HSE 管理影响因素之间均显著相关。利用表 6-8 的相关性系数进行典型指数分析，结果见表 6-9。

**表 6-9　国际工程 EPC 项目绩效影响因素典型指数分析**

| 指　　标 | 典　型　指　数 | 排　　名 |
|---|---|---|
| 组织因素 | 0.537 | 1 |
| 项目人员 | 0.529 | 2 |
| 伙伴关系 | 0.514 | 3 |
| 管理过程 | 0.506 | 4 |
| 施工现场管理 | 0.431 | 5 |
| 技术标准 | 0.412 | 6 |

表 6-9 显示，组织因素典型指数得分最高，说明了组织因素与其他指标的关联性较强，表明公司 HSE 整体管理水平对其他因素的重要影响。公司应从战略、文化建设、资源投入和管理体系方面进一步提升 HSE 管理水平。

## 6.2.10　HSE 绩效评价

对职业健康、安全和环境管理绩效进行评价，结果如表 6-10 所示。

**表 6-10　国际工程 EPC 项目 HSE 绩效评价**

| 绩 效 指 标 | 得　　分 |
|---|---|
| 职业健康管理 | 3.947 |
| 安全管理 | 4.088 |
| 环境管理 | 3.842 |
| **平均值** | **3.960** |

表 6-10 显示，安全管理的绩效最高，归因于安全问题直接涉及项目参与人员的生命财产安全，造成的影响更直接，项目参与方更为重视，投入更大。例如在赞比亚 MC70 项目中，2015 年全年 HSE 投入 336082 元，其中安全投入 198902 元，占比约为 60%，高于职业健康和环境投入的总和。环境保护和职业健康管理在国际工程领域越来越受到重视，承包商在这些方面的管理能力需进一步加强。

对 HSE 绩效及其影响因素做相关性分析,结果如表 6-11 所示。

**表 6-11 国际工程 EPC 项目 HSE 绩效与其影响因素相关性分析**

| | HSE 绩效 | 职业健康绩效 | 安全绩效 | 环境绩效 |
|---|---|---|---|---|
| 技术标准 | 0.487** | 0.523** | 0.444** | 0.376** |
| 项目人员 | 0.534** | 0.468** | 0.505** | 0.502** |
| 管理过程 | 0.572** | 0.522** | 0.496** | 0.558* |
| 施工现场管理 | 0.472** | 0.409** | 0.452** | 0.440** |
| 组织因素 | 0.447** | 0.411** | 0.389** | 0.431** |
| 伙伴关系 | 0.467** | 0.439** | 0.434** | 0.417** |

表 6-11 和图 6-3 显示:技术标准、项目人员、管理过程、施工现场管理、组织管理和伙伴关系对项目 HSE 绩效都有显著影响。其中,HSE 管理过程是对项目最终 HSE 绩效影响最大的因素,相关系数基本位于 0.5~0.6 的区间范围,反映了 HSE 管理过程导向型的特点,重在预防项目实施 HSE 事故的发生。

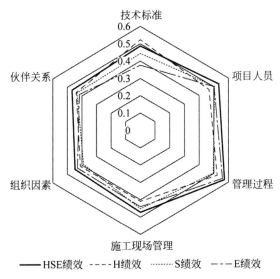

**图 6-3 HSE 绩效与其影响因素相关性分析雷达图**

# 6.3 国际工程 EPC 项目 HSE 管理案例

## 6.3.1 纳米比亚湖山铀矿项目概况

纳米比亚湖山铀矿位于纳米比亚西部纳米布沙漠地区,距海滨城市斯瓦科普蒙德约 60km,距离首都温得和克约 300km。湖山铀资源储量位列世界第三,资源总量达 28.6 万 t $U_8O_3$。

湖山项目的业主为中广核集团有限公司(简称中广核/CNG)。CNG与纳米比亚国矿公司等机构注册了SWAKOP铀矿公司,全面负责纳米比亚湖山铀矿项目的建设和运营。

HPJV公司为Amec公司和Tonova公司联合成立的项目管理公司,由业主聘请为项目的总承包单位,负责项目建设的各项管理工作,包括进度、质量、成本、合同、HSE管理等。生产安全由总承包商HPJV公司的管理团队负责,非传统安全聘请OMEGA公司负责,包括项目建设期的交通安全管理、营地管理和矿区的门岗管理。

## 6.3.2　HPJV公司HSE管理模式

### 1. HSE管理架构

HPJV公司项目初期HSE管理架构如图6-4所示,其中HSE Admin的工作职责类似与统计主管,主要负责各类资料的统计分析工作;BBS Lead的工作职责主要是组织各类培训。BBS(behavior base system)是一个管理团队,根据统计分析的结果,深层次地研究原因,制定对策,并有针对性地编制培训课件进行培训。组织的培训,包括以下内容:新员工入场培训、参观者培训、作业人员的安全操作技能培训(安全驾驶培训、电工作业培训、高空作业培训、电动工器具安全使用培训等);HSE Area Lead的工作职责主要是带领团队,对所划区域内的生产安全实施管理。

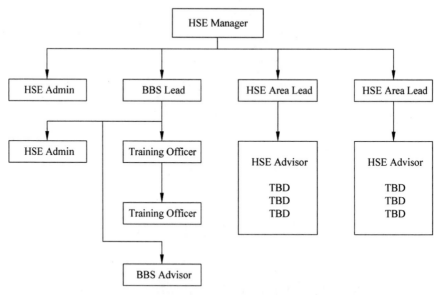

**图6-4　HPJV公司HSE管理架构图**

HPJV对于分包商的HSE管理人员也有着很高的要求:每50名劳务配置1名安全代表,每个独立工作面配置1名安全代表,每100～200人配置一名安全官(safety officer),每个分包单位配置1名安全经理。

#### 2. 安全管理

##### 1）安全培训与教育

HPJV培训讲师有3人，培训中心工作人员有5人以上。矿山的工作人员，包括各施工单位的项目经理在内，都必须经过4个课时的入场安全培训方得入场。外来的参观人员，包括供应商到矿上送货的人员，也必须经过1个课时的入厂安全培训，才能到矿上参观，但不得参与项目上的施工活动。

除入场教育外，HPJV还配有专项安全培训。HPJV培训中心为不同的对象，制定了专业的培训计划，并将培训计划提前发给各个施工单位，由各单位安排相关人员参加培训。培训的内容有视频培训、PPT讲解、问答交流等，并通过题库随机出题的形式对学员进行考核，包括20个安全方面的选择题和5个环境方面的选择题。

入场培训和专项培训考核合格的人员，培训中心会发放培训合格的贴纸，贴在安全帽上。现场检查时，通过安全帽上的培训标记，大致可以判断作业人员是否接受过培训。标记管理还应用在设备设施的管理上，一年12个月，每月都用不同颜色表示。对于每月检查一次的设备设施，检查时在设备上贴上表示当月颜色的贴纸，以判断设备是否已经按时检查。

##### 2）零容忍安全规定

任何违反下列不安全行为准则的个人都会被立即开除现场。

（1）毒品和酒精：每名员工随时面临毒品和酒精检测，对检查结果为阳性实现"零宽容"政策；

（2）高处作业：在1.5m高处作业，必须使用坠落防护系统或者指定的安全通道；

（3）能量隔离：除非按照作业票上锁或者挂牌，否则不能作业；

（4）受限空间：没有批准的作业票不能进入；

（5）车辆和移动设备：没有合格的执照或者操作证书不准操作；

（6）设备的防护或者安全装置：除非得到许可，现场的任何安全防护或者安全装置不得跨越或者移除；

（7）吊装作业：严禁站在或者穿过吊物；

（8）任何情况下：严禁访客从事体力作业。

湖山项目实施过程曾出现过因触犯不可容忍的安全规定被驱逐出施工现场的事例。项目部的测量工程师在现场测量时没有佩戴安全帽，被HPJV总包的HSE Advisor发现后告知其离开现场。由于进度生产要求，测量的任务很重，测量工程师的角色关键。项目部多次找HPJV总包的HSE工程师协调未果，又通过业主（中广核）的现场代表找HPJV总包的HSE工程师协调，依然没有通融。这一事例也反映了HPJV公司安全监管之严与执行力之强。

#### 3. 职业健康管理

对于职业健康管理，HPJV公司主要采用了如下三条措施：

（1）创造良好的作业环境，尽可能降低粉尘、有毒有害气体的浓度，降低辐射等，保障作业人员的身体健康；

（2）对作业人员采取防护措施，正确穿戴劳动防护用品；

（3）坚持做好岗前体检，岗中体检和离岗前体检，岗中体检每年至少一次。

### 4. 环境管理

HPJV公司对施工环境尤其重视，倡导文明施工理念，营造良好的安全环境。例如，进行含油污作业的场地要求地面硬化，如修配厂、油罐的加油区域等。同时设置油水分离器，防止油污在雨水的冲刷下污染土壤。地面硬化后在周边设置防污坎，含油污的水通过油水分离器才能排走。机器设备安装同样要先进行底部硬化，并设置防火墙，防火墙围起来的体积要大于该设备油箱的容积。

## 6.3.3　OMEGA 公司 HSE 管理模式

### 1. 车辆管理

小型交通车辆，需要在车顶加装警示转灯（磁吸式或固定式），车周身贴条形反光膜，在车前或车后加装两米多高带反光条小旗（图 6-5）；大型交通车辆则不需要加装警示旗子。

**图 6-5　OMEGA 公司车辆管理反光旗**

### 2. 道路管理

道路管理采用了如下措施：

（1）矿区的道路经过统一规划，并经过路基料碾压硬化，非常平整；

（2）安排一台洒水车在厂区道路循环洒水降尘；

（3）对不同道路的车速进行限制，厂区的支路限速 20km/h，厂区的主干道限速

40km/h,厂区外道路限速 60km/h,连接矿上和国家主干道的道路限速 80km/h,并每天至少有两个移动测速仪器在路上测速;

(4) 在车道分隔线上安装反光警示装置,在道路边缘安装警示桩,在道路的临空边缘加装防撞护栏,如图 6-6 所示。

**图 6-6　OMEGA 公司道路管理警示桩**

### 3. 司机管理

OMEGA 公司要求所有司机必须持相应的驾驶证,体检合格,接受 HPJV 组织的交通安全培训并考核合格。同时在进去矿区入口设置检查站,所有进矿车辆的司机全部进行酒精检测,杜绝酒驾。

### 4. 门岗管理

在进入厂区的入口设置检查站,由保安人员对出入厂区的车辆进行登记,并对车辆的安全装置进行检查。车上人员除司机外全部下车持工卡步行从旋转门进入厂区。在此过程中检查劳动防护用品,不符合要求者不能进入。对部分人员进行酒精测试,不符合要求者不得进入厂区(酒精测试,饮酒者即便没有抽查到,应主动要求测试,若不主动要求测试进入厂区,在厂区内被抽查发现酒精超标将会被逐出矿区)。

物品检查也极为严格:酒和含酒精饮料、毒品、管制刀具和枪支均不得带入厂区和营地;厂区的各种工具和材料,不得以偷窃的方式带出厂区。

### 5. 营地管理

营地由 OMEGA 公司管理,出租给各家单位。

在生活服务方面:

(1) 设置有经理房、工长房和劳务房三种。经理房有独立卫生间,工长房是两人合用一个卫生间,劳务房是四人一个房间,集体卫生间。

（2）每栋房子都设置有带电热功能的太阳能热水器，方便项目人员洗浴。

（3）设置有经理餐厅、工长餐厅、中方餐厅和劳务餐厅，并设置一间酒吧，满足各类人的就餐需要。

（4）设置两个洗衣房，免费为营地的住宿人员洗衣服。

在安全与公共设施方面：

（1）营地的道路设置有路灯，每两栋房子设置有公用消防栓，在每栋房子前配置有灭火器。

（2）接入系统电，并配有备用发电机。

（3）周边设置有带刺丝的钢丝网围墙，并设置一个大门，门口设置有门岗，保安24小时值守。

（4）进入营地的道路实行人车分流，用隔离栏杆隔开人行道和机动车道。

## 6.3.4　湖山铀矿项目 HSE 管理经验

湖山铀矿项目生产安全和非传统安全分别由 HPJV 公司和 OMEGA 公司负责，保证了 HSE 管理的专业性。总结项目 HSE 管理经验如下。

### 1. 制度严格，执行力强

HPJV 安全管理部门制定了 Non-Negotiable Safety Rules（8 条）和 The Ten Non-Negotiable Safety Rules（10 条），简单明了地传达了公司的安全管理需求，通过高效的现场监管使得安全条例得以严格执行。

### 2. 灵活性强，按需设置要求

项目所在地早晚易出现大雾，能见度较低，规定所有车辆在行驶时必须打开雾灯；OMEGA 公司的门岗人员，不进入施工现场，在门口检查车辆时，不需要强制戴安全帽。

### 3. 统一化管理

营地统一规划、统一配置、统一管理，分包商以承租人的身份进驻，服从总包的管理。每名矿上的工人，都办理工卡，凭工卡通过门禁系统进出现场。交通道路同样遵从统一规划的原则，对交通车辆按同一标准配置安全设施。现场的施工用电，全部采用承插式配电盘。电工人员接好配电盘后，不用频繁的奔跑各个作业面。施工人员需要用电时，查标签找对应电压等级的插座，直接插入取电即可。

### 4. 重视培训

HPJV 设立了培训中心，由专门的培训团队负责各种培训工作每天上班前所有作业人员都要参与班前安全会。班组安全活动，TOOL BOX TALK，班前安全会，每项工作开始前,都要进行 JSTA 的交底、签字,并于当天收工时再次签字确认。

### 5. 创新性管理

HPJV 公司采用了颜色和图标识别管理的方法,如前文介绍的安全培训考核贴纸以及设备检查的颜色标签。再如脚手架作业时,脚手架需要由培训合格的架子工搭设,然后由持证的检验人员检查,检查合格后回发绿颜色的使用许可,检查不合格发红颜色的禁止使用的卡片,每周检查一次。

对于劳资纠纷管理,HPJV 公司引进听证会制度。听证会主要解决有争议的劳资纠纷,聘请双方都认可第三方(一般固定一家有资质的律师事务所,需要开听证会,HR经理联系,确定好时间后通知双方当事人参加)。听证会以调节为主,会议结束后给出判决结果,不服从判决的两周内向法院提起上诉。听证会的判决不具备强制执行能力。

### 6. 人性化管理

HPJV 公司在工区的办公室内设置了休息棚区,为作业人员提供了午休场所。同时在作业区域设置了移动式的冲洗卫生间,并由专门的公司负责维护和管理。

## 6.3.5 国内外 HSE 管理对比

### 1. HSE 管理费用投入

由表 6-12 可以看出,HPJV 公司与国内建筑企业在职业健康以及环境方面的费用投入均依据预算规划。不同的是,国内安全生产法对安全费用的投入制定了最低的标准,并做到专款专用;HPJV 公司对安全费用的投入并没有强制性的规定,体现为一种主动管理的投入,在满足安全生产的前提下投入越少越好。这也体现了国外先进 HSE管理中的精益思想,即利用尽可能少的投入创造最大的产出。

表 6-12　HPJV 与国内企业管理费用投入对比清单

| HPJV 公司 | 国内公司 |
|---|---|
| (1) 没有法律界定安全投入应为产值的多少百分比。<br>(2) 职业健康、生产安全、非传统安全、环境保护费用,根据辨识情况和管控措施制定预算,依据预算进行投入。<br>(3) 对安全投入费用不单独统计,根据需要列支计入成本。<br>(4) 安全投入的原则是:As low as reasonable required,即满足合理要求,尽可能低 | (1) 安全生产法根据不同的工程类型,规定了安全费用的投入比例。<br>(2) 生产安全费用是安全法定比例进行提取投入;环境保护、非传统安全、职业病防治以及节能减排的费用投入,根据辨识情况和管控措施制定预算,依据预算进行投入。<br>(3) 为了满足考核的需要,安全投入费用要进行统计,计入安全费用,做到专款专用 |

### 2. HSE 管理人员配置

HPJV 与国内公司 HSE 管理人员配置对比清单见表 6-13。

**表6-13　HPJV与国内公司HSE管理人员配置对比清单**

| 层级 | HPJV公司 人员 | HPJV公司 事务 | 国内公司 人员 | 国内公司 事务 |
|---|---|---|---|---|
| 最高负责人 | HSE经理 | 负责全面HSE管理工作 | 安全总监 | 1. 外方人员当安全总监，负责部分HSE管理工作，主要是应对当地的外联业务<br>2. 中方人员当安全总监，负责全面HSE管理工作 |
| 管理层 | HSE Admin 统计主管 | 负责各类资料的统计、分析，及任总部的上报工作 | 资料员 | 国际项目一般情况未设专职，由HSE部门主任兼职 |
| | BBS Lead 培训经理 | 负责各项培训工作 | | |
| | Training Officer 培训主任（2名） | 负责培训授课、协助课件编制 | | |
| | HSE Advisor 业务主管 | 制度的制定、修订、完善，应急预案的编制等，协助做好培训的各项工作 | | |
| | HSE Admin 培训主管 | 依据统计分析的结果，负责HSE管理工作的评价，研究HSE管理提升的措施，制定培训课件 | 无专职人员 | 培训所有工作由HSE部门主任兼职 |
| 监督实施层 | HSE Area Lead 安全区域经理 | 负责所管区域内的生产安全管理工作 | 工区安全主管（兼职） | 负责所管区域内的生产安全管理工作 |
| | HSE Advisor 安全官 | 负责所管作业面的生产安全管理工作，每100～200名作业人员，配置一名安全员 | | |
| | 分包商 HSE Advisor | 配置数量与HPJV配置的数量相当 | 兼职安全员 | 负责所在作业面的生产安全管理工作 |
| | HSE Reps 安全代表 | 每50名作业人员一名安全代表，或每个作业面一名安全代表，满足任一条件，都应配置 | | |

从表 6-13 可以看出国内企业在 HSE 人员配置方面严重不足,具体体现在:

(1) 缺少专职的资料员对 HSE 管理的数据、报告进行整理和分析,整理出的成果缺乏系统性和逻辑性,很难为之后的项目实施提供参考和借鉴。

(2) 培训团队空缺,所有的培训工作均由 HSE 部门主任兼职,在大量的培训工作条件下,难以保证培训的质量。

(3) 现场的安全管理人员,HPJV 公司要求配备专职人员,而国内设置的是兼职人员,HSE 监管的效果不理想。

(4) 非传统安全管理团队人员缺少,HPJV 公司外聘了 OMEGA 公司专门负责非传统安全管理,包括交通安全管理、营地管理、矿区门岗管理等。而国内相关的工作通常直接由 HSE 部门和综合办公室负责,后者主要负责安保人员和营地的管理。这一问题在政局不稳定、社会治安较差的国家和地区体现得尤为明显。

### 3. HSE 事故处理

HPJV 与国内公司 HSE 事故处理对比清单见表 6-14。

从表 6-14,可以看出中外 HSE 管理事故处理的根本差别在于:中国的安全管理是以责任制为中心,层层签订责任书,其重要内容即为事故的控制目标,是一种典型的事后管理。

相反,HPJV 公司遵循的是海因里希的"安全金字塔"理论,以预防管理为主。其理论的主要内容为死亡事故:轻伤害事故:未遂事故=1:29:300,要预防死亡重伤害事故,必须预防轻伤害事故;预防轻伤害事故,必须预防未遂事故;预防未遂事故,必须消除日常不安全行为和不安全状态;而消除日常不安全行为和不安全状态,则取决于日常的细节管理。

**表 6-14　HPJV 与国内公司 HSE 事故处理对比清单**

| | HPJV 公司 | 国内公司 |
|---|---|---|
| 上报要求 | 未遂事故、急救事件、医学处置事件、损失工时事故、重伤事故、死亡事故等一旦发生,立即按照流程上报 | 与 HPJV 的上报要求是一致的,上报流程根据 HSE 管理体系的设置情况具体确定 |
| 事故处置 | 所有事故一旦发生,遵从三步走:一是查明事故原因,二是整改隐患,三是通知相关人员吸取事故教训 | 所有事故按照四不放过原则进行处理,即事故原因不查清不放过,整改措施未落实不放过,有关人员未受到教育不放过,责任人员未处理不放过 |
| | 重大事故发生,尽管对事故的直接责任人不进行经济处罚,但是总部在对项目部进行年终绩效考核时,同样会受到影响 | |
| | | 同时对事故责任人进行处罚 |
| | 对于未遂事故、急救事故和医学处置事故:HPJV 的 HSE 的安全官到现场,该作业面的相关人员停止作业,调查事故原因,督促整改,对相关人员宣讲事故经过和事故教训,作业中的注意事项,然后开始复工 | 对于未遂事故、急救事故、医学处置事故及重伤事故:由项目部按照四不放过原则进行调查处理 |

续表

| | HPJV 公司 | 国 内 公 司 |
|---|---|---|
| 事故分级处理 | 对于重伤及以上事故：<br>(1) 总部成立调查组，事故上报到 HPJV 总部，由总部派事故调查组进行事故调查。调查对象包括项目经理及 HSE 管理人员。<br>(2) 事故调查，对事故的调查已经形成模版，调查的内容极尽详细，包括当事人的家庭状况、身体状况、情绪及最近的饮食及睡眠状况等；事故调查初稿会发给 AMEC 公司的各区域总部，以电话会议的形式对事故当事人和主要相关人员进行事项问询，对事故调查报告进行复议；事故调查期间项目停工，调查结束后才能复工。<br>(3) 对相关人员的教育，需要项目经理对所有人员进行 stand low 的安全教育宣讲 | 死亡以上事故：<br>由总部成立调查组，按照四不放过原则进行事故调查处理 |

两种思维观念的差异在项目实施方面体现为：

**1）事故控制措施方面**

国内公司从责任制出发开展 HSE 管理工作，存在很强的侥幸心理，难以在安全、成本和进度目标之间找到权衡，安全管理靠运气进行监控的成分很高。HPJV 公司更加重视事前的预防管理，在确保安全的前提下组织生产，从细节上消除人的不安全行为和物的不安全状态，降低安全事故的风险。

**2）事故处理操作层面**

如表 6-14 介绍，国内公司依据四不放过原则进行处理，操作层面直接对事故责任人员问责，处以行政和经济处罚。相反，HPJV 公司并不提倡利用经济处罚的方法进行安全管理，而是认为安全管理并非个人之事，而应该由大家共担。

**3）在事故上报层面**

国内公司在生产过程中发生事故时，项目经理和 HSE 负责人更愿意采取内部解决的方式；小事故的经验教训得不到很好的总结和分享，HSE 管理水平较低。

HPJV 公司在生产过程中遇到未遂事故也会采取图 6-7 所示的流程上报。项目各类事故都会上报到总部，由专人对事故进行调查分析，由项目部组织教育培训。公司着重培养良好的 HSE 管理氛围，主动的经验分享进一步提升了项目经理、HSE 负责人的业务水平，整个组织向 HSE 管理水平良性发展。

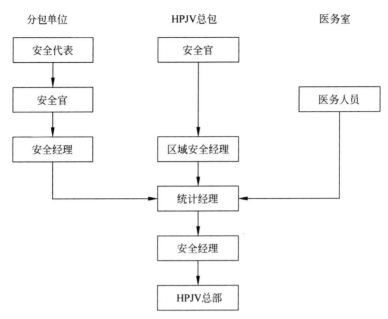

**图 6-7  HPJVHSE 管理体系上报流程图**

# 6.4  国际工程 EPC 项目 HSE 管理建议

## 6.4.1  加强国际工程 HSE 标准应用能力，注重过程管理

**1. 加强项目前期调研工作，积极收集 HSE 相关标准**

中外 HSE 标准在扩散度、市场化和动态化方面呈现出多元化的特点。HSE 法律法规和技术标准国别差异很大，承包商缺乏系统了解和收集国外标准的渠道。从国际公司得到的相关法律、标准信息不够全面，给承包商进行 HSE 计划和管理造成了很大的挑战。例如在纳米比亚项目中，当地法律法规对环境的要求十分严苛。若运输过程造成地面油污，首次发现便直接罚款 2 万纳米比亚元，第二次便会勒令整改，对项目成本和进度管理造成了不利的影响。承包商应加强项目前期调研工作并及时更新，制定切实可行的 HSE 管理计划。

**2. 引入当地安全官、安全员协同 HSE 管理**

在国际项目分布较广的亚非拉地区，涉及英语、法语、西班牙语、葡萄牙语等多种语言的跨语言、跨文化交际问题，应积极整合外部可用资源，如聘用当地的安全官协助进行 HSE 管理。聘用当地安全官的好处在于：一方面，当地安全官对所在国 HSE 法律法规、标准规范更加熟悉，并且不存在语言和文化障碍，可以帮助承包商更好地运用履约所需的 HSE 标准；另一方面，业主以及外籍劳工对当地的安全官更加信赖，有利于

HSE 工作的顺利开展。

### 3. 注重过程管理，提升 HSE 管理的执行力

与传统质量、进度和成本等结果导向的绩效目标不同，HSE 更侧重于过程导向，对职业安全健康和环境的管理贯穿项目的全过程。应根据承包合同和法律法规要求，明确资源配置和各级组织、人员的职责，保证质量、职业健康安全和环境管理体系有效运行，确保公司管理方针和项目综合管理目标的实现。提升 HSE 管理水平措施如下：

**1）加强 HSE 培训与宣传**

严格落实新入厂职工、劳务、转岗劳务的安全教育，并做好安全教育记录。加大检查力度，积极开展多种形式的安全活动，完善安全警示标识、标语，提高项目人员安全意识和技能。

**2）加大习惯性违章的治理力度**

加大对现场作业的安全监管力度，强化作业人员的权利和职责，确保直接作业环节安全高效。同时加大安全隐患排查的力度，开展多形式安全检查，落实考核结果。

**3）加强对重大危险源的监控**

组织开展对重大危险源的辨识活动，编制重大危险分部分项工程的安全技术措施。同时还应加强监督安全技术措施交底落实情况，保障施工人员的人身安全，促进安全生产的顺利进行。

**4）加强应急管理工作**

修订突发事件应急预案，采取应急响应演练、综合演练等形式，加强对应急物资的管理，建立应急物资仓库，实施专人维护、专人管理。同时应增加应急标牌、标识，提高职工应急反应能力。

## 6.4.2　增加 HSE 管理资源投入，构建共享的知识管理体系

国内承包商从责任制出发开展 HSE 管理工作，往往存在一定的侥幸心理。为适应国际工程项目对于 HSE 管理的高标准、严要求，必须从公司层面改变传统的 HSE 管理观念，化责任制为主动管理，变事后处理为事前预防，构建更切实有效的 HSE 管理体系，提升承包商在海外承包市场的竞争力。为实现上述目标，承包商应采取如下措施。

### 1. 培养公司 HSE 管理文化，改变传统 HSE 管理观念

"安全服务于生产"是很多国内承包商在项目实施过程中秉持的理念，HSE 管理仅仅限于满足业主/咨询工程师的需求，满足必要的安全费用投入即可。为适应海外市场的发展潮流，承包商应在组织层面培养先进的 HSE 管理文化，改变传统的 HSE 管理理念，突出"主动管理""人人管理"，搭建良好的信息沟通渠道和平台，鼓励员工积极参与到公司 HSE 管理体系的改进中来，促进组织层面 HSE 管理意识和管理水平的提升。

**2. 增加 HSE 管理资源投入，设置必要的激励考核制度**

先进的 HSE 管理文化离不开管理资源的投入。承包商应该对传统的安全管理组织架构进行改革，积极引进国际工程项目 HSE 管理复合型人才，进行教育培训和宣贯，以提升员工 HSE 业务管理水平。同时还应设立必要的激励考核制度，提升项目经理、HSE 负责人的积极性，及时发现项目存在的 HSE 隐患，早发现，早解决。重视事前的预防管理，在确保安全的前提下组织生产，从细节上消除人的不安全行为和物的不安全状态，降低 HSE 事故发生的概率。

**3. 注重知识管理，搭建信息交流共享平台**

良好的知识管理体系可以加强经验的积累，强调资源的共享，打破组织内部信息不对称、不流通的局面，提升企业的业务水平。公司在 HSE 体系构建方面卓有成效，为项目人员配备安全标准化管理手册，提供项目实施阶段切实可行的 HSE 管理指导意见和建议。然而，虽然公司的 HSE 管理规章、制度、流程完备，但还需加强这些规章制度的执行力。HSE 事故报告和管理经验记录虽然较为详尽，但还需要将经验提炼为理论知识。承包商应搭建组织层面开放、系统的信息共享平台，将项目实施过程中的 HSE 文件、案例资料加以分类整理，方便员工在需要的时候及时调用、学习，并在全公司范围对项目 HSE 管理知识进行分享，从而提升员工的 HSE 业务管理水平。

## 6.4.3　整合外部资源，建立互信互利的合作伙伴关系

国际工程 EPC 项目 HSE 管理涉及包括业主、咨询、分包商、当地政府、公共机构、当地社区和居民等在内的众多利益相关方。对于不同利益相关方的利益诉求，应采用更有针对性的管理策略，建立互信互利的合作伙伴关系。

**1. 业主/咨询方管理策略**

业主和咨询方的利益诉求对 HSE 管理有着直接的影响。例如，在楚卡斯项目中，业主要求采用更高级别的焊接防护镜以及在施工现场至少配置两辆救护车，增加了项目的成本。再如非洲埃塞俄比亚项目，业主要求项目部将公路沿途的料场恢复原状，技术虽可行，但处理成本太高，最终项目部采用了按面积补偿沿途农户的做法。以上案例均表明了业主或咨询方在 HSE 管理要求方面的强制性影响。为避免产生矛盾和冲突，承包商在项目之初便应加强与业主和咨询方的沟通和交流，明确业主和咨询工程师的利益诉求，制定符合当地 HSE 法律法规、技术标准的投标策划。项目实施过程遇到 HSE 争端时，应本着合作共赢、平等互信的原则与业主和咨询方积极接洽，通过协商寻求解决问题的途径，提升 HSE 管理水平。

## 2. 当地政府/公共机构/社区组织管理策略

项目所在地的习俗文化与国内存在很大的差异,由语言障碍和文化差异造成的 HSE 问题不在少数。如博茨瓦纳项目采石场施工阶段,粉尘污染较重,项目部经常受到周围居民的投诉,因此在运输过程中利用洒水的方式降低粉尘的浓度。

为解决上述问题,项目部应积极融入当地的文化氛围,充分了解当地社区和居民的利益诉求,收到反馈后采取必要的措施。委内瑞拉燃气电厂项目部在利益相关方管理方面完成得十分出色。项目部始终与当地政府/社区保持着密切的沟通,建立领导间对话制度,增加感情;积极投身社会公益事业,参与洪水救灾、组织儿童节捐赠活动等,建立与当地政府和社区的信任。项目部与当地的工会也采取了积极沟通的策略,邀请工会协同项目部对外籍职工进行管理和考核,清退不合格员工。除此之外,项目部积极寻求当地媒体的报道和推广,营造了良好的舆论环境和氛围,赢得了当地社会和居民对项目的支持和理解。

## 3. 分包商管理策略

在国际工程 EPC 项目中,总承包商往往需要协助政府部门解决当地就业问题。例如在委内瑞拉南方燃油燃气电厂项目中,当地法律对中方参与人数做出了限制,项目中方项目人员:委方项目人员=1:8。在这种情况下,总承包商往往会与当地的分包商寻求合作,进行外籍劳工的招聘和管理。如何通过评价和激励机制,对分包商进行统一有效的管理,使分包商在满足工程质量、进度要求的基础上,严格执行 HSE 规范制度,降低事故出现的频率,显得尤为重要。以下介绍津巴布韦卡里巴水电站项目分包商管理措施。

津巴布韦卡里巴水电站项目共涉及 8 家分包商,包括 5 家国内分包商和 3 家当地分包商,具体情况如表 6-15 所示。

表 6-15　津巴布韦卡里巴项目分包商

| 分包商类型 | 分包商名称 | 负责业务 |
| --- | --- | --- |
| 国内分包商 | 甘肃打井矿业私人有限公司 | 设备租赁 |
| | 河南正美建筑工程有限公司 | 隧洞石方洞挖、混凝土工程 |
| | 中太建设集团股份有限公司 | 隧洞石方洞挖、混凝土工程 |
| | 北京中煤矿山工程有限公司 | 竖井导井反井钻机施工 |
| | 长江水利委员会长江科学院 | 项目进水口围堰及尾水围堰拆除爆破设计及安全监测 |
| 当地分包商 | ZebtechEnt(PVT) Ltd. | 承包商采石场的粗骨料运输工作 |
| | Planet Building (PVT) LTD | 项目部业主办公室和当地 Ruya 桥的建设 |
| | Parlane Trading Construction Co. | 项目部临建及为项目提供零星劳务 |

总承包商设立了严格的考核制度对分包商的绩效表现进行评价,评价指标包括管理职责,人员素质,安全、健康、环境,进度计划的完成情况,质量等 5 个环节,对分包商

的资质、能力和业务完成情况进行综合考量。其中 HSE 相关指标包括：①分包商在 HSE 方面的执行情况；②分包商对安全的重视度和履行安全规章的情况；③分包商的安全意识、安全教育方面执行情况；④分包商全面遵守环境管理方面执行情况。项目部通过现场巡查、例行检查的形式，对承包商上述 HSE 管理情况进行监督，同时对作业人员违规现象进行警告和记录，通过将考核评价结果反馈给分包商，实现了良好的激励效果，促使分包商不断提升质量、进度和 HSE 管理绩效水平。

# 第7章 >>>>>>>>>>>>>

# 国际工程EPC项目合同管理

## 7.1 国际工程 EPC 项目合同管理理论基础

在国际工程 EPC 项目中,承包商除面临项目所在国政治、经济、自然、法律以及社会环境等风险以外,还承担设计、采购和施工的主要风险。相对于传统 DBB 模式,EPC 模式下,承包商的合同管理难度显著增加。国际工程 EPC 合同关系如图 7-1 所示。

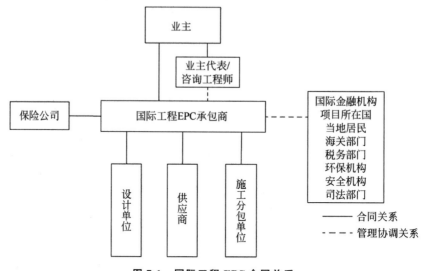

**图 7-1 国际工程 EPC 合同关系**

## 7.1.1 国际工程 EPC 项目合同框架

国际工程 EPC 项目的复杂性,决定了国际工程 EPC 合同管理的复杂性,虽然国际上没有统一标准的 EPC 合同文件,但 EPC 合同规定主要内容大同小异。一般而言,国际工程 EPC 合同组成包括:合同协议书、合同条件、业主要求、承包商的技术建议书和商务建议书以及各类附件。承包商与业主最终签订的 EPC 合同应可以明确解答下述问题：

  (1) 合同最终目的、成果；

  (2) 合同约定的工作范围；

  (3) 合同中规定各方的具体工作；

  (4) 合同中约定双方的责、权、利；

  (5) 合同价格与支付；

  (6) 合同执行过程中的风险分担；

  (7) 项目管理规则、程序、方式以及标准；

  (8) 索赔与争议处理方法。

  EPC 合同条件是国际工程 EPC 合同中最为核心的文件，FIDIC-EPC 合同条件由通用合同条款和专用合同条款组成。从规定的内容来看，通用合同条款共包括 20 条 166 条款，分别从一般性条款、法律条款、商务条款、技术条款、权利与义务条款、违约惩罚与索赔条款、附件和补充条款七个方面对合同在实施项目过程中的职责、权利与义务做了全面的约定。这 20 条规定分别是：一般规定，雇主，雇主的管理，承包商，设计，员工，生产设备、材料和工艺，开工、延误与暂停，竣工检验，业主的接收，缺陷责任，竣工后检验，变更与调整，合同价格与付款，由雇主终止，由承包商暂停和终止，风险与职责，保险，不可抗力，索赔、争议和仲裁。专用合同条款是对通用合同条款的补充、细化与完善，根据合同文件解释顺序，其效力高于通用条款。但在实际工程中也通常将二者合并，统称合同条件，规定了合同双方在设计、采购、施工等方面的权利、义务、风险分担以及相关管理问题。

# 7.1.2 国际工程 EPC 项目合同风险管理

## 1. 合同风险分类

### 1）EPC 合同环境风险

(1) 政治环境风险；

(2) 经济环境风险；

(3) 法律环境风险；

(4) 社会环境风险；

(5) 自然环境风险。

### 2）EPC 项目风险

(1) 项目自身可行性风险；

(2) 财务风险；

(3) 设计风险；

(4) 采购风险；

（5）施工风险；

（6）试运行和验收风险。

**3）EPC合同利益相关方行为风险**

（1）业主行为风险；

（2）咨询工程师行为风险；

（3）当地政府行为风险；

（4）当地居民行为风险。

**2. 风险分担原则**

国际工程EPC合同在执行过程中存在着各种各样的风险，承包商与业主签订合同时，规定合理的风险分担机制既是保证各方利益的基石，也能够激励合同双方共同努力使己方收益最大化，有利于完成项目的总体目标。基于国际工程EPC项目实践，逐渐形成了一些具体的风险分担原则。

（1）若风险是由合同中某一方的不当行为或自身风险管控能力不足而引起，则由该方承担相应风险；

（2）若某一风险可以进行保险，而且由合同中某一方进行保险是最经济的方式，则这一风险由该方承担；

（3）通过管理好风险，哪一方是最大收益方或直接收益方，该方承担风险；

（4）风险产生后的直接受害者承担风险；

（5）有能力以低成本的控制风险方承担风险；

（6）在某些情况下，风险偏好型的一方或财物能力强的一方承担部分风险[120]。

**3. 合同风险管理**

通过分析国际工程EPC合同面临的各类风险因素，发现各类风险对于合同执行在执行过程中对项目影响程度的大小，编制合同风险因素等级表，根据风险因素的轻重缓急，制定相应的应对策略，并落实具体的应对措施[121]。

**1）风险分析**

（1）承包商应分析业主招标文件、EPC合同中的具体合同条款，判断自身承担的合同风险。

（2）分析EPC项目的实际情况，包括项目前期勘察调研、标前会议答疑、自身风控能力等，判断承包商自身所承担项目风险程度的大小。

（3）针对不同风险程度，提出相应的风险应对策略和方法。

**2）风险应对策略**

风险应对策略包括风险规避、风险减少、风险转移及风险自留。

（1）风险规避是指承包商改变原来的目标、计划或条件，以排除因此类前提条件导致的合同风险。例如业主要求承包商使用自身不熟悉的标准，若承包商没有能力承担，则应选择放弃投标,规避风险。

（2）风险减少是指承包商积极主动地制定风险应对措施,减少风险发生的概率和负面影响,将风险事件产生的不利后果控制到一个可以接受的范围。如果在项目早期采取风险减少策略,可以收到更好的效果[122]。

（3）风险转移是指承包商通过合同关系将风险转移给其他项目参与方,例如可以将某些风险转移给业主、分包商、供应商或保险公司等,但同时有可能失去获取高额利润的机会。

（4）风险自留是指承包商自己承担合同风险,提前制定相应的风险应对措施。但风险自留的前提条件是承包商有能力通过自己的风控能力,降低风险发生的概率或将损失程度降到最低,同时,准备一定风险费用作为保障。

## 7.1.3　国际工程 EPC 项目索赔依据和程序

### 1. 国际工程索赔的依据[123]

EPC 项目承包商索赔的机会相对较少,但承包商依然可以从以下方面向业主提出索赔:业主违约、业主方变更、咨询工程师审批延误、法律法规的变化、不可抗力（台风、地震、洪水、罢工、战争、动乱、恐怖主义活动等）。

### 2. 国际项目索赔的程序

国际工程 EPC 项目索赔一般需要经历提交索赔通知书、递交索赔报告、会议协商解决、邀请中间人调解、提交仲裁或诉讼五个阶段,各阶段主要工作如下。

（1）提出索赔要求,发出索赔通知书。FIDIC-EPC 合同条款中规定承包商应在索赔事件发生的 28 天内发出索赔通知。

（2）编写并递交索赔报告。承包商在发出索赔通知书后,应在 42 天内递交一份详细的索赔报告,包括索赔依据、要求延长时间和（或）追加费用的全部详细资料。

（3）会议协商解决。双方通过交流沟通、充分交换意见,友好协商并达成协议。

（4）邀请中间人协调解决。当索赔事件无法通过会议友好协商解决时,合同双方可邀请双方都信赖（或合同中约定的）中间人进行调解。若双方接受中间人提出的方案,则争议解决。

（5）提交仲裁或诉讼。调解失败后,合同双方可以向法院提起诉讼或者通过仲裁机构的仲裁解决合同争议。合同双方可在 FIDIC-EPC 专用条款中事先确定仲裁机构名称、仲裁地点和仲裁适用等规则。

## 7.1.4　国际工程 EPC 项目合同管理过程

（1）合同订立。基于 EPC 合同框架,与业主就设计、采购和施工要求商定合同条款,特别在计量、计价、支付方式、验收、移交标准、责权利和争议解决方式等方面要明确。

（2）合同分析。在合同实施前,合约部门应结合项目具体情况进一步深入分析合同条款,向其他部门进行合约内容讲解和传递合同内容、主要风险、履约关键问题等。

（3）合同实施。公司和项目部组织协调各专业、分包方履行合同。

（4）合同实施监控。广泛收集工程各种数据信息,进行分析整理,判断履约状态,并找出问题、发出预警和及时纠偏。

（5）合同变更管理。制定变更管理程序,及时计量计价,以保留索赔证据。

（6）合同索赔管理。对业主、设计方、供应商和施工分包商等做好索赔管理工作,其中对业主索赔是重点,同时还需注意对自身不利的合同条款,做好反索赔工作。

（7）合同验收。注意资料准备的完整性。

## 7.2　国际工程 EPC 项目合同管理调研结果

### 7.2.1　国际工程 EPC 项目履约问题

国际工程 EPC 项目履约问题出现的频率如表 7-1 所示,1 代表很少发生,5 代表经常发生。

表 7-1　国际工程 EPC 项目履约问题

| 履 约 问 题 | 得　　分 | 排　　名 |
|---|---|---|
| 工期延长 | 3.34 | 1 |
| 承包商向业主提出索赔 | 3.30 | 2 |
| 费用超支 | 2.96 | 3 |
| 业主—总包间的合同争议 | 2.91 | 4 |
| 总包—施工分包之间的合同争议 | 2.53 | 5 |
| 总包—采购(供应商)之间的合同争议 | 2.36 | 6 |
| 总包—设计之间的合同争议 | 2.36 | 6 |
| 业主对承包商的索赔 | 2.34 | 8 |
| 质量问题 | 2.21 | 9 |

表 7-1 显示,在实现国际工程 EPC 项目主要目标过程中,最容易出现的问题是"工期延长",排名第 1;"费用超支"也排名高居第 3;"质量问题"排名第 9,对承包商而言不属于突出问题。例如委内瑞拉新卡夫雷拉燃气电站项目于 2011 年 3 月 1 日正式开工,工期为 12 个月,但由于在项目实施过程中,业主提出众多的设计变更、不利地质条件、社会治安、业主拖延支付等因素的影响,工程直至 2015 年 6 月 30 日才结束,比合同约定工期超出将近 40 个月。以上表明进度控制对承包商履约至关重要,同时承包商也应高度重视成本控制。

"业主—总包间的合同争议"排名第4,显示 EPC 项目履约过程中业主和总包间会存在争议。具体而言,"承包商向业主提出索赔"(排名第2)出现的频率明显高于"业主对承包商的索赔"(排名第8)。

"总包—施工分包之间的合同争议""总包—采购(供应商)之间的合同争议"和"总包—设计之间的合同争议"出现的频率相对较低,但仍然会存在争议。总承包商与设计、设备材料供应商和分包商之间的合同管理也不可忽视。

## 7.2.2 国际工程 EPC 项目争议或索赔原因

在国际工程 EPC 项目中,引起争议或索赔原因发生的频率如表 7-2 所示,1 代表很少发生,5 代表经常发生。

表 7-2 导致合同争议或索赔原因发生的频率

| 争议或索赔原因 | 得 分 | 排 名 |
|---|---|---|
| 业主办事、决策效率低下 | 3.68 | 1 |
| 业主不付款或拖延付款 | 3.63 | 2 |
| 当地政府办事效率低下 | 3.61 | 3 |
| 咨询工程师延误设计审批 | 3.51 | 4 |
| 业主要求的设计变更 | 3.39 | 5 |
| 咨询工程师办事效率低下 | 3.39 | 5 |
| 业主未及时移交工作面/进场公路 | 3.23 | 7 |
| 罢工 | 3.16 | 8 |
| 合同条款不明确而导致双方理解不一致 | 3.07 | 9 |
| 现场地质条件不利 | 2.98 | 10 |
| 业主征地、移民困难 | 2.97 | 11 |
| 设计图纸出图滞后 | 2.93 | 12 |
| 业主未提供施工所需条件(如电力、通信、水等) | 2.88 | 13 |
| 业主随意要求停工耽误工期 | 2.84 | 14 |
| 设备采购拖延 | 2.73 | 15 |
| 总包方施工问题导致工期延长或费用增加 | 2.65 | 16 |
| 总包方组织协调问题导致工期延长或费用增加 | 2.61 | 17 |
| 设计方案未满足业主需求 | 2.57 | 18 |
| 当地发生地震、台风、洪水等自然灾害 | 2.47 | 19 |
| 设计失误、缺陷 | 2.42 | 20 |
| 分包商的违约行为 | 2.39 | 21 |
| 发生战争、暴乱、恐怖袭击等 | 2.14 | 22 |

表 7-2 显示,在国际工程 EPC 项目中,业主/咨询工程师方面引发合同争议与索赔的因素较多,设计、采购和施工因素也会引起争议,此外,当地政府、不可抗力和合同条款争议因素也不可忽视,具体分类见表 7-3。

表 7-3　合同争议因素分类

| 分　类 | 争议或索赔原因 |
|---|---|
| 业主 | 业主办事、决策效率低下 |
| | 业主不付款或拖延付款 |
| | 业主要求的设计变更 |
| | 业主未及时移交工作面/进场公路 |
| | 业主征地、移民困难 |
| | 业主未提供施工所需条件(如电力、通信、水等) |
| | 业主随意要求停工耽误工期 |
| 咨询工程师 | 咨询工程师延误设计审批 |
| | 咨询工程师办事效率低下 |
| 设计 | 设计图纸出图滞后 |
| | 设计方案未满足业主需求 |
| | 设计失误、缺陷 |
| 采购 | 设备采购拖延 |
| 施工 | 总包方施工问题导致工期延长或费用增加 |
| | 总包方组织协调问题导致工期延长或费用增加 |
| | 分包商的违约行为 |
| | 现场地质条件不利 |
| 当地政府 | 当地政府办事效率低下 |
| 不可抗力 | 罢工 |
| | 当地发生地震、台风、洪水等自然灾害 |
| | 发生战争、暴乱、恐怖袭击等 |
| 合同条款争议 | 合同条款不明确而导致双方理解不一致 |

### 1. 业主

在国际工程 EPC 项目中,业主因素导致合同争议和索赔最为常见,主要包括"业主办事、决策效率低下""业主不付款或拖延付款""业主要求的设计变更""业主未及时移交工作面/进场公路""业主征地、移民困难"和"业主未提供施工所需条件(如电力、通信、水等)"。通常,我国承包商承接的 EPC 项目所在国发展水平不高,业主主要靠融资、贷款,易受国际经济形势影响而遭遇融资困难,导致无法按照合同规定支付工程款;而且业主常常在征地、移交工作面和处理海关关税事宜(如办理免税批文)等方面执行能力不强,从而影响承包商项目实施成本和进度。因此,总承包商应与业主共同推进以上事项(例如协助业主融资或贷款),并注意及时索赔。

### 2. 咨询工程师

"咨询工程师延误设计审批"和"咨询工程师办事效率低下"两个因素在所有因素中的排名分别为第 4 位和第 5 位,表明咨询工程师审批延误的情况也经常存在。承包商除了加强与咨询工程师的沟通以外,也应注意保留往来函件,以作为申请工期延长的证据。

### 3. 设计

"设计图纸出图滞后""设计方案未满足业主需求"和"设计失误、缺陷"属于设计问题,不仅会导致工程项目质量出现问题,也会造成工期的延误。国际工程 EPC 项目中业主招标文件仅限于概念设计,设计人员在基本地质勘测资料匮乏的条件下需满足限额设计的成本要求,设计难度大;且我国设计院往往对国际标准不熟悉,也会导致图纸延误,设计方案审批通过率较低。以上结果表明 EPC 项目设计管理应作为总承包商合同管理的一个重点。

### 4. 采购

"设备采购拖延"也是合同争议的一个原因。国际工程 EPC 项目采购往往面临当地无充足材料设备来源、所需材料设备市场缺失和供货能力不足等困难。我国承包商承接的 EPC 项目多位于市场不成熟的国家或地区,且工程处于偏远山区,交通、通信不便,采购周期长,与设计和供货商的沟通协调难度大。总承包商应与设备供应商制定详细的设备制造、运输和安装方案。

### 5. 施工

"总包方施工问题导致工期延长或费用增加""总包方组织协调问题导致工期延长或费用增加"和"分包商的违约行为"都属于总承包商自身原因。总承包商尤其应注意对国际劳务人员的技能培训、安全教育以及当地分包队伍管理。"现场地质条件不利"与施工有关,总承包商在遇上特殊地质条件(例如大的断层)时,应仔细研究所签订合同条款,判断是否可以获得工期和费用索赔。

### 6. 当地政府

"当地政府办事效率低下"也会引起合同争议。政府项目审批机构、财政、海关、公安和质检等部门的行为会影响项目的立项、征地与移民、证件办理、物资清关、劳务纠纷处理、工程款支付和工程验收。总承包商需加强与各政府部门沟通交流,但如果审批缓慢存在业主的责任,应进行相应索赔。

### 7. 不可抗力

"罢工""当地发生地震、台风、洪水等自然灾害"和"发生战争、暴乱、恐怖袭击等"属于不可抗力。例如哥斯达黎加楚卡斯水电站项目在 2013 年 5—11 月发生了 15 次洪水漫过围堰的事件,造成大坝基坑施工中断,人员设备出现了大量的窝工和闲置。还有委内瑞拉新卡夫雷拉项目中军营驻地隔壁弹药库爆炸,刚入住不久的营地全被炸毁,不仅带来了经济损失,也对工期造成了影响。总承包商应与业主就不可抗力事件做好保险工作,一旦不可抗力事件发生,共同向保险公司理赔;同时,总承包商可向业主申请工期补偿。

### 8. 合同条款争议

"合同条款不明确而导致双方理解不一致"会导致合同争议。例如,委内瑞拉巴巴里纳斯州圣多明戈河-帕格伊河枢纽地区社会主义农业发展项目,双方签订的是框架合同,合同中工作内容不明确,也没有工程量清单(bill of quantity,BOQ)表。对于这类合同,具体工作内容不确定,无法针对特定的合同风险事件签订具体合同条款,也无法制定相应的应对措施,更多的是出现争议后与业主沟通协商解决问题。对此,总承包商需在合同签订之初,请业主/咨询工程师澄清项目具体要求、明确工作范围和责任,以减少因合同条款不明确而导致的争议。

## 7.2.3　国际工程 EPC 项目索赔管理

在国际工程 EPC 项目中,承包商索赔管理情况如表 7-4 所示,1 代表完全不符,5 代表完全相符。

表 7-4　承包商索赔管理

| 索赔管理措施 | 得　分 | 排　名 |
|---|---|---|
| 根据合同制定管理计划,随时跟踪 | 3.98 | 1 |
| 保留充分的索赔证据和详细的记录 | 3.98 | 1 |
| 分析合同,找出漏洞,并采取方式弥补漏洞 | 3.86 | 3 |
| 引入外部专家以提高索赔成功率 | 3.82 | 4 |
| 广泛收集工程各种数据信息,进行分析整理 | 3.76 | 5 |
| 合约部门向其他部门进行合约内容讲解和传递 | 3.75 | 6 |

表 7-4 显示,"根据合同制定管理计划,随时跟踪"和"保留充分的索赔证据和详细的记录"两项的得分最高(3.98),表明承包商在 EPC 项目实施过程中有较强的合同意识,并注意保留详细的记录以备索赔。"分析合同,找出漏洞,并采取方式弥补漏洞"和"合约部门向其他部门进行合约内容讲解和传递"的得分分别为 3.86 和 3.75,表明承包商重视对合同条款的深入分析,辨识出履约的关键点,以按合同要求完成任务。"引入外部专家以提高索赔成功率"和"广泛收集工程各种数据信息,进行分析整理"得分分别为 3.82 和 3.76,显示承包商也重视数据收集与分析,并注意通过向外部专家学习以提高索赔能力。

在赞比亚卡里巴扩机项目合同管理中,合同部统一归档处理承包商对外往来信函,目的是为了及时应对可能出现的索赔或反索赔情况,提高索赔管理与控制的时效性;施工初期,项目部组织了以项目经理为组长和商务经理为副组长的索赔领导小组,结合合同和现场实际情况,明确了管理层级和各部门职责,客观分析了项目中存在的风险点和索赔点,编制了项目索赔策划书和变更索赔实施办法[124]。

## 7.2.4　国际工程 EPC 项目合同争议解决方式

国际工程 EPC 项目合同争议解决方式的使用频率如表 7-5 所示，1 代表很少使用，5 代表经常使用。

**表 7-5　合同争议解决方式的使用频率**

| 争议解决方式 | 得　分 | 排　名 |
|---|---|---|
| 沟通协商/和解 | 4.38 | 1 |
| 调解 | 3.02 | 2 |
| 仲裁 | 1.93 | 3 |
| 诉讼 | 1.48 | 4 |

表 7-5 显示，在国际工程 EPC 项目中，各方主要采用"沟通协商/和解"方式解决争议，有时通过"调解"的方式解决争议，而"仲裁"和"诉讼"这两种方式使用比较少，说明承包商与业主等项目参与方都倾向于选择合作策略友好解决 EPC 项目履约过程中的争议。

## 7.2.5　国际工程 EPC 项目合同管理策略

国际工程 EPC 项目中，承包商合同管理策略如表 7-6 所示，1 代表完全不符，5 代表完全相符。

**表 7-6　EPC 项目合同管理策略**

| 合同管理策略 | 得　分 | 排　名 |
|---|---|---|
| 合同中有完善的解决问题和争议的方法与程序 | 3.89 | 1 |
| 合同能够使各方很好地履行义务 | 3.81 | 2 |
| 合同权利与义务分配适宜 | 3.68 | 3 |
| 合同有利于合同双方形成融洽的关系 | 3.66 | 4 |
| 合同有利于各方充分交流 | 3.66 | 4 |
| 合同风险分配合理 | 3.57 | 6 |
| 投标阶段倾向于采取低价投标策略 | 3.54 | 7 |
| 合同包含较为完善的激励机制 | 3.30 | 8 |
| 中标后通过索赔来提高利润率 | 3.07 | 9 |

表 7-6 显示，"合同中有完善的解决问题和争议的方法与程序"的得分最高，达到 3.98，表明承包商对于争议解决机制的高度重视。"合同能够使各方很好地履行义务""合同权利与义务分配适宜""合同有利于合同双方形成融洽的关系""合同有利于各方充分交流"和"合同风险分配合理"排名从第 2 位到第 6 位，表明 EPC 项目参与方之间的

合同在权利、义务、风险分配总体上适宜,能促使各方形成融洽的关系,以助于合同的履行。

"合同包含较为完善的激励机制"得分为3.30,排名第8,表明EPC合同中激励机制的应用还有较大提升空间。鉴于设计在EPC项目中的重要性,承包商应尤其在设计环节加强相关激励机制的使用,以促进设计优化和提高设计方案的可施工性。

"投标阶段倾向于采取低价投标策略"得分为3.54,排名第7,表明承包商投标策略趋于理性,但由于激烈的市场竞争,低价中标策略还存在。"中标后通过索赔来提高利润率"得分为3.07,排名最后,表面在EPC项目中,承包商承担着主要风险,很难通过索赔来提高利润率。

# 7.3 国际工程 EPC 项目合同管理案例分析

## 7.3.1 委内瑞拉新卡夫雷拉燃气电站

### 1. 合同基本情况

委内瑞拉国家石油公司与中国水电建设集团国际工程有限公司签订委内瑞拉紧急电站Ⅰ期新卡夫雷拉电厂项目的承包合同。合同为EPC总承包,资金来源中委基金。双方于2010年3月签订新卡夫雷拉燃气电厂Ⅰ期合同,合同总额3.15亿美元,工期9个月,2010年6月签署合同变更补充协议后,装机容量由2×100MW变更为2×191MW,合同金额变更至5.279亿美元,工期12个月。项目正式开工日期2011年3月1日,合同执行过程中双方协商同意工程延期到2015年06月30日。

### 2. 合同争议与索赔

#### 1)工程变更

在项目实施过程中,业主要求增加属于项目合同范围之外的3项工作:

(1)黑启动系统,根据最初设计,电站不需要黑启动系统,但是业主强烈要求增加。

(2)增压系统,根据原合同只需对原有的气站进行维护和保养,但是由于业主提供气站的气压低,因此业主要求将原有的气站拆除,新建一个增压站。

(3)增加GIS开关站。

经过与业主反复的沟通与协商,业主对于上述三个项变更索赔做了具体批复:

① 对于增加黑启动系统作为电厂应急备用电源,业主在进行初步设计审核中提出设计增加,不认为是变更项目,不予赔付此项变更的费用。

② 电厂天然气调压站的新建变更,无具体合同条款作为天然气调压站项目的变更的直接依据,所以业主拒绝此项索赔的申请。

③ 业主将GIS开关站通过项目的补充协议,将此系统的费用增加到合同总价。

**2）业主对已完成工程账单拖延批复**

项目部在履行完合同节点后，于 2014 年 1 月 20 日上报合同♯9 节点工程账单，但是一直未得到业主的签署。经过和业主反复开会磋商后，直到 2014 年 5 月 29 日业主也只签署了合同♯9 节点美元部分工程账单的 20％，拖延签署剩余 80％相应的工程账单。

**3）业主对已批复账单支付严重滞后**

对于合同♯8 节点的工程款，美元账单 19998150 美元，业主于 2013 年 7 月 13 日已批复，但一直拖延到 2014 年 7 月还未支付。为降低业主对已批复的工程账单一直拖延支付，对项目的资金回收造成巨大的潜在经济风险，项目部采取了一定措施，一直保持与业主沟通，希望尽早将拖欠工程款支付，并于 2014 年 3 月开始通过第三方代理公司（当地的工程咨询、工程施工公司）与业主交涉，督促工程款的支付，但在当时并未得到理想的结果。

**4）不可抗力事件**

从工程开工建设以来，当地不良的社会治安，内部罢工、枪击抢劫等事件对工程的进度造成严重影响，2011 年 1 月 30 日凌晨 4 点，军营驻地隔壁弹药库爆炸，刚刚入住三个月的营地全部被毁，直到 2011 年 5 月中旬，营地得以修复重新入住。

**3. 索赔管理经验**

（1）报价明确不包括委内瑞拉征收的税收、关税。该项目的清关和运输明确是由业主负责的，因此发生的税费将由业主承担。项目在当地的一切经济活动引起的税收通过索赔积极争取回来[125]。

（2）合同中明确工期应从签发开工令日起算，但项目迟迟未收到开工令，虽然为项目的施工争取了时间。但同时也应该考虑从项目进点至收到开工令期间发生的有关费用，通过索赔积极争取。

（3）合同价格按当时的政府汇率确定的当地币价格，随着经济危机的近期发展和美国实行的货币宽松政策，可以从汇兑损失方面进行索赔。

（4）合同明确了施工变更的条件，该合同主要为总价承包，可以通过变更增加额外工期和重新报价来争取工期和总价以外的费用。存在的属于项目合同范围之外业主要求增加的变更有：黑启动，根据设计电站不需要黑启动系统，但是业主强烈要求增加；增压系统，根据原合同只需对原有的气站进行维护和保养，但是由于业主提供的气压低，因此业主要求将原有的气站拆除，建一个新的增压站；增加 GIS 开关站。同时，对于业主的指令，也可以申请争取更多的时间，缓解工期压力。

（5）对于业主不支付或拖延支付的问题，承包商应该持续不断与业主沟通交流，催促业主及时将所欠工程款补齐，也可以在当地寻求第三方机构帮助协调[126]。

（6）对不可抗力情况，例如自然灾害和社会事件等，争取延长工期和相关费用的索赔。

## 7.3.2 赞比亚卡里巴北岸扩机水电站项目

### 1. 合同基本情况

赞比亚国家电力公司与中国水电建设集团国际工程有限公司签订赞比亚卡里巴北岸扩机水电站项目合同。资金来源为中国进出口银行(85%)和南部非洲开发银行(15%),主合同于2007年11月19日正式签订,合同工期48个月,合同金额2.43亿美元;主体工程于2008年11月5日正式开工;2014年3月,双方同意将竣工日期更新至2014年7月31日。该项目设计由西北设计院承担,哈尔滨电机厂为设备供应商,合同金额为236280000元人民币,合同价格为天津港交货固定价格,在合同执行期间保持不变。工期原为48个月(2008-11-5~2012-11-4),延期后为65个月(2008-11-5~2014-3-31);合同价格为按照即时汇率计算,加上变更和调差等预计超过2.90亿美元。

### 2. 合同争议与索赔

#### 1)业主拖延支付预付款

按合同约定,业主应向项目部于2009年1月31日前分三次支付5000万美元的预付款,但由于受到国际金融危机的影响,迟迟未能将预付款支付给承包商。截至2011年1月18日,业主批复9个进度结算账单,累计结算金额6350多万美元,加上20%的预付款4860万美元,业主应该支付给承包商的工程款合计超过了1.12亿美元。然而,从2008年10月1日,到口行2011年1月21放款之前,业主分10次支付给承包商4350万美元,实际支付的时间和金额远远滞后于应该支付的时间和金额,而且这些预付款的拖延支付使项目现场工作以及设计、采购等工作都无法启动,严重影响了项目的进度。项目部一方面寻求各方(例如银行)帮助业主解决融资问题,另一方面及时向业主索赔工期及账单滞后支付利息。项目部成功的索赔工期17个月,利息约240万美元。

#### 2)不可抗力(火灾)

2009年9月18日14:55,发生在卡里巴北岸电站厂房安装间内的火灾,给承包商造成了严重的经济损失,承包商为了新厂房开挖而搭建的两道防护墙被彻底烧毁,承包商在新厂房内的通风、照明、排水等系统被烧毁,承包商的一些施工设备如100B钻机、电焊机、喷锚机、风机等都被严重损坏,新厂房内已经实施的部分永久工程也受到了不同程度的破坏。厂房的施工被迫停止长达9个月。本次事故属于不可抗力,项目部按照工程一切险的索赔程序向赞比亚国家保险公司提出了索赔。2012年3月中旬,和PICC国际业务部就赔偿金额、条件和程序达成一致。承包商同时向业主申请延长相应工期。

#### 3)业主未能帮助承包商及时办理免税批文

卡里巴项目的永久设备及其他一些机械设备材料是免税入关的,项目前期业主没能及时拿到免税批文,这样就导致缴纳关税、增值税,同时造成部分施工车辆机械设备一段时间的闲置。项目部向业主提交多封索赔函,最终业主承认前期不能协助承包商办理各项免税批文。

**4)业主未能及时移交工作面**

按照施工总体进度计划的要求,2008年12月23日,承包商应该开始进行厂房内爆破防护墙的施工,但由于业主的原因,知道2009年1月29日才正式将此工作面移交给承包商,开工时间延迟38天。承包商获得相应工期补偿。

**3. 索赔管理经验**

(1)考虑和ZESCO建立长期友好的战略合作关系,项目部从大局利益出发,进行变更索赔谈判时,在坚持原则和核心利益的前提下,做到有理有据、友好协商、合作双赢。开工伊始,项目部就针对合同内容和现场实际,成立以项目经理为组长、商务经理为常务副组长的索赔领导小组,明确了经理层和各个部门的职责,客观分析风险点和索赔点,编制了项目索赔策划书和变更索赔实施办法,以指导索赔工作。

(2)安排专业翻译、认真研读合同,理顺合同双方责任和义务,整理合同管理思路。项目部组织翻译人员翻译合同文件(也包括技术条款),组织各部门人员学习合同条款,逐步理清了众多的合同、补充协议、会议纪要间的相互关联,对合同有一个整体的概念和清晰的思路。

(3)完善项目部施工日报,及时收集第一手资料并尽可能获得业主的确认,就索赔事件及时提出索赔意向并持续跟踪。

(4)项目部在运行常规合同管理程序的基础上,针对合同管理的过程控制,实行了对外往来信函由合同部统一归档处理,确保及时掌握可能涉及或导致索赔或反索赔的信息,提高了索赔管理与控制的时效性[127]。

(5)订购官方报纸,及时向中国经参处咨询并访问其网站,跟踪赞比亚有关法律法规的调整情况。

(6)对于合同规定属于业主的风险和责任的,承包商的工作重点在于资料和证据的收集;对于合同规定属于承包商自己的风险或者风险责任不明确的,工作重点在于设法减少、避免或转移风险[128]。

(7)随着对合同的了解和工程的推进,发现合同本身不是很详尽,尤其是对附属设施的描述没有很明确的界定,责任含糊不清。对此,项目部多次召集会议反复讨论,并向专家进行咨询,与业主据理力争,争取进行变更。

(8)做好索赔事件的识别、过程资料收集,不仅要依据合同条款,更要关注业主的感受,尤其是影响较大、持续时间较长的事件,需要和业主经常沟通,甚至和高层沟通,取得业主各方的谅解和认可。

(9)对一些复杂合同问题,聘请合同专家,提前规划,尤其是在重大的索赔事件发生后,合同专家应及时参与进来,以提高索赔成功率。

（10）为加强变更索赔工作，激励项目有关人员积极解决变更索赔工作，对变更索赔主要参与及贡献人员采取单项奖励制度。结合实际情况，项目部制定详细的激励机制，根据对索赔影响程度对现场提供索赔线索和支持材料的人员给予适当奖励[129]。

## 7.3.3 委内瑞拉圣多明戈社会主义农业项目

### 1. 合同基本情况

委内瑞拉国家发展研究所与中国水电建设集团国际工程有限公司签订委内瑞拉圣多明戈社会主义农业项目合同，包括项目的勘测、勘探、设计和实施。本合同最后价格将在承包商提供的工程清单的报价之后，根据业主批准和接受的设计和详细工程，在双方签署的最后预算中确定。合同工期自 2010 年 12 月 03 日至 2012 年 12 月 03 日，工期为两年。由于具体工程内容的不确定性，最终工期延至 2014 年 6 月 30 日。

#### 1）建设地点

巴里纳斯圣多明戈-帕格伊社会主义农业发展项目位于委内瑞拉西部的巴里纳斯州中西部，于安第斯山脉以南，介于帕格伊河与圣多明戈河从 5♯ 干线公路开始直到与阿普雷河汇流处，覆盖 1583.59km² 的范围，占据了巴里纳斯区（3448.24km²）总面积的 45.9%。此地区属泛滥冲积平原。

#### 2）建设内容

（1）规划设计和施工详图设计；

（2）农业生产开发和生产基础设施建设：播种和培植 3474ha 农作物、50ha 淡水鱼养殖、550ha 林业种植；建设圣多明戈河灌溉系统；圣多明戈河河道疏浚 90km，建设和装配驳船造船厂；巩固 5 个国营农场；建设帕格伊河无径流调节灌溉系统。

### 2. 合同争议与索赔

#### 1）业主拖延支付

2013 年业主高层人员进行调换，对结算程序重新审核，提交到银行的农业 5 号账单也被业主撤回，并于 6 月份向项目部发送函件，要求增加 12% 增值税的结算，且业主组织机构不健全，工作效率低下，许多工作迟迟不给予确认，审批结算单周期过长，致使账单支付明显滞后。

#### 2）不可抗力

进入雨季以来，项目所在地因雨造成了多处水毁工程，业主以指令函的形式要求项目立即施工，进行应急抢险施工。2012 年项目部溢流坝工程也遭受了"4·12"洪水风险。

#### 3）业主的行政干预

委内瑞拉农业项目的特点是经常不按合同执行，业主经常采用行政手段让承包商执行合同外的工作。

**4）市场环境的变化**

法律法规的变化产生的费用增加,委内瑞拉采用的是社会主义的计划经济,汇率、人工、材料、机械等指数均由主管部门定期发布。

**5）当地分包商履约能力**

由于项目类型多,地域分散且单元工程投资金额小的特点,为了达到合理利用当地有效资源、减少投入、节约成本的目的,大多数项目分包给当地分包商实施。当地分包商(包括设计与施工分包商)在本国的劳动力管理和市场材料获取上有一定的优势,为项目的进展起到了推动作用,但也存在着工作效率较低、履约意识不强等缺点,熟练劳动力资源缺乏,分包管理中时有停工和分包商索赔(含工期索赔与价格索赔)现象等。

**6）合同内容不明确**

农业项目的特殊性是合同只有合同价,即框架合同;合同中工作内容不明确,没有BOQ表,只是个框架协议性质。

**3. 索赔管理经验**

**1）水毁工程施工所带来的工期延误**

进入雨季以来,项目所在地因雨造成了多处水毁工程,业主以指令函的形式要求项目立即施工,进行应急抢险施工。承包商根据这些应急抢险的合同金额与原合同金额相比照,申请工期延长和费用补偿。

**2）业主的行政方式对工期的延误**

委内瑞拉项目的特点是经常不按合同执行,业主经常采用行政手段让承包商执行合同外的工作,承包商收集整理相关方面的证据,向业主申请工期方面的延期和费用补偿。

**3）法律法规的变化产生的费用增加**

委内瑞拉国家目前采用的是社会主义的计划经济,汇率、人工、材料、机械等指数均由主管部门发布。承包商及时收集整理这些法律法规等数据,依据工程实际进行计算,向业主提出费用增加申请。

**4）分包管理措施**

(1)当地分包商履约能力较弱的这种状况,承包商采取措施,要求分包商签订合同前首先提供"履约保函、预付款保函、劳工保函"等,降低了分包风险;

(2)在施工过程中聘用当地工程师配合项目部中方人员进行全过程管理;

(3)搜集业主结算要求的有关资料,并按业主结算要求对分包商进行约束,保证现场资料的完整性和有效性,以便项目部的结算资料能及时批复[127];

(4)为加强对现场分包商的管理,聘请当地律师,不断总结完善分包合同的条款,从合同条款上对分包商进行约束与管控。

**5）不可抗力**

对于所遇到的洪水风险,项目部在第一时间收集了现场资料,向保险公司进行了索赔。

**6）合同内容不明确**

鉴于业主不能及时确定合同中的各项具体工作内容，项目部采取了"分批次、分区块"进行设计上报来开展设计工作，即业主确定一个工程项目，展开一个工程项目的设计。积极配合，实时跟进业主指令，取得良好效果。

## 7.3.4　哥斯达黎加楚卡斯水电站项目

### 1. 合同基本情况

楚卡斯水电站由意大利电力公司艾奈（ENEL）以 BOT 的形式投资，哥斯达黎加国家电力公司（ICE）为最终业主。本工程于 2010 年 12 月 10 日签订合同，工程合同总额 9236 万美元，土建标采用单价承包，合同价 6371 万美元，机电设备供货安装采用总价承包，合同价格 2865 万美元。合同约定本工程的开工日为 2011 年 2 月 18 日，商业发电工期为 28 个月，最终完工工期为 30 个月。合同工程内容：

（1）一座高 54m、坝顶长度约 200m，包括 4 个 15m×11.25m 弧形闸门溢洪道的碾压混凝土大坝；

（2）300m 长、9.8m 直径马蹄形导流洞以及上下游土石围堰；

（3）发电进水塔以及 200m 长、直径 6.5m 的混凝土包裹的压力钢管；

（4）一座安装两台容量 25MW 的混流式机组的地面式水电站，总装机 50MW；

（5）一座 230kV 的开关站和 230kV，3.5km 长的输电线路；

（6）3.6km 碎石路面进场道路和单跨 90m 的钢桥。

### 2. 合同争议与索赔

**1）技术标准差异**

哥斯达黎加是一个完全按照美国标准执行的国家，各种法律法规都非常严格，凡事均按法律法规办事。在项目实施的过程中，每个环节上（包括临时施工道路、辅助生产系统、施工工序工艺控制等）相关标准和要求比国内项目标准要高得多，给承包商造成巨大压力。

**2）不利的地质条件**

由于业主地质勘查不详，对地质情况了解较少，很多设计不合理。2012 年 5 月 8 日导流洞进口左侧边坡因设计不合理发生塌方，在 5 月 28 日晚再次发生塌方，虽然业主和项目部对此进行勘察现场后业主确定了解决方案，但在 6 月 4 日再次发生塌方，因塌方返工对工程进度造成了非常大的影响。

**3）不可抗力（洪水）**

哥斯达黎加每年 5 月至 11 月为雨季，2013 年 5—11 月发生了 15 次洪水漫过围堰的事件,尤其是 9 月 16 日—11 月 2 日,大坝基坑基本中断了施工,人员设备出现了大量的窝工、闲置。

**4)业主拖延支付**

由于业主对事件的处理过程缓慢,不及时支付主账单,每次账单支付时间长达 3 个月之久,项目部不得不贷款以维持项目的实施,由此产生额外的利息,同时工程款的不及时支付,对项目实施所需的材料、机电设备的采购造成了严重的影响[123]。

**3. 索赔管理经验**

**1)技术标准差异应对措施**

(1)根据合同要求、规范、当地的一些施工习惯,认真编制详细的施工方案、工艺措施,及时上报业主进行探讨,避免出现施工过程中双方存在分歧造成的时间浪费;

(2)认真学习、组织培训,逐渐按照业主可以接受的施工方法和工艺要求措施施工;引进当地的质量工程师指导。

**2)地质条件变化采取的措施**

催促业主及时提供地质处理方案,抓紧时间按照业主的要求进行处理,做好现场记录,同时向业主提交损失情况,并及时组织资源按业主提出的方案进行相关处理,

**3)洪水的处理措施**

根据合同规定"如果依据二十年一遇洪水标准设计围堰和其他引水设施,则任何由业主设计失误导致的任何延期或承包商承担的额外成本或发生超出上述标准的洪水都应由业主负责",十年一遇洪水由保险公司负责,免赔额不超过 10 万美金。据此及时向业主提交索赔申请,同时,大坝赶工到冲沙底孔高程,利用底孔导流,降低洪水影响。

**4)业主拖延支付**

(1)优先做好结算支付工作。对于已经发生的变更新增项目,和业主商定支付意见,先做计量结算。然后再督促业主签发正式变更令,确认结算成果。

(2)重点跟踪更新 BOQ 的调整,督促业主批准定稿,一揽子解决遗留问题。

(3)加强现场记录的收集整理工作,及时申报现场所发生变更索赔事项和费用。

(4)充分发挥 DAB 的作用,对于业主不能及时解决的索赔与变更提交 DAB 进行裁决。

(5)充分利用专家资源,解决项目索赔变更的难题[125]。

# 第8章

>>>>>>>>>>>>>

# 国际工程EPC项目接口管理

## 8.1 国际工程 EPC 项目接口管理理论基础

### 8.1.1 接口管理内涵

接口指的是两个不同系统之间相互交接的部位。工程技术上的接口多表现为有形，而管理接口通常是无形的。"接口的无形给管理工作带来了相当大的难度，使得管理人员往往难以准确地认识和把握接口的根源及实质"[130]。两系统之间可能存在矛盾与冲突，需要协调。"可以将'项目接口'定义为：项目接口即交互，是指项目中系统与系统之间，以及系统各部门之间或者项目实施的各流程、各专业之间存在的连接部位物质、信息、能量的交互作用状况"[131]。

### 8.1.2 接口管理重要性

国际工程 EPC 项目具有技术复杂、专业跨度广、利益相关方数量多、沟通难度大等特点。项目实施过程中，许多部位和节点需要各方协调。工程实体之间的衔接，施工工序之间的搭接和交接，各利益相关方之间的协调配合都属于接口问题。由于总承包商需要对设计、采购与施工全过程负责，而这三个阶段在时间上和空间上相互交叉，使得各阶段、各专业、各利益相关方之间的接口管理更加复杂。同时，随着项目的实施，会不断产生新的接口，原有接口也会不断闭合，因此，EPC 工程的接口管理是一个动态的、持续的过程。接口管理的多样化、动态化、持续化的特点大大增加了其管理难度。若在国际工程 EPC 项目中存在对接口管理不重视、接口定义不清晰、各接口相关方职责不明确、对关键接口缺乏及时持续的动态跟踪等问题，会严重影响工程进度、成本和质量目标的实现[132]。

接口管理被认为是提高组织间和组织内沟通、协调,改善与项目利益相关方关系的一种有效方式,可以减少项目潜在的冲突和不可预见的成本[133-134]。接口管理还可以帮助识别各种类型的接口,规范各阶段衔接的工作流程,减少建设项目不确定性。接口管理的具体优势如下:

(1) 使项目参与者对项目的复杂程度有一个更深的理解;

(2) 帮助优化设计,提高可施工性和兼容性,降低成本和风险,以满足客户需求;

(3) 减少或消除潜在的接口问题,减少项目的复杂性;

(4) 建立和保持与项目参与者之间的良好关系和互动渠道,以实现及时沟通、协调和合作[133];

(5) 在建设项目中规范各种接口的处理流程和工作流程,减少不确定因素;

(6) 提供一个动态的、协调一致的项目实施系统,以应对项目中随时发生的变化;

(7) 识别和记录处理复杂项目时的良好做法,并应用在未来的项目中。

## 8.1.3　接口管理形式

(1) 专门的接口协调会,适用于涉及多专业、多参建单位协同完成的接口工作。比如设计交底、系统调试等,以专门的接口协调会形式组织各方,共同开展接口的协调与处理。

(2) 临时协调会,适用于接口工作出现突发状况时。例如,当业主(咨询工程师)或其他承包商、相关单位临时提出,且亟须解决的接口问题,如重大变更、重大设计缺陷等。召开临时接口工作协调会,及时了解和分析突发事件的原因,并通过各方的相互配合和分工协作,高效地制定出相应的技术解决方案,以有效应对突发事件,并将其产生的不利后果降到最低。

(3) 文件传递,适用于常规的接口协调管理,以规定的接口文档格式、传递形式、确认过程完成,可使各相关接口单位的接口管理按计划有序进行。

(4) 非正式沟通渠道。正式的传递信息和沟通渠道的途径虽易于记录和跟踪的优点,但难免效率较低,所以需要以非正式的沟通渠道(如电话等)作为补充,以提高沟通的效率。

## 8.1.4　接口管理体系

工程项目接口按不同分类方式可有不同的分类。按专业划分,可分为桩基、土建、安装等各专业子系统;按阶段划分,可分为设计、采购、施工等各阶段子系统;按利益相关方划分,可分为总包方、设计方、业主、供应商、分包商等各组织子系统。项目实施过程中,各专业、各阶段、各组织的子系统相互作用,需要通过各方共同协作,互相沟通,保持系统的平衡,防范外部风险对系统的侵扰,保证项目的顺利开展和有序建设[130]。

EPC 工程总承包项目具有复杂的内外部建设环境,其涉及的技术、管理系统也非常复杂。根据 EPC 工程的特点,本报告将国际工程 EPC 项目各类接口分为以下三类:工程技术接口、合同接口以及组织接口,如图 8-1 所示。

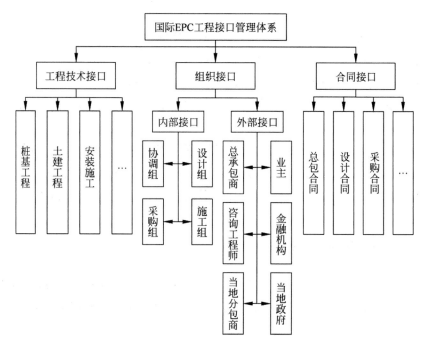

**图 8-1　国际工程 EPC 项目接口管理体系**

### 1. 工程技术接口

工程建设项目涉及多个专业技术的相互配合,这些专业技术之间的互相衔接和作用的部位就属于工程技术接口。设计工作的质量直接影响工程技术接口的数量和复杂程度。因此,在设计阶段应充分重视技术接口的管理问题,以减少施工阶段工程技术接口的难度,提高各专业之间技术接口的工作效率,有效缩短工期,从而实现设计、采购和施工之间的无缝衔接。

### 2. 合同接口

合同接口存在于所有有合同关系的各参建单位之间。例如,业主与 EPC 总承包商之间、总承包商与设计单位之间、总承包商与采购单位之间都存在明确的合同关系,双方从合同签订到履行合同的过程中存在组织间物资、信息以及资金等资源的流通。

### 3. 组织接口

为顺利实施 EPC 工程项目,各参建单位之间需要形成高效的协同工作关系。各参建单位之间,无论是否存在合同关系,都存在很多需要协调的问题,这一类问题就是组织接口问题。例如,设计方需要负责对设备制造方报价中的技术部分(图纸、数据表和制造规范标准)进行技术评审。另外,各个利益相关方内部各职能部门之间的协调问题也属于组织接口管理范畴。

## 8.1.5 接口管理目标

国际工程 EPC 项目接口管理目标如下:

### 1. 设计-采购接口管理

如何高效传递设计与采购相关信息,以及时制定采购计划、选择供货商、保障设备的设计和制造。

### 2. 设计-施工接口管理

如何将施工现场信息及时高效反馈给设计,以使设计方案不断深化、优化并满足现场施工进度要求,并充分考虑资源的可获得性及现场施工需求,提高设计的可施工性。

### 3. 施工-采购接口管理

如何建立与施工部门之间规范的接口管理流程,保证采购、施工相关信息实现实时共享、快速流动和及时反馈,以实时掌握施工进度和库存情况,并及时调整采购计划和物资设备生产发运。

### 4. 设计-采购-施工一体化管理

如何建立项目合作伙伴之间的信息沟通渠道,传递设计、采购和施工多源信息,以支持各方信息高效交流、决策和协同工作;并促进各方知识融合,不断创新,以解决各种设计、采购和施工技术问题。

### 5. 利益相关方接口管理

如何与利益相关方建立沟通机制,高效解决国际工程 EPC 项目实施过程中的各种问题[132]。

## 8.2 国际工程 EPC 项目接口管理评价

### 8.2.1 设计-施工接口管理

对设计-施工接口管理进行评价,如表 8-1 所示,1 代表完全不符,5 代表完全符合。

表 8-1　设计-施工接口管理

| 设计-施工 | 得　分 | 排　序 |
|---|---|---|
| 合同中对于设计-施工双方的权责规定明确 | 4.15 | 1 |
| 设计合同工作包划分清楚 | 4.02 | 2 |
| 设计合同中对于合同双方的风险分配合理 | 3.98 | 3 |
| 设计-施工接口工作文档管理完善 | 3.94 | 4 |
| 设计-施工接口流程清晰、合理 | 3.93 | 5 |
| 施工信息及时反馈给设计,以提高设计可施工性 | 3.93 | 5 |
| 设计-施工方之间互相信任 | 3.91 | 7 |
| 设计-施工沟通效率高 | 3.91 | 7 |
| 设计-施工相互需要信息共享程度高 | 3.81 | 9 |
| 施工信息及时反馈给设计,以优化设计,降低工程成本 | 3.81 | 9 |
| 设计-施工接口风险控制 | 3.67 | 11 |
| 设计合同中有完善的解决问题和争端的方法与程序 | 3.63 | 12 |
| 设计-施工之间问题和争端的解决效率高 | 3.61 | 13 |
| **平均值** | **3.87** | — |

表 8-1 显示,"合同中对于设计-施工双方的权责规定明确"和"设计合同工作包划分清楚"两项评分的平均值都超过了 4,表明 EPC 承包商在这两项的表现最好,总包商与设计单位之间的合同条款较为清晰。"设计合同中对于合同双方的风险分配合理""设计-施工接口工作文档管理完善""设计-施工接口流程清晰、合理"和"施工信息及时反馈给设计,以提高设计可施工性"等方面也表现较好。"设计-施工接口风险控制""设计合同中有完善的解决问题和争端的方法与程序"和"设计与施工之间问题和争端的解决效率高"排名相对较低,表明设计和施工在协同风险处置和解决问题方面有待提高。

## 8.2.2　设计-采购接口管理

对设计-采购接口管理进行评价,如表 8-2 所示,1 代表完全不符,5 代表完全符合。

表 8-2　设计-采购接口管理

| 设计-采购 | 得　分 | 排　序 |
|---|---|---|
| 设计-采购接口流程清晰、合理 | 3.87 | 1 |
| 设计-采购方之间互相信任 | 3.87 | 1 |
| 设计信息能及时提供给采购管理部门,以制订采购计划、选择供货商、保障设备制造 | 3.85 | 3 |
| 设计-采购相互需要信息共享程度高 | 3.81 | 4 |
| 设计-采购沟通效率高 | 3.80 | 5 |
| 设计-采购之间问题和争端的解决效率高 | 3.76 | 6 |
| 设计-采购接口工作文档管理完善 | 3.69 | 7 |
| **平均值** | **3.81** | — |

表 8-2 显示,设计-采购接口管理各项指标之间差距不大,各项得分都低于 4,平均值为 3.81 分,表明设计-采购接口管理水平还有一定提升空间。"设计-采购接口流程清晰、合理""设计-采购方之间相互信任"和"设计信息能及时提供给采购管理部门,以制定采购计划、选择供货商、保障设备制造"排名前三,表现较好。相对而言,"设计-采购之间问题和争端的解决效率"还有待提高,接口工作文档管理需进一步完善。

## 8.2.3　施工-采购接口管理

对施工-采购接口管理进行评价,见表 8-3,其中 1 代表完全不符,5 代表完全符合。

表 8-3　施工-采购接口管理

| 施工-采购 | 得　分 | 排　序 |
|---|---|---|
| 合同中对于施工-采购双方的权责规定明确 | 4.04 | 1 |
| 施工-采购方之间互相信任 | 4.00 | 2 |
| 采购合同工作包划分清楚 | 3.98 | 3 |
| 采购合同中对于合同双方的风险分配合理 | 3.91 | 4 |
| 施工-采购接口流程清晰 | 3.91 | 4 |
| 施工-采购沟通效率高 | 3.87 | 6 |
| 施工信息及时反馈给采购部门,实时掌握施工进度和库存情况,以调整采购计划、设备生产和物资发运 | 3.87 | 6 |
| 施工-采购接口工作文档管理完善 | 3.85 | 8 |
| 施工-采购相互需要信息共享程度高 | 3.81 | 9 |
| 采购合同中有完善的解决问题和争端的方法与程序 | 3.74 | 10 |
| 施工-采购之间问题和争端的解决效率高 | 3.72 | 11 |
| 平均值 | 3.88 | — |

表 8-3 显示,"合同中对于施工-采购双方的权责规定明确"和"施工-采购方之间互相信任"得分排在前 2 位,表明施工与采购间责权明确,双方信任程度较高。但还需在采购合同中进一步明确解决问题和争端的方法,以提高双方之间解决问题和争端的效率。

## 8.2.4　设计-采购-施工一体化管理

对设计-采购-施工一体化接口管理进行评价,如表 8-4 所示,1 代表完全不符,5 代表完全符合。

表 8-4　设计-采购-施工一体化接口管理

| 设计-采购-施工一体化管理 | 得　分 | 排　序 |
|---|---|---|
| 项目实施阶段,设计-采购-施工各环节衔接顺畅 | 3.81 | 1 |
| 投标策划阶段,设计-采购-施工信息交流充分,以制订合理技术方案和投标报价 | 3.79 | 2 |
| 设计-采购-施工之间有完善的信息管理平台,能支持各方高效协同工作 | 3.60 | 3 |
| 平均值 | 3.73 | — |

表 8-4 显示,设计-采购-施工一体化管理各项指标之间差距不大,各项得分都低于4,平均值为 3.73 分,表明设计-采购-施工一体化管理水平还有一定提升空间。其中,项目实施阶段设计-采购-施工各环节沟通交流水平高于项目投标策划阶段。相对而言,承包商需建立设计-采购-施工之间信息管理平台,以支持各方高效协同工作。

## 8.2.5　总包-业主接口管理

对总包-业主接口管理进行评价,如表 8-5 所示,1 代表完全不符,5 代表完全符合。

表 8-5　总包-业主接口管理

| 总包-业主 | 得　分 | 排　序 |
|---|---|---|
| 合同中对于总包-业主双方的权责规定明确 | 4.20 | 1 |
| 总包合同工作包划分清楚 | 4.11 | 2 |
| 总包-业主接口工作文档管理完善 | 4.06 | 3 |
| 总包合同中有完善的解决问题和争端的方法与程序 | 4.04 | 4 |
| 总包-业主之间互相信任 | 3.96 | 5 |
| 总包-业主接口流程清晰、合理 | 3.89 | 6 |
| 总包合同中对于合同双方的风险分配合理 | 3.87 | 7 |
| 总包-业主相互需要信息共享程度高 | 3.74 | 8 |
| 总包-业主沟通效率高 | 3.69 | 9 |
| 总包-业主之间问题和争端的解决效率高 | 3.61 | 10 |
| 平均值 | 3.92 | — |

表 8-5 显示,合同中总包-业主双方权责规定明确,工作包划分清楚,接口工作文档管理较为完善。总包-业主之间双方信息共享程度和沟通效率还需要提高。虽然总包合同中有较为完善的解决问题和争端的方法、程序,但是在解决具体问题和争端的效率方面还有待进一步提升。

## 8.2.6　总包-咨询工程师接口管理

对总包-咨询工程师接口管理进行评价,如表 8-6 所示,1 代表完全不符,5 代表完全符合。

**表 8-6 总包-咨询工程师接口管理**

| 总包-咨询工程师 | 得 分 | 排 序 |
|---|---|---|
| 总包-咨询工程师之间及时沟通工程设计、施工方案和变更等情况 | 3.91 | 1 |
| 总包-咨询工程师接口工作文档管理完善 | 3.85 | 2 |
| 总包-咨询工程师接口流程清晰、合理 | 3.83 | 3 |
| 总包-咨询工程师沟通效率高 | 3.70 | 4 |
| 总包-咨询工程师之间互相信任 | 3.65 | 5 |
| 总包-咨询工程师相互需要信息共享程度高 | 3.62 | 6 |
| 总包-咨询工程师之间问题和争端的解决效率高 | 3.54 | 7 |
| **平均值** | **3.73** | **—** |

表 8-6 显示,总包-咨询工程师接口管理各项指标之间差距不大,各项得分都低于4,平均值为 3.73 分,表明总包-咨询工程师接口管理水平还有一定提升空间。总包-咨询工程师之间接口流程较为清晰、合理,能够及时沟通工程设计、施工方案和变更等情况,但双方的信任程度、信息共享程度,以及解决问题和争端的效率还需要进一步提高。这要求总包不断提升自身的履约能力(尤其是设计方面),以赢得咨询工程师的信任。

## 8.2.7 总包-当地分包商接口管理

对总包-当地分包商接口管理进行评价,如表 8-7 所示,1 代表完全不符,5 代表完全符合。

**表 8-7 总包-当地分包商接口管理**

| 总包-当地分包商 | 得 分 | 排 序 |
|---|---|---|
| 合同中对于总包-当地分包商接口双方的责任规定明确 | 4.06 | 1 |
| 施工分包合同工作包划分清楚 | 4.00 | 2 |
| 雇用当地劳工有助于降低项目成本 | 3.94 | 3 |
| 总包方了解当地劳动力市场状况 | 3.93 | 4 |
| 总包-当地分包商接口流程清晰、合理 | 3.89 | 5 |
| 总包方了解项目所在地的文化、习俗 | 3.87 | 6 |
| 当地分包合同中对于合同双方的风险分配合理 | 3.81 | 7 |
| 总包方对当地劳工进行有效培训 | 3.80 | 8 |
| 分包合同中有完善的解决问题和争端的方法与程序 | 3.80 | 8 |
| 总包方了解当地相关劳动法律法规 | 3.76 | 10 |
| 总包-当地分包商方之间互相信任 | 3.61 | 11 |
| 总包-当地分包商接口工作文档管理完善 | 3.59 | 12 |
| 总包-当地分包商沟通效率高 | 3.44 | 13 |
| 总包-分包商之间问题和争端的解决效率高 | 3.44 | 13 |
| 总包-当地分包商相互需要信息共享程度高 | 3.41 | 15 |
| 当地劳工技能满足施工技术要求 | 3.31 | 16 |
| **平均值** | **3.73** | **—** |

表 8-7 显示,合同中对于总包-当地分包商接口双方的责任规定明确,施工分包合同工作包划分清楚。承包商雇佣当地劳工有助于降低项目成本,并对当地劳动力市场较为了解。但是,总包与当地分包商之间沟通和解决问题、争端的效率还有待进一步提升。值得注意的是,当地劳工施工技能水平不高,需加强对当地劳务的技术培训。

### 8.2.8　总包-当地政府接口管理

对总包-当地政府接口管理进行评价,如表 8-8 所示,1 代表完全不符,5 代表完全符合。

表 8-8　总包-当地政府接口管理

| 总包-当地政府 | 得　　分 | 排　　序 |
| --- | --- | --- |
| 总包-当地政府方之间互相信任 | 3.70 | 1 |
| 总包-当地政府接口流程清晰、合理 | 3.63 | 2 |
| 总包商熟悉当地政府的相关审批流程 | 3.56 | 3 |
| 总包-当地政府间沟通效率较高 | 3.52 | 4 |
| 地方保护壁垒/部门垄断现象严重 | 3.28 | 5 |
| 当地政府办事效率高,能提供必要的协助 | 2.96 | 6 |
| **平均值** | **3.44** | —— |

表 8-8 显示,总包-当地政府接口管理各项指标之间差距不大,各项得分都低于 4,平均值为 3.44 分,表明总包-当地政府接口管理水平还有较大提升空间。这与总包不够熟悉当地政府的相关审批流程有关,更主要的原因在于当地存在地方保护壁垒、部门垄断现象,尤其是当地政府办事效率较低。

### 8.2.9　总包-当地社区接口管理

对总包-当地社区接口管理进行评价,如表 8-9 所示,1 代表完全不符,5 代表完全符合。

表 8-9　总包-当地社区接口管理

| 总包-当地社区 | 得　　分 | 排　　序 |
| --- | --- | --- |
| 按照当地法律纳税,保障社区发展 | 4.13 | 1 |
| 结合工程项目实际,为社区提供尽可能多就业岗位 | 4.00 | 2 |
| 尊重和保护项目所在地文化传统和遗产,并在必要时为社区文化活动和项目提供便利 | 4.00 | 3 |
| 支持社区慈善和公益事业发展,为社区发展和防灾减灾提供捐赠 | 3.80 | 4 |
| 在可能的条件下,优先考虑采购当地的产品和服务,提升属地化经营管理水平 | 3.74 | 5 |
| 发挥工程技术和设备优势,参与社区防灾减灾活动 | 3.69 | 6 |

| 总包-当地社区 | 得　分 | 排　序 |
|---|---|---|
| 支持社区教育发展,帮助社区学校改善教育设施,提高教育质量 | 3.65 | 7 |
| 施工前实地考察项目所在社区,评估承包工程活动对社区可能造成的影响,了解社区需求并确认优先发展事项 | 3.50 | 8 |
| 积极与社区沟通工程相关信息,了解并回应他们对项目的建议和意见 | 3.50 | 8 |
| 结合社区实际,组织、参与或开发职业技能培训项目,提升社区居民技能水平 | 3.44 | 10 |
| 总包-当地社区居民之间相互信任 | 3.43 | 11 |
| 帮助提高社区卫生医疗水平,改善社区居住环境 | 3.43 | 11 |
| 制定和参与社区计划,参与社区公共服务与管理 | 3.37 | 13 |
| 组织和支持员工发挥工程技术专业优势,参与社区志愿活动 | 3.37 | 13 |
| 平均值 | 3.65 | — |

表 8-9 显示,总承包商能够按照当地法律纳税,保障社区发展,为社区提供尽可能多就业岗位,尊重和保护项目所在地的文化传统和遗产,并在必要时为社区文化活动和项目提供便利。但是,承包商与当地社区之间相互信任程度不高,总承包商应积极参与社区公共服务与管理,组织和支持员工参与社区志愿活动,以赢得当地居民的认可和支持。

## 8.2.10　总包-金融机构接口管理

对总包-金融机构接口管理进行评价,如表 8-10 所示,1 代表完全不符,5 代表完全符合。

表 8-10　总包-金融机构接口管理

| 总包-金融机构 | 得　分 | 排　序 |
|---|---|---|
| 总包与特定金融机构之间建立有长期合作伙伴关系 | 4.40 | 1 |
| F+EPC 是获得项目总承包的有效方式 | 4.09 | 2 |
| 总包-银行-业主之间融资谈判时间长、难度大 | 4.06 | 3 |
| 总包联合海外金融机构为业主融资难度大 | 3.92 | 4 |
| F+EPC 模式中融资环节复杂 | 3.91 | 5 |
| 保险公司贷款担保条件高 | 3.79 | 6 |
| 总包主要通过联合政策性银行(进出口银行等)为业主进行项目融资 | 3.77 | 7 |
| 总包-银行-业主之间接口流程清晰、合理 | 3.72 | 8 |
| 总包-银行-业主—保险公司风险分担合理 | 3.72 | 8 |
| F+EPC 模式中业主融资成本高 | 3.70 | 10 |
| 总包-银行-业主之间互相信任 | 3.64 | 11 |
| 总包通过国内商业银行为业主进行项目融资 | 3.63 | 12 |
| 总包-银行-业主之间相互需要信息共享程度高 | 3.60 | 13 |

| 总包-金融机构 | 得　　分 | 排　　序 |
|---|---|---|
| 总包-银行-业主之间沟通效率高 | 3.58 | 14 |
| 业主获得的贷款额度能满足项目资金需要 | 3.45 | 15 |
| 总包通过世行、亚行为业主进行项目融资 | 3.17 | 16 |
| **平均值** | **3.76** | — |

表 8-10 显示,总承包商与特定金融机构(例如中国进出口银行)之间建立有长期合作伙伴关系,并以此协助业主获得融资,从而顺利中标国际工程 EPC 项目。值得注意的是,总包-银行-业主之间融资环节复杂,融资谈判时间长,难度大,承包商应积极拓宽融资渠道,加强与国内商业银行、世行和亚行的合作。

## 8.2.11　各利益相关方衔接与协同工作效率

对各利益相关方衔接与协同工作效率进行评价,如表 8-11 所示,1 代表完全不符,5 代表完全符合。

表 8-11　各利益相关方衔接与协同工作效率

| 评 价 指 标 | 得　　分 | 排　　序 |
|---|---|---|
| 总包-设计 | 4.02 | 1 |
| 总包-设备供应商 | 3.93 | 2 |
| 总包-材料供应商 | 3.91 | 3 |
| 总包-分包商 | 3.87 | 4 |
| 设计-采购-施工 | 3.76 | 5 |
| 总包-咨询工程师 | 3.69 | 6 |
| 设计-设备供应商 | 3.66 | 7 |
| 总包-业主 | 3.63 | 8 |
| 设计-材料供应商 | 3.63 | 9 |
| 总包-金融机构-业主 | 3.40 | 10 |
| 总包-当地政府 | 3.28 | 11 |
| 总包-当地居民 | 3.19 | 12 |
| **平均值** | **3.66** | — |

表 8-11 显示,总承包商与项目参与方内部团队成员(包括设计、材料设备供应商和分包商)之间的协同工作效率最高;与业主/咨询工程师之间的协同工作效率次之;与项目外部利益相关方(包括当地政府、居民和金融机构等)之间的协同工作效率最低。总承包商应根据各利益相关方的特点和需求,采取相应的沟通和协作策略,以提高项目实施效率。

## 8.2.12 各利益相关方接口发生问题的频率

对各利益相关方接口发生问题频率进行评价,如表 8-12 所示,1 代表完全不符,5 代表完全符合。

表 8-12 各利益相关方接口发生问题的频率

| 各利益相关方接口发生问题的频率 | 得 分 | 排 序 |
| --- | --- | --- |
| 总包-咨询工程师 | 3.52 | 1 |
| 总包-业主 | 3.30 | 2 |
| 总包-设计 | 3.26 | 3 |
| 总包-设备供应商 | 3.11 | 4 |
| 总包-分包商 | 3.11 | 4 |
| 总包-材料供应商 | 3.00 | 6 |
| 设计-采购-施工 | 2.96 | 7 |
| 设计-设备供应商 | 2.94 | 8 |
| 总包-当地居民 | 2.87 | 9 |
| 设计-材料供应商 | 2.81 | 10 |
| 总包-当地政府 | 2.80 | 11 |
| 总包-金融机构-业主 | 2.79 | 12 |
| **平均值** | **3.04** | — |

表 8-12 显示,总包与业主/咨询工程师之间最容易发生接口管理方面的问题,主要归因于在项目实施过程中,设计方案、图纸等往往难以达到咨询工程师的要求,以及在工程变更和索赔等事项上不容易达成一致。此外,总包与设计、设备/材料供应商和分包商等项目参与方也会就具体业务产生接口管理问题。

## 8.2.13 基于伙伴关系的 EPC 项目接口管理模型验证

接口管理本质上是组织间信息和资源的交换过程。接口管理的目标就是要通过规范接口流程,明确接口工作双方的工作内容和权利责任,促进信息和资源在组织间顺畅流动,以实现资源效用最大化,减少项目不确定和降低 EPC 项目的风险。伙伴关系中合作共赢思想的一个重要因素就是信任。基于共同目标和相互信任的关系,接口利益相关方更乐意将自己所掌握的信息及时、全面、准确地与相关接口方共享,从而实现良好的沟通与交流,提高接口管理绩效[135-136]。基于以上理论基础,建立了"国际工程 EPC 项目接口管理模型",进一步研究在国际工程 EPC 项目中,信任、信息共享、沟通和接口管理绩效之间的关系对提高 EPC 项目管理水平的理论指导意义,如图 8-2 所示。

为验证信任、信息共享、沟通和接口管理绩效之间的相互作用关系,对其进行了路

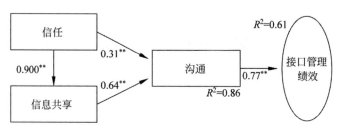

**图 8-2　EPC 项目接口管理模型**

径分析。结果表明,信任与信息共享之间呈现显著的强相关性(路径系数为 0.90,在 0.01 水平显著相关),表明接口管理利益相关方之间的相互信任能有效提高其信息共享和交换程度。信任和信息共享与沟通都存在着显著的相关关系。其中,信息共享对提高沟通效率起着重要的作用(路径系数为 0.64,在 0.01 水平显著相关);信任不仅可以直接提高接口管理沟通效率,还能通过促进信息共享间接地改善沟通效果。有效的沟通能显著促进 EPC 项目接口管理绩效(路径系数为 0.77,在 0.01 水平显著相关)。

## 8.2.14　接口管理利益相关方之间联系社会分析

为了揭示业主与利益相关方组织间联系的网络关系,运用 UCINET 软件对接口管理利益相关方组织之间的联系进行社会网络分析。首先把调研对象分别从 1~54 进行编号,然后将对 12 个利益相关方组织间联系表现的打分情况进行 0-1 化处理,形成一个 54×12 的二值矩阵(3 分及以上记为 1,3 分以下记为 0),将预处理后的矩阵输入软件绘制社会网络图并进行中心性可视化分析,得到结果如图 8-3 所示。

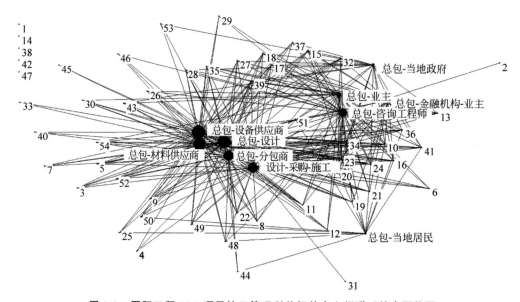

**图 8-3　国际工程 EPC 项目接口管理利益相关方之间联系社会网络图**

中心性(centrality)是度量整个网络中心化程度的重要指标,在接口管理利益相关方网络中,处于中心位置的接口是设计-采购-施工,说明设计-采购-施工接口涉及核心资源和信息,同时对其他业务接口有较强的影响力。总包-设计、总包-设备供应商这两个节点最大,表明这两个接口在所有接口中对项目的影响范围最大。这是由于EPC项目的设计对于项目总投资、工期和质量的影响最为突出,总包商与设计之间的衔接、协同工作效率将直接影响的设计的优化和执行程度[133]。同时,设备采购部分费用占EPC项目总投资的比重较大,采购过程复杂,对项目运行至关重要。

从图8-3可以发现,社会网络中网络节点并不是很集中,说明与不同接口的利益相关方结构的相似性较低。其中,设计-采购-施工处在较为中心的位置,说明设计-采购-施工一体化接口管理对EPC项目影响程度较高。总包-设计、总包-设备供应商、总包-材料供应商、总包-分包商节点较为集中,表明与这四个接口有联系的人员重叠率较高,这四个接口涉及EPC工程最核心的三个环节:设计、采购和施工,且这四个接口基本贯穿整个项目的实施过程。因此这四个接口的利益相关方需要建立高效的联系以保证EPC项目的成功实施。

总包-业主之间、总包-咨询工程师之间节点较为集中,表明与这两个接口的利益相关方人员结构相似,咨询工程师受业主委托对工程实施过程进行监督,因此总包-业主和总包-咨询工程师的工作内容有一定的承接性。而总包-金融机构-业主、总包-当地政府、总包-当地居民则分别较为独立,表明这三个接口的工作专业独立性强。

# 8.3　国际工程EPC项目接口管理案例

## 8.3.1　伊泰兹水电站项目概况

伊泰兹水电站位于项目位于赞比亚的南方省丘莫市伊泰兹区,卢萨卡以西约320km的凯福河上(Kafue River),伊泰兹大坝(坝型为土石坝,长度为1800m,高度为62m)于1975年建成,是下游凯福峡水电站的调节水库。新的水电站是利用大坝施工时的南导流洞(12.5m马蹄形)改建为引水洞,并开挖新的引水洞连接段,调压井和压力钢管,以及地面式厂房和尾水渠,安装2台60MW的轴流转桨机组,额定水头40m,总装机容量120MW。

**1) 基础设施**

为业主施工营地和相应的供水/供电/污水处理设施和营地道路,维护现有110km进场公路,施工主厂房下游到调压井的道路和尾水渠桥。

**2) 土建工程**

包括导流洞改建,新开挖引水洞(衬砌直径9m),调压井(直径30m,深度58m),压力钢管段(2条,衬砌直径6.3m)和地面式厂房(厂房总高度57.0m,最大长度为(左右方向)56.00m,最大宽度(上下游方向)为 43.30m),尾水渠和开关站。厂房以上隧洞总长度月 725m。

**3)金属结构**

包括导流洞进水口拦污栅,调压井事故门(1 台套),尾水闸门(2 台套)和位于主厂房机组上游的两套直径 6.3m 的主阀。

**4)机电设备**

2 台 60MW 的轴流轴流转浆机组及其附属设备,220kV 主变(75MV·A)和开关站。

**5)项目总工期**

施工准备包括设计、临建、厂房围堰、业主永久营地建设等,工期12个月;主体工程施工包括南导流洞改造、引水洞、发电厂房、开关站等,施工工期为41个月。

本项目由印度塔塔南部非洲投资公司(TATA Africa)和赞比亚电力公司(ZESCO)共同投资组建伊泰兹项目(ITPC)公司,来开发伊泰兹水电站和附属工程。业主聘请印度塔塔咨询公司(TCE)为项目管理公司,项目经理由 TCE 的 K. Vasudevan 先生担任。

项目资金来源为:印度政府贷款 5500 万美元,TATA 公司出资 3500 万美元,ZESCO 出资 3500 万美元,其余资金由业主从其他金融机构贷款。2009 年 11 月 30 日签订合同,合同签订后,由于项目融资等问题没有顺利解决,所以项目没有按照原计划于 2010 年 3 月 16 日正式开工。

## 8.3.2　接口管理经验

伊泰兹水电站项目管理团队在该项目的接口管理上有许多成功之处,总结如下。

### 1. 设计-施工

项目主要采用的是印度标准,由于设计单位对国际标准不熟悉加上国内外设计理念的差异,有时存在出图滞后、审批困难等问题。

经验总结:承包商一方面推动设计院出图,另一方面积极协调业主、设计、机电、施工等各方,组织开展设计联络会,加强与项目参与方之间的沟通。例如,设计方为设计重点问题多次前往印度,与印度的咨询工程师当面商讨图纸的修改方案。

### 2. 总包-咨询工程师

咨询工程师方面经常出现延误批图的情况,有时候则是在 14 天期限的最后一天给出图纸不批复的意见。

经验总结:总包商努力与咨询工程师建立良好的信任合作关系,加强沟通。例如,主动邀请咨询工程师到中国进行设计审查,与供应商进行直接沟通,加快变压器的图纸批复,提高采购效率。

### 3. 设计-采购

设计院在设计的过程中,对于相关国际技术标准和设备实际应用情况不够了解,导致设计方无法及时确定设备采购的技术标准。同时,设计方与承包商采购部门之间缺乏连贯与流畅的沟通机制,设计-采购双方协调配合深度不够,导致接口工作不到位,从而影响后续的设计和优化。

经验总结:为解决双方沟通不畅问题,设计方一方面积极与业主/咨询工程师商讨修改图纸的方案,以尽早通过设计审批,进行设备采购。另一方面,采购部门也积极配合设计方,加强沟通,以尽快确定项目采购计划,以保证工程实施进度。

### 4. 总包-供应商

机电设备主要采用印度阿尔斯通作为供应商,主机的设备质量还可以,但常用的一些辅助的配件有好有坏,有时候会发生缺陷和漏项等问题。出现这些问题的原因主要在于供应商在印度国内公司的管理混乱。

经验总结:由于印度这个供应商是由业主选定的,总部承包商可以经由业主协助进行采购相关的管理。其他诸如电器通风无水处理、变压站励磁系统等,选择由国内厂家提供,主要由总包自行控制。

### 5. 总包-业主

赞比亚伊泰兹项目中,总包与业主间出现了资金、合同等方面的问题。

#### 1)资金问题

业主的融资主要来源于由法国、荷兰、南非开发银行、非洲银行等,但由于业主达不到贷款条件,迟迟得不到贷款。

经验总结:由于业主资金问题导致的延迟支付,总包致函提出索赔,并以放缓施工速度和停工向业主施压;另一方面,总包方还是积极和业主建立良好关系。对于承包商提出的索赔,业主一般会答应工期索赔,但费用索赔一般不同意。

#### 2)合同问题

合同是业主自己起草的,并非标准合同,因此很多条款都非常苛刻。例如,多数不可抗力风险都由总包承担,合同争端由当地高级法院仲裁。由于印度的一家投标人没有中标,因此中标后的谈判阶段,业主又修改了一些合同条款,使合同更加苛刻。

经验总结:由于合同是非标准合同,总包和业主经常发生合同争议,总包商致函业主,希望能按国际标准合同(如 FIDIC),但业主不同意。项目实施过程中,业主争取到了部分印度银行的买方贷款,但条件是这部分钱必须从印度采购设备,意味着总包会损失一些出口退税,经过了 3 个月的艰苦谈判,从项目的长远利益出发,最终总包决定牺牲一部分利益,采购一些印度设备。

### 8.3.3　接口管理建议

**1. 建立相互信任关系，积极促进和协调接口管理各方的沟通交流**

基于伙伴关系的接口管理中，信任是伙伴关系要素中的核心。合同公平的利益和风险分配有助于合同双方逐步建立起相互信任关系，一旦签订合同，双方就应采取积极态度，开始致力于实现共同目标。承包商与接口管理各方的相互信任能有效促进接口管理中交流要素的实现。各方愿意充分地沟通交流将加速信息在组织内和组织间的交流，信息共享和及时反馈有助于解决各种接口问题，促进设计、采购、施工之间的高效衔接和资源整合，从而提高项目实施效率，促进设计优化和价值工程，提升设计、采购和施工质量，最终实现 EPC 项目的绩效。另一方面，良好的项目绩效和公平合理的利益分配能进一步促进各利益相关方的相互信任关系，并有利于长期的战略合作伙伴关系的建立，以共同拓展更大的国际市场。

由于设计方对供应商设备的相关信息和参数了解不充分，容易出现设计缺陷。因此，设计阶段，设计方需要不断地与总包方的采购部门进行沟通与咨询，及时获取设备的具体信息，使得来自不同供应商的设备组合在一起后可兼容，充分发挥其原有的功能。作为 EPC 总承包商，应该积极组织和协调设计方与采购方的沟通交流，及时交换相关信息，以便更好地解决设计和采购方面的问题。例如，在哥斯达黎加项目之中，外方的设计团队直接进驻总承包商的采购部门，在设计过程中直接与采购方相沟通协商，极大地增进了设计的效率。

**2. 建立有效的信息跟踪与管理制度（系统），加强接口管理过程中的文档管理**

接口管理本质上是组织间信息和资源的交换过程。接口管理的目标就是要通过规范接口流程，明确接口工作双方的工作内容和权利责任，促进信息和资源在组织间顺畅地流动，以实现资源效用最大化，减少项目不确定和降低 EPC 项目的风险。作为总包方，应建立规范的设计、采购、施工接口管理流程，加强文档管理，通过与设计方的密切沟通，实时跟进与更新设计参数、设计图纸的状态和进度等信息，并及时与供应商提供的设备参数和供货周期比对。若设计需要对方案进行修改，得到业主与咨询工程师的确认后，应及时将修改后的相关技术文件反馈给采购部门和供应商，尽量减小信息滞后和不对称性，以确保设备的制造符合最终版本的设计图纸和技术参数，避免最终出现安装和运行问题。

**3. 应用建筑信息模型技术（building information modeling，BIM）提高信息共享效率**

BIM 技术"是一种应用于工程设计建造管理的数据化工具，通过参数模型整合各种项目的相关信息，在项目策划、运行和维护的全生命周期过程中进行信息共享和传递，使工程技术人员对各种建筑信息作出正确理解和高效应对"[138]，为设计方以及参建方的协同工作提供条件，以实现节约成本、缩短工期和提高工程质量的目的。BIM 技术的另外一个优势在于，方便不同利益相关方在项目各阶段进行信息的插入、提取、更新和修改，以实现各个接口工作的衔接和协调配合。设计阶段，应用 BIM 技术进行 3D 模拟，有助于提高设计方案的实用性、安全性和经济性。承包商应积极参与到设计过程，结合业主需求和自身丰富的施工经验，帮助设计方进行设计的深化和优化，提高设计的可施工性，降低设计—施工接口管理过程的不确定性和风险。同时，BIM 技术可为设计方编制设备、材料的采购技术要求和相关的技术规格书、数据表、图纸提供技术支持。

# 第9章

>>>>>>>>>>>>>>

# 总　结

## 9.1　国际工程 EPC 项目设计管理

### 1. 设计问题

（1）标准差异方面，主要问题包括"国内外标准差异导致的设计问题""不熟悉、不适应当地 HSE 相关法律法规导致的设计问题"，表明国内外标准差异对国际工程 EPC 项目设计的影响最为突出。

（2）投标策划方面，由于国际工程 EPC 项目业主在招标文件中给出的概念设计比较笼统，所给出的设计基础资料存在很多不确定性，在投标策划时对设计信息收集不足会给项目带来很大的风险。

（3）设计质量和进度方面，存在设计批复率低、设计失误和缺陷、设计工期拖延、设计方案可施工性不佳以及设计返工等问题，归因于设计人员不熟悉国际工程技术标准、设计资料不够完整和设计与采购、施工协调不充分等。

（4）设计接口管理方面，主要包括设计深度不足延误采购计划编制和设备制造、设计与采购和施工协调效率低、设计变更流程不规范以及设计信息管理不规范等问题，归因于设计与采购、施工之间缺乏有效的沟通交流等。

（5）设计激励方面，主要包括设计优化不足以及设计费用比例过低导致设计投入不足等问题，说明承包商应设置适当的激励机制，使设计方有足够的资源和动力进行设计优化，以获得性价比更高的设计方案。

### 2. 设计能力

EPC 项目投标策划过程中，能基于招标文件结合自身设计技术准确理解业主的意图，根据工程范围、工程任务、建筑物特性及功能，提出技术上的可行的初步设计方案，并且投标报价在商务上具有较强的竞争力。EPC 项目实施阶段在优化设计方案、提出详细的设计计算和施工图纸，并获得咨询工程师及时批准等方面还有较大提升空间。

**3．总承包商-设计方伙伴关系**

总承包商和设计方双方能够共同承担风险,努力实现中标这一共同目标。总承包商和设计方相互信任,可以实现公平的利益分配,并能够及时解决项目实施过程中遇到的问题。总承包商和设计方之间基于成功的项目实施,往往能形成长期的战略伙伴关系,共同拓展更大的国际市场。同时,成功的投标策划与其他伙伴关系要素关联性较强,归因于初步设计方案对 EPC 项目所具有的全局性重大影响。

**4．设计管理水平**

总承包合同对设计范围和内容定义较为明确。但在设计管理国际合作方面还有较大提升空间,应重视引入外部咨询机构,负责设计文件的审核、解读业主/咨询工程师的批复意见,为项目部设计管理提供技术支持;或引入优秀设计公司,借助其熟悉国际常用规范和设计能力强的特点,提高 EPC 项目设计管理水平。

**5．国际工程 EPC 项目设计管理案例**

选取赞比亚卡里巴北岸扩机项目作为设计管理案例,设计管理主要经验包括:与业主建立良好的关系;建立对设计的审核与激励机制;确定设计重点优化方向,保留设计变更余地;支持和鼓励采用先进设计方法,以提高设计批复效率和促进优化。

**6．国际工程 EPC 项目设计管理建议**

(1)设计输入管理措施:明确设计基础条件,明确设计工作范围和深度,加强对国际工程技术标准的理解。

(2)设计过程管理措施:在投标阶段,总承包商应就投标方案的商务、技术和风险三个方面进行控制;中标后,应就设计深度和责任、设计进度以及设计质量进行过程控制。

(3)设计输出评审管理措施:设置内部设计审核流程;引入外部咨询机构和国外优秀的设计公司,借助其熟悉国际常用规范和设计能力强的特点,提高 EPC 项目设计管理水平;同时加强与咨询工程师的沟通,不断提升运用国际工程技术标准的能力,以提高设计方案和图纸的批复率。

(4)设计优化管理措施:引入限额设计,设计优化的成本节约与业主共享,支持和鼓励设计采用先进技术和方法,加强对设计院的激励,以及引入国外优秀的设计公司解决项目设计难题。

(5)设计-采购-施工一体化管理措施:建立设计、采购和施工业务之间规范的接口管理流程,保证设计、采购、施工相关信息实现实时共享和及时反馈,以高效实现项目目标。

**7. 基于伙伴关系的国际工程设计管理流程**

（1）总承包商-设计方努力共同完成初步设计，成功中标。

（2）中标后，总承包商-设计方利益分配公平。

（3）总承包商-设计方相互信任。

（4）总承包商-设计方沟通高效。

（5）总承包商-设计方能共同及时解决项目实施问题。

（6）总承包商建立激励机制，有效促进设计优化，降低成本，提高设计方案可施工性。

（7）总承包商-设计方形成长期的战略合作伙伴关系，共同成功拓展更大的国际市场。

# 9.2 国际工程 EPC 项目采购管理

**1. 总承包商与利益相关方合作**

总承包商与大多数利益相关方保持着较好的合作关系。其中，与集团总部合作关系最好，归因于国际工程 EPC 项目通常规模庞大、资金投入多、风险程度高，需要集团总部为总承包商提供各种稀缺和宝贵资源，与集团总部良好的合作关系有助于总承包商从总部获得强大的支持，进而保障项目的顺利实施。虽然总承包商与各利益相关方间建立了伙伴关系，并在信任和共同目标等行为要素方面有较好的表现，但仍需进一步加强有效沟通、问题解决与及时反馈等交流要素。

**2. 总承包商与利益相关方接口管理**

总承包商与大多数利益相关方保持着较好的接口管理。相邻环节之间的接口管理对于保证整个项目的一体化实施至关重要，良好的接口管理有利于总承包商对国际工程 EPC 项目中众多利益相关方之间复杂的接口进行管理，以最大化资源的价值。

**3. 采购流程管理**

总承包商流程管理情况较好，能够建立有规范的采购全过程管理流程，并为采购活动的执行提供指导。与利益相关方建立合作关系与良好的接口管理有利于总承包商更好地了解存在于组织内外部的资源，建立具有合作性、可管控的一体化流程，以充分利用项目参与方资源，从而提高国际工程 EPC 项目采购管理效率。

**4. 采购信息管理**

总承包商信息管理情况还有较大的提升空间，尤其在信息共享和高效决策方面；

源于国际工程 EPC 项目采购活动中需要处理的信息总量庞大,信息经常存在于组织深层而获取难度大,供应链上众多的参与方及其复杂关系使得信息传递变得困难。

### 5. 采购管理过程

(1) EPC 投标策划方面,采购部分技术方案能够满足招标文件的技术要求;总承包商在进行 EPC 投标策划时,通常会邀请合作关系良好的供应商共同参与标书的编制,以做到在供应商的协助下满足招标文件的各项技术要求。

(2) 采购计划管理方面,总承包商采购任务责权分配明确,但还需加强与设计单位的配合和默契程度。

(3) 供应商管理方面,由于国际项目的特殊性,总承包商需要根据项目所在国市场情况和项目特点进行全球化采购,选择合理的采购渠道以提高成本和进度效益。

(4) 采购合同管理方面,总承包商在解决合同争议、进行合同索赔和加强全球化采购方面还需要提升。

(5) 机电设备和物资质量管理方面,总承包商对机电设备和物资验收质量把控较好,但在实时掌握供应商生产状况和重要设备驻厂监造方面还有进一步提升空间。

(6) 物流管理方面,总承包商建有规范的物流管理流程,但国际工程 EPC 项目物流管理具有地点特殊、环节复杂、周期长、设备运输要求高等众多风险因素,总承包商应注重物流风险预警及应急能力的提高。

(7) 仓储管理方面,总承包商能够较好地针对特殊材料制定完善的保存措施,但对关键设备或材料的仓储风险识别与应对有待进一步加强。

(8) 机电设备交付管理方面,总承包商能够顺利完成机电设备的调试、安装、移交和售后服务工作,而在机电设备的交付进度方面由于容易受到设备损坏或配件缺失等因素的影响而相对难以控制。

(9) 采购管理过程要素方面,总承包商在供应商管理、机电设备交付管理和采购计划管理方面管理水平较高。物流管理和仓储管理相对难以控制,归因于国际工程 EPC 项目设备和物资的运输受距离、海关政策、特殊运输要求等因素的制约较大。总承包商应建立完善的采购绩效评价机制,辨识影响采购绩效的关键要素,以持续提升总承包商采购管理水平。

### 6. 国际工程 EPC 项目采购利益相关方社会网络

(1) 总承包商与利益相关方合作的社会网络方面,总承包商与国外主材供应商的合作对整个采购工作的影响范围最广,施工主要材料的供应直接影响到后续工作的进行;集团总部对于国际工程 EPC 项目的采购工作,尤其是大型机电设备的采购有着严格的管理制度和流程,对整个采购过程有着全面的管控作用。同时,总承包商与集团总部/国内设备物资供应商、业主/咨询工程师等的合作表现出更多的相似性,表明分别与这些利益相关方保持合作的总承包商人员相似性较高。

（2）总承包商与利益相关方接口管理的社会网络方面，总承包商与施工方的接口管理对整个采购工作的影响范围最广。施工的主体建筑需要与机电设备的尺寸和型号相匹配，施工过程需要总承包商提供各项符合施工要求的材料和物资，采购工作的各个方面都要做好与施工方的配合与协调，以保证相互依赖的采购和施工活动能够有序进行。同时，总承包商与集团总部/国内设备物资供应商、咨询工程师/业主的接口管理表现出更多的相似性，表明分别与这些利益相关方保持沟通和联系的总承包商人员相似性较高。

### 7. 供应链一体化与采购管理过程内部要素

（1）供应链一体化内部要素方面，供应链一体化要素（利益相关方合作、接口管理、流程管理和信息管理）之间的相关性较高，表明供应链一体化的整体表现是这四个要素相互作用的结果。其中，利益相关方合作是供应链一体化的典型性要素，归因于与利益相关方的合作关系是其他三个一体化要素得以实施的重要前提。

（2）采购管理过程内部要素方面，采购管理过程十个要素之间相关性较高，表明采购管理过程的整体表现是这十个要素相互作用的结果。采购合同管理为采购管理过程的典型性要素，表明适当的合同基础是项目成功实施的重要保障，尤其是在涉及众多参与方的采购活动中，具有公平、清楚和全面风险分担的采购合同对于采购活动顺利进行非常必要。

### 8. 国际工程 EPC 项目采购管理策略

总承包商应与全球范围内关键利益相关方建立合作伙伴关系，加强利益相关方接口管理和供应链全流程管理，整合供应链上下游信息流，进而提升 EPC 投标策划、采购计划管理、供应商管理、采购合同管理、机电设备和物资质量管理、物流管理、仓储管理、机电设备交付管理，以及运营和售后服务。

# 9.3　国际工程 EPC 项目施工管理

### 1. 项目实施过程

（1）承包商在商业信誉、机电设备安装技术、施工技术、机构配置与职责界定、企业内部办公环境和文化设施、重大工程问题控制等方面表现较好；在企业信息管理系统、科技发展、企业高级人员引进、内部人才信息获取、经营模式研究、管理模式改革等方面提升空间较大。承包商在 EPC 工程执行中，技术、硬件设备和质量等方面的问题识别能力较强，但在数据整合与应用等领域尚有待继续完善。

（2）项目实施过程方面，总承包商在组织内部资源和内部资源管理方面优于外部资源管理；因此国际工程 EPC 项目中，承包商在伙伴寻找、合作伙伴管理、组织间学习方面应加以重视,以适应 EPC 项目实施在全球市场的资源需求。

(3) 合作伙伴管理与其他指标的关联性较强,验证了国际工程 EPC 项目外部资源管理的重要性。同时,研究证明了 EPC 项目中外部资源管理对国际工程的重要性;而 EPC 工程的顺利进行不但依靠着承包商本身的施工能力,而且还有赖于承包商通过有效控制项目不断提高合作伙伴在工程和生产管理等领域的业绩水平。

### 2. 总承包商能力

(1) 承包商项目层面能力优于企业层面能力,在国际工程 EPC 项目中,承包商项目和企业层面能力方面都有一定的提升空间。

(2) 项目层面能力方面,中国承包商在国际工程 EPC 项目 HSE 管理方面面临较大挑战。项目成本管理能力与其他项目层面能力的紧密联系;国际工程 EPC 项目往往为总价合同,项目质量管理能力、进度管理能力、HSE 管理能力和风险管理能力最终均会在成本绩效上有所体现。

(3) 企业层面能力方面,承包商信息管理能力、外部资源集成能力、融资能力和创新能力还有较大提升空间。创新能力最为典型,归因于创新能力是承包商可持续发展的内在动力。

### 3. 承包商能力与项目实施的关系

(1) 信息管理与项目层面能力间关系最为密切。工程设计—生产—实施交互流程中,形成了大量的信息资源,这些完善的信息有助于承包商整合多种资源、信息与技术,推进新项目,进而促进项目难题的有效化解。鉴于国外承包商信息管理操作能力与水平均得分较差,所以,承包商应该着力提高在海外的 EPC 项目管理执行中的管理能力。

(2) 国际合作项目管理、外部问题处理、业务拓展项目等在国际承包商的层面工作中联系得比较紧密,体现了国际工程 EPC 项目管理的外部协调和处理在项目中起到关键的作用。

(3) 技术与项目成本管理能力和风险管理能力显著相关,显示了承包商技术能力对 EPC 项目利润和风险管控的重要性。

### 4. 国际工程 EPC 项目实施策略

(1) 构建互信氛围和激励机制促进对外合作管理。

(2) 引入外部优秀人才和组织以弥补自身不足。

(3) 培养综合性、国际化人才。

(4) 加强学习与创新。

(5) 重视融资、营销、CSR 与市场开拓。

(6) 提升信息管理水平。

(7) 结合个人、组织、组织间三个层面提升 HSE 管理水平。

## 9.4　国际工程 EPC 项目风险管理

**1. 国际工程 EPC 项目实施风险**

国际工程 EPC 项目实施主要风险集中在经济、业主、设计、施工、采购和政治等方面,承包商需要从外部环境、利益相关方和项目自身等各个方面注重对风险的管理。

(1)经济风险:汇率/通货膨胀风险、项目融资困难、项目成本控制不利和当地经济下行压力均是与经济、金融和财务相关的风险,对项目实施产生重大影响。其中,汇率变化/通货膨胀风险会造成项目实施所需材料设备价格的上涨以及因汇率变动而产生的结算损失。项目融资困难不仅关系到承包商能否顺利中标,而且会影响项目实施阶段业主的支付能力。

(2)业主风险:业主不付款或拖延付款、业主要求停工耽误工期、业主审批延误和没收保函等与业主行为有关的风险对国际工程 EPC 项目总承包商有不可忽视的影响。我国承包商承接的国际工程 EPC 项目所在国发展水平通常不高,EPC 项目业主主要依靠融资,易受外界经济形势的影响而遭遇融资困难,导致无法按照合同规定支付工程款。业主常常在事务性审批等方面办事效率低下,从而影响承包商项目实施的成本和进度。

(3)设计风险:设计失误、缺陷,设计审批延误,设计方案不合理,设计优化不足和设计变更是承包商需重点关注的设计风险。国际工程 EPC 项目中业主招标文件仅限于概念设计,大多缺乏必要的基本地质勘测资料,设计方在这种条件下进行设计还需满足限额的成本要求,设计难度大。另外,国际工程 EPC 项目的设计大多采用国际标准,而我国设计院对国际标准不熟悉,因此获得咨询工程师一次性审批通过率较低,设计审批需要较长周期。

(4)施工风险:承包商技术能力薄弱、工程质量不达标、分包商不力、验收标准不明确、HSE 风险、工程量变更和保险不充分为施工风险。技术是承包商的核心竞争力,工程质量是企业信誉的保障,在施工过程中应高度重视技术和质量相关风险。HSE 也是国际工程 EPC 项目风险管理的重要方面。国际工程中 HSE 标准与国内不同,很多情况下规定更为严格,要求承包商在管理制度、组织机构和资源配置等方面加强 HSE 管理。

(5)采购风险:所需材料设备缺失、所需材料设备的价格上涨、材料/设备的质量问题和采购方案不合理(如性价比不高)是采购相关风险。采购是 EPC 承包模式中非常重要的一个环节,对项目的投资控制有重要影响。承包商需要适应国际采购标准和要求,拓展全球化采购渠道,使采购与设计、施工之间高效衔接,实时动态管理物流与仓储,以加强采购风险管理能力。

(6)政治风险:项目所在国政局不稳定、政府机构存在腐败和存在资产征收或国有化情况为政治相关风险。政府项目审批机构、财政、海关、公安和质检等部门的行为会影响项目的立项、征地与移民、证件办理、物资清关、劳务纠纷处理、工程款支付和工程验收,承包商应注重与各政府部门的沟通交流,以提升与政府部门之间的协同工作效率。

(7)不可抗力风险:总承包商应重视各种不可抗力事件,如地震、台风、洪水、战争、恐怖活动、骚动和罢工等。承包商不仅应做好对各种不可抗力事件的应急预案,还应在事件发生后及时向业主索赔(尤其是工期),同时处理与保险公司的理赔事项。

### 2. 风险管理方法应用情况

(1)风险辨识阶段最常使用的方法为主要相关人员集体讨论,表明总承包商意识到将风险相关人员的集体认识纳入风险辨识过程的必要性,并且主要依靠的是相关人员集体智慧和共同决策。

(2)风险分析阶段最常使用的方法为主要相关人员共同评估,归因于国际工程EPC项目工作地点通常离国内较远,主要项目管理人员依靠自身经验共同讨论分析风险的情况较为常见。

(3)风险应对阶段最常使用的方法为减少风险后果/可能性,意味着EPC总承包商风险管理的重点在于主动预防或积极减少风险事件的后果,而非把风险转移给其他项目参与方,这也与承包商在EPC项目合同中承担主要风险有关。

(4)风险监控阶段最常使用的方法为定期进行文件、报表和现场检查,表明风险监控采用的是常规的检查方法,缺少对风险未来发展趋势的深入分析和预测。

### 3. 风险管理制约因素

EPC国际工程项目风险管理过程最主要的障碍是缺乏正式的风险管理系统。目前的EPC项目风险管理偏于粗放,总承包商并未能建立起规范化的管理系统,以及高效的风险辨识、分析、应对和监控流程,不利于系统地进行管理风险。缺乏共同管理风险机制、缺乏共同管理风险意识以及缺乏协同风险管理知识和技能等风险管理障碍印证了项目参与方建立合作伙伴关系共同管理风险的重要性。伙伴关系可以帮助各项目参与方建立互信机制和交流机制,实现信息资源共享,消除对风险管理的分歧,提高风险管理水平。

### 4. 伙伴关系在风险管理中的应用

伙伴关系在国际工程EPC项目风险管理过程中有所体现,其中,国际工程EPC项目中各方能意识到共同实现项目目标的重要性,并能建立起较高程度的信任关系,但如何高效地处理好EPC项目过程实施中的各种问题依然是承包商的重要挑战。

### 5. 激励机制

激励机制是伙伴关系公平要素的自然延伸,包含利益共享、风险共担的共赢思想。

当前 EPC 项目激励的设置方式为混合式,其中最主要的激励依据是项目实施结果,其次是项目实施过程和组织学习。相对而言,对采购和设计的激励措施使用较少,归因于现阶段我国 EPC 总承包商对于采购和设计的认识还不够深入;设计和采购工作由总承包商的合作伙伴承担,涉及的范围广,很多过程环节不由总承包商直接控制,进行设计绩效和采购绩效评价较为困难,因此难以设置有效的激励措施。

### 6. 基于伙伴关系的风险管理激励机制

伙伴关系同激励机制存在较高的正相关性,表明在国际工程 EPC 项目实施过程中,激励机制的运用有利于将各方形成利益共同体,有利于强化各方间的合作关系,促进项目绩效的提升,最终提高项目各方收益。伙伴关系要素对于不同激励形式的作用效果是不同的。相比于施工激励,伙伴关系对于促进设计激励和采购激励的运用更为有效。基于公平的利益分配所建立的对设计方的激励机制,可以促进基础设计、详细设计及其与采购、施工间的合理衔接,从而显著降低"设计失误、缺陷""设计审批延误""设计方案不合理""设计优化不足"和"设计变更"等风险。

### 7. 风险管理案例

选取委内瑞拉新卡夫雷拉项目和赞比亚卡里巴项目作为风险管理案例。结果表明:外部环境、利益相关方和项目自身风险因素相互影响,国际工程 EPC 项目承包商应基于全球化视角建立与项目自身特点相适应的利益相关方伙伴关系,通过互信、交流和激励机制消除风险管理障碍并不断完善风险管理组织体系,以尽可能利用所有参与方的资源有效管理经济、业主、设计、施工、采购、政治和不可抗力等方面风险。

## 9.5　国际工程 EPC 项目 HSE 管理

### 1. HSE 不利条件

中外标准差异和对国外 HSE 标准的了解程度对国际工程 EPC 项目 HSE 管理的制约性很强。同时,"项目所在地传染病多发""施工现场危险源、干扰因素多,易发事故""项目所在地生活条件恶劣""工程水文条件恶劣,易发事故""工程地质条件差,易发事故"和"项目所在地社会动荡,不安定"均从各种层面上均可以导致 HSE 问题。业主应加强 HSE 管理体系建设和实施,提高 HSE 项目资金的运用,重视对项目负责人开展管理和安全技术培训,以减少自然环境、施工现场和社会条件的恶劣影响。

### 2. HSE 标准应用能力

承包商能基于项目当地 HSE 相关法律法规、标准要求较为顺利完成设计、采购和施工任务,项目经理经验丰富、注重 HSE 管理工作,但仍需提高对 HSE 标准管理的整体把握和认知,尤其需要加强 HSE 管理复合型人才的培养。

**3. 项目 HSE 管理过程**

承包商需注意应急预案、现场监督检查、目视化管理、HSE 事故记录和整理、考核与奖惩以及培训和宣贯工作。

**4. 施工现场 HSE 管理**

承包商能对劳动班组人员构成和工作时间安排考虑充分,以提高生产效率,并保障劳务人员的休息。承包商对危险物资的存放高度重视,特别是对易燃易爆品(如柴油、防腐油漆)的存放要进行严格的管控,以防安全隐患发生。项目施工现场的规划组织工作还有一定提升空间,源于国际工程施工现场环境条件复杂、危险源众多,需要精细化的风险管理措施加以规避。承包商还需重视物资运输过程中的保护工作,归因于国际工程 EPC 项目往往位于交通设施薄弱的偏远地区,物资运输难度大。

**5. 组织级 HSE 管理**

公司战略层面对于 HSE 管理工作高度重视,在 HSE 管理规章、制度建设方面较为完善,HSE 事故报告和管理经验记录较为详尽,接下来需要进一步加强规章制度的执行力,并将经验提炼为理论知识,以供公司所有人员共享。公司应明确部门/团队成员在 HSE 管理中所担当的责任,搭建 HSE 管理沟通渠道,建立更为完善的 HSE 管理激励机制,鼓励员工提出 HSE 管理改进建议,提升部门/团队成员参与 HSE 管理的积极性。

**6. HSE 管理合作表现**

国际工程 EPC 项目的 HSE 管理过程中涉及包括项目业主、咨询、分包商、当地政府、公共机构、当地社区和居民等在内的众多利益相关方。对于不同利益相关方的诉求,应建立互信互利的合作伙伴关系。承包商在与各利益相关方共同解决 HSE 问题方面还有一定的提升空间,尤其是在与业主/咨询之间关于 HSE 管理问题的沟通效率方面,还需要进一步提高。

**7. HSE 管理影响因素典型指数**

组织因素与其他指标的关联性较强,表明公司 HSE 整体管理水平对其他因素的重要影响,公司应从战略、文化建设、资源投入和管理体系方面进一步提升 HSE 管理水平。

**8. HSE 管理绩效**

安全管理的绩效最高,归因于安全问题直接涉及项目参与人员的生命财产安全,造成的影响更直接,项目参与方更为重视、投入更大。环境保护和职业健康管理在国际工程领域越来越受到重视,承包商在这些方面的管理能力需进一步加强。此外,技术标准、项目人员、管理过程、施工现场管理、组织管理和伙伴关系对项目 HSE 绩效都有显著影响。其中,HSE 管理过程是对项目最终 HSE 绩效影响最大的因素,反映了 HSE 管理过程导向型的特点,重在预防项目实施 HSE 事故的发生。

### 9. HSE 管理案例

纳米比亚湖山铀矿工程项目案例分析结果表明,国外公司在管理制度的执行力、灵活性(按需求设置),营地统一化管理,安全培训,管理创新和人性化管理方面较为重视。案例 HSE 管理理念以预防和控制为先:要预防死亡重伤害事故,必须预防轻伤害事故;预防轻伤害事故,必须预防未遂事故;预防未遂事故,必须消除日常不安全行为和不安全状态;而消除日常不安全行为和不安全状态,则取决于日常的细节管理。

### 10. HSE 管理策略

承包商应加强国际工程 HSE 标准应用能力,注重过程管理,增加 HSE 管理资源投入,构建共享的知识管理体系;与项目参与方建立合作伙伴关系,共同管理 HSE 问题,以满足各利益相关方的诉求。

## 9.6 国际工程 EPC 项目合同管理

### 1. 项目履约问题

在实现国际工程 EPC 项目主要目标过程中,最容易出现的问题是"工期延长",接下来是"费用超支"和"质量问题",表明进度控制对承包商履约至关重要,同时承包商也应高度重视成本控制。EPC 项目履约过程中业主和总包间会存在争议,其中,"承包商向业主提出索赔"出现的频率明显高于"业主对承包商的索赔"。总承包商与设计、设备材料供应商和分包商之间产生争议的频率相对较低,但也不可忽视。

### 2. 项目争议或索赔的原因

(1)业主原因,主要包括"业主办事、决策效率低下""业主不付款或拖延付款""业主要求的设计变更""业主未及时移交工作面/进场公路""业主征地、移民困难"和"业主未提供施工所需条件(如电力、通信、水等)"。我国承包商承接的国际工程 EPC 项目所在国发展水平通常不高,EPC 项目业主主要依靠融资,易受外界经济形势影响而遭遇融资困难,导致无法按照合同规定支付工程款;业主常常在征地、移交工作面和处理海关关税事宜等方面执行能力不强,从而影响承包商项目实施成本和进度。

(2)咨询工程师原因,主要包括"咨询工程师延误设计审批"和"咨询工程师办事效率低下"，表明由于咨询工程师审批延误的情况也经常存在。承包商除了加强与咨询工程师的沟通以外，也应注意保留往来函件，以作为申请工期延长的证据。

（3）设计原因，主要包括"设计图纸出图滞后""设计方案未满足业主需求"和"设计失误、缺陷"。设计问题不仅会导致工程项目质量问题，也会造成工期的延误。国际工程EPC项目中业主招标文件仅限于概念设计，设计人员在基本地质勘测资料匮乏的条件下需满足限额设计的成本要求，设计难度大；且我国设计院往往对国际标准不熟悉，也会导致图纸延误，设计方案审批通过率较低。

（4）采购原因，国际工程EPC项目采购往往面临当地无充足材料设备来源、所需材料设备市场缺失和供货能力不足等困难。我国承包商承接的国际工程EPC项目多位于市场不成熟的国家或地区，且工程处于偏远山区，交通、通信不便，采购周期长，与设计和供货商的沟通协调难度大。总承包商应与设备供应商制定详细的设备制造、运输和安装方案。

（5）施工原因，主要包括"总包方施工问题导致工期延长或费用增加""总包方组织协调问题导致工期延长或费用增加"和"分包商的违约行为"。总承包商尤其应注意对国际劳务人员的技能培训、安全教育以及当地分包队伍管理。"现场地质条件不利"也与施工有关，总承包商在遇上特殊地质条件时，应仔细研究合同条款，判断是否可以获得工期和费用索赔。

（6）当地政府原因，政府项目审批机构、财政、海关、公安和质检等部门的行为会影响项目的立项、征地与移民、证件办理、物资清关、劳务纠纷处理、工程款支付和工程验收。总承包商需加强与各政府部门沟通交流，但如果审批缓慢存在业主的责任，应进行相应索赔。

（7）不可抗力原因，主要包括"罢工""当地发生地震、台风、洪水等自然灾害"和"发生战争、暴乱、恐怖袭击等"。总承包商应与业主就不可抗力事件做好保险工作，一旦不可抗力事件发生，共同向保险公司理赔；同时，总承包商可向业主申请工期补偿。

（8）合同条款表述原因。"合同条款不明确而导致双方理解不一致"也会导致合同争议，对此，总承包商需在合同签订之初请业主/咨询工程师澄清项目具体要求、明确工作范围和责任，以减少因合同条款不明确而导致的争议。

### 3．项目索赔管理

EPC项目需同时重视索赔和反索赔两个方面。

向业主索赔措施主要包括："根据合同制定管理计划，随时跟踪""保留充分的索赔证据和详细的记录""广泛收集工程各种数据信息，进行分析整理"和"引入外部专家以提高索赔成功率"。

反索赔措施主要包括："分析合同，找出漏洞，并采取方式弥补漏洞"和"合约部门向其他部门进行合约内容讲解和传递"，应注意通过深入分析合同条款，辨识出履约的关键点，以按合同要求顺利完成任务。

### 4. 合同争议解决方式

在国际工程 EPC 项目中,各方主要采用"沟通协商/和解"方式解决争议,有时通过"调解"的方式解决争议,而"仲裁"和"诉讼"这两种方式使用情况比较少,表明承包商与业主等项目参与方都倾向于选择合作策略,友好解决 EPC 项目履约过程中的争议。

### 5. 合同管理策略评价

承包商投标策略趋于理性,但由于激烈的市场竞争,低价中标策略还存在;由于承包商承担 EPC 项目主要风险,想通过索赔来提高利润率比较困难。EPC 协议应使权利和义务安排合理、风险划分恰当、包含健全的解决纠纷的途径和流程、引入激励(特别是设计相关激励),以助于合同当事人的沟通以及建立和谐的人际关系,保障合同的顺利执行。

### 6. 合同管理案例

案例分析表明,国际工程 EPC 项目合同争议管理应注重如下方面:业主拖延支付、工程变更、不利的地质条件、不可抗力、当地分包商不力、法律法规变化产生的费用增加、合同内容不明确和国内外标准差异引起的问题等。

## 9.7　国际工程 EPC 项目接口管理

### 1. 设计-施工接口管理

合同中对于设计-施工双方的权责规定明确,工作包划分清楚。"设计合同中对于合同双方的风险分配合理""设计-施工接口工作文档管理完善""设计-施工接口流程清晰、合理"和"施工信息及时反馈给设计,以提高设计可施工性"等方面也表现较好。"设计-施工接口风险控制""设计合同中有完善的解决问题和争端的方法与程序"和"设计与施工之间问题和争端的解决效率高"排名相对较低,表明设计和施工在协同风险处置和解决问题方面有待提高。

### 2. 设计-采购接口管理

双方接口流程清晰、合理,相互信任,但设计-采购之间问题和争端的解决效率还有待提高,接口工作文档管理需进一步完善。

### 3. 施工-采购接口管理

合同中对于施工-采购双方的权责规定明确,双方信任程度较高,但还需在采购合同中进一步明确解决问题和争端的方法,以提高双方之间解决问题和争端的效率。

**4. 设计-采购-施工一体化管理**

设计-采购-施工一体化管理水平还有一定提升空间。其中,项目实施阶段设计-采购-施工各环节沟通交流水平高于项目投标策划阶段。承包商需建立设计-采购-施工之间信息管理平台,以支持各方高效协同工作。

**5. 总包-业主接口管理**

合同中总包-业主双方权责规定明确,工作包划分清楚,接口工作文档管理较为完善。总包-业主之间双方信息共享程度和沟通效率还需要提高。虽然总包合同中有较为完善的解决问题和争端的方法、程序,但是在解决具体问题和争端的效率方面还有待进一步提升。

**6. 总包-咨询工程师接口管理**

总包-咨询工程师之间接口流程较为清晰、合理,能够及时沟通工程设计、施工方案和变更等情况,但双方的信任程度、信息共享程度,以及解决问题和争端的效率还需要进一步提高。这要求总包不断提升自身的履约能力(尤其是设计方面),以赢得咨询工程师的信任。

**7. 总包-当地分包商接口管理**

合同中对于总包-当地分包商接口双方的责任规定明确,施工分包合同工作包划分清楚。承包商雇用当地劳工有助于降低项目成本,并对当地劳动力市场较为了解,但总包与当地分包商之间沟通和解决问题、争端的效率还有待进一步提升。值得注意的是,当地劳工施工技能水平不高,需加强对当地劳务的技术培训。

**8. 总包-当地政府接口管理**

总包-当地政府接口管理水平还有较大提升空间,这固然与总包不够熟悉当地政府的相关审批流程有关,但更主要的原因在于当地存在地方保护壁垒、部门垄断现象,尤其是当地政府办事效率较低。

**9. 总包-当地社区接口管理**

总承包人应当能够根据本地的规定纳税,为社会创造尽可能的就业职位,并重视和保存工程所在地的历史文化和财产,以及在必要时为居民的文化生活和工作创造条件。但是,承包商与当地社区之间相互信任程度不高,总承包商应积极参与社区公共服务与管理,组织和支持员工参与社区志愿活动,以赢得当地居民的认可和支持。

**10. 总包-金融机构接口管理**

总承包商与特定金融机构(例如中国进出口银行)之间建立有长期合作伙伴关系,

并以此协助业主获得融资,从而顺利中标国际工程 EPC 项目。值得注意的是,总包-银行-业主之间融资环节复杂,融资谈判时间长、难度大,承包商应积极拓宽融资渠道,加强与国内商业银行、世行和亚行的合作。

### 11. 各利益相关方衔接与协同工作效率

总承包商与项目参与方内部团队成员(包括设计、材料设备供应商和分包商)之间的协同工作效率最高;与业主/咨询工程师之间的协同工作效率次之;与项目外部利益相关方(包括当地政府、居民和金融机构等)之间的协同工作效率最低。总承包商应根据各利益相关方的特点和需求,采取相应的沟通和协作策略,以提高项目实施效率。

### 12. 各利益相关方接口发生问题的频率

总包与业主/咨询工程师之间最容易发生接口管理方面的问题,主要归因于在项目实施过程中,设计方案、图纸等往往难以达到咨询工程师的要求,以及在工程变更和索赔等事项上不容易达成一致。此外,总包与设计、设备/材料供应商和分包商等项目参与方也会就具体业务产生接口管理问题。

### 13. 基于伙伴关系的 EPC 项目接口管理模型

对信任、信息共享、沟通和接口管理绩效之间的相互作用关系进行路径分析,结果显示:信任与信息共享之间呈现显著的强相关性,表明接口管理利益相关方之间的相互信任能有效提高其信息共享和交换程度。信任和信息共享与沟通都存在着显著的相关关系。其中,信息共享对提高沟通效率起着重要的作用;信任不仅可以直接提高接口管理沟通效率,还能通过促进信息共享间接地改善沟通效果。

### 14. 业主与利益相关方组织间联系的社会网络分析

(1)在接口管理利益相关方网络中,处于中心位置是设计-采购-施工接口,说明其涉及核心资源和信息,同时对其他业务接口有较强的影响力。

(2)总包-设计、总包-设备供应商这两个节点的形状最大,表明它们在所有接口中对项目的影响范围最大。

(3)总包-业主之间、总包-咨询工程师之间节点较为集中,表明与这两个接口的利益相关方人员结构相似,咨询工程师受业主委托对工程实施过程进行监督,因此总包-业主和总包-咨询工程师的工作内容有一定的承接性。

(4)总包-金融机构-业主、总包-当地政府、总包-当地居民节点间较为独立,表明这三个接口的工作专业独立性强。

### 15. 接口管理案例

伊泰兹水电站项目案例分析结果表明:项目参与方之间接口管理应注重解决国内

外设计理念差异、出图滞后、审批困难、设计方无法及时确定设备采购的技术参数、明确采购计划、业主资金问题以及合同争议等问题。

### 16. 国际工程 EPC 项目接口管理策略

项目各方应建立相互信任关系，积极促进和协调接口管理各方的沟通交流；建立有效的信息跟踪与管理制度（系统），加强接口管理过程中的文档管理；应用建筑信息模型技术（BIM）提高信息共享效率。

（1）设计-采购接口管理：如何高效传递设计与采购相关信息，以及时制定采购计划、选择供货商、保障设备的设计和制造。

（2）设计-施工接口管理：如何将施工现场信息及时高效反馈给设计，以使设计方案不断深化、优化并满足现场施工进度要求，并充分考虑资源的可获得性及现场施工需求，避免过于复杂的工艺及不利条件下的施工，提高设计的可施工性。

（3）采购-施工接口管理：如何建立与施工部门之间规范的接口管理流程，保证采购、施工相关信息实现实时共享、快速流动和及时反馈，以实时掌握施工进度和库存情况，并及时调整采购计划和物资设备生产发运。

（4）设计-采购-施工一体化管理：如何建立项目合作伙伴之间的信息沟通渠道，传递设计、采购和施工多源信息，以支持各方信息高效交流、决策和协同工作，形成业务协同价值网；并促进各方知识融合，不断创新，以解决各种设计、采购和施工技术问题。

（5）根据项目利益相关方特点，建立沟通渠道，基于共赢理念与利益相关方合作解决国际工程 EPC 项目实施过程中各种问题。

# 参 考 文 献

[1] WORLD BANK. Belt and Road economics：opportunities and risks of transport corridors ［R］. Washington：The World Bank，2019.

[2] 孙洪昕.制度视角下国际承包商动态能力对项目实施影响机理研究［D］.北京：清华大学，2021.

[3] 张水波，陈勇强.国际工程总承包 EPC 交钥匙合同与管理［M］.北京：中国电力出版社，2009.

[4] 王姝力.基于供应链一体化的国际工程 EPC 项目采购管理研究［D］.北京：清华大学，2016.

[5] HANSEN S. Study on the management of EPC projects ［J］. International Journal of Civil，Structural，Environmental and Infrastructure Engineering Research and Development（IJCSEIERD），2015，5：11-22.

[6] 余自业，唐文哲，等.数字经济下水利工程建设管理创新与实践［M］.北京：清华大学出版社，2022.

[7] 史桂合.浅谈国际工程 EPC 项目管理要点及对策［J］.项目管理技术，2018，16（7）：111-115.

[8] AN H，SHUAI Q. Study on cost management of the general contractor in EPC project ［C］//2010 3rd International Conference on Information Management，Innovation Management and Industrial Engineering. IEEE，2010，2：478-481.

[9] 郑军勇.EPC 模式下的国际水电工程项目绩效评价研究［D］.杭州：浙江大学，2022.

[10] 刘松.国际工程建设 EPC 项目风险管理研究［J］.石油工程建设，2021，47（S1）：181-184.

[11] 司训练，李颖.国际工程 EPC 总承包项目风险管理研究综述［J］.项目管理技术，2022，20（1）：25-32.

[12] 丁荣贵.项目利益相关方及其需求的识别［J］.项目管理技术，2008（1）：73-76.

[13] 付俊文，赵红.利益相关者理论综述［J］.首都经济贸易大学学报，2006（2）：16-21.

[14] 李维安，王世权.利益相关者治理理论研究脉络及其进展探析［J］.外国经济与管理，2007（4）：10-17.

[15] 谢钰敏，魏晓平.项目利益相关者管理研究［J］.科技管理研究，2006（1）：168-170，194.

[16] 管荣月，杨国桥，傅华锋.建筑工程项目利益相关者管理研究［J］.中国高新技术企业，2009（2）：130-132.

[17] HANLY G，VALENCE G. Partnering：an Australian perspective，part 1-Partnering ［J］. Australian Construction Law Reporter，1993，12（2）：50-59.

[18] KUBAL M T. The future of engineered quality ［J］. Journal of Management in Engineering，1996，12（5）：45-52.

[19] CHAN A P C，SCOTT D，LAM E W M. Framework of success criteria for design/build projects ［J］. Journal of Management in Engineering，2002，18（3）：120-128.

[20] NG S T，ROSE T M，MAK M，et al. Problematic issues associated with project partnering：the contractor perspective ［J］. International Journal of Project Management，2002，20（6）：437-449.

[21] CHENG E W L，LI H. Construction partnering process and associated critical success factors：quantitative investigation ［J］. Journal of Management in Engineering，2002，18（4）：194-202.

[22] SCOTT B. Partnering in Europe：Incentive based alliancing for projects ［M］. London：Thomas Telford，2001，17-20.

[23] BLACK C，AKINTOYE A，FIZGERALD E. An analysis of success factors and benefits of partnering in construction ［J］. International Journal of Project Management，2000，18（6）：423-434.

[24] TANG W，DUFFIELD C F，YOUNG D M. Partnering mechanism in construction：An empirical study on the Chinese construction industry ［J］. Journal of Construction Engineering and Management，2006，132（3）：217-229.

[25] TANG W,QIANG M,DUFFIELD C F,et al. Risk management in the Chinese construction industry [J]. Journal of Construction Engineering and Management,2007,133(12)：944-956.

[26] 唐文哲,强茂山,陆佑楣,等.基于伙伴关系的项目风险管理研究[J].水力发电,2006(7)：1-4.

[27] 唐文哲,强茂山,陆佑楣,等.建设业伙伴关系管理模式研究[J].水力发电,2008,34(3)：9-13.

[28] 秦浩.供应链管理思想在高校图书馆中的应用[J].科技情报开发与经济,2013(23)：3.

[29] 刘丽文.供应链管理思想及其理论和方法的发展过程[J].管理科学学报,2003(2)：81-88.

[30] 宋华.供应链管理环境下的战略采购[J].中国工业经济,2003(6)：84-90.

[31] 马士华,王一凡,林勇.供应链管理对传统制造模式的挑战[J].华中理工大学学报(社会科学版),1998(2)：66-68.

[32] 董安邦,廖志英.供应链管理的研究综述[J].工业工程,2002(5)：16-20.

[33] 聂茂林.供应链系统管理原理研究[J].经济师,2004(1)：151-152.

[34] 聂茂林,张成考,王春雨.供应链管理原理及运作模式研究[J].企业经济,2005(5)：53-54.

[35] GOLD S,SEURING S,BESKE P. Sustainable supply chain management and inter-organizational resources：a literature review[J]. Corporate Social Responsibility and Environmental Management,2010,17(4)：230-245.

[36] THOMAS A S,KOPCZAK L R. From logistics to supply chain management：the path forward in the humanitarian sector [J]. Fritz Institute,2005,15(1)：1-15.

[37] CHAN F T S,QI H J. An innovative performance measurement method for supply chain management [J]. Supply Chain Management,2003,8(3)：209-223.

[38] BALLOU R H. Business logistics：supply chain management [J]. Materials Management,2004,8(2)：1-7.

[39] MICHELI G,CAGNO E,GIULIO A D. Reducing the total cost of supply through risk-efficiency-based supplier selection in the EPC industry [J]. Journal of Purchasing and Supply Management,2009,15(3)：166-177.

[40] KOSKELA L,VRIJHOEF R. Roles of supply chain management in construction [C]//Proc. 7th Annual Int'l Conf. Group for Lean Construction. 1999：133-146.

[41] SCHIEG M. Risk management in construction project management [J]. Journal of Business Economics & Management,2006,7(2)：77-83.

[42] LYONS T,SKITMORE M. Project risk management in the Queensland engineering construction industry：a survey [J]. International Journal of Project Management,2004,22(1)：51-61.

[43] 吴桂玲.风险管理及其实施步骤[J].质量与可靠性,1997(6)：22-24.

[44] 徐伟.风险管理在水电设计企业EPC项目中的应用[J].水利与建筑工程学报,2010,8(5)：143-146.

[45] 王宏伟,孙建峰,吴海欣,等.现代大型工程项目全面风险管理体系研究[J].水利水电技术,2006(2)：103-105.

[46] 何苗,樊子立,张如.数字经济下企业风险的性质转变与管理策略[J].财会月刊,2021,907(15)：117-123.

[47] SCHWARZ I J,SÁNCHEZ I P M. Implementation of artificial intelligence into risk management decision-making processes in construction projects [M]. München：Universität der Bundeswehr München,Institut für Baubetrieb,2015：357-378.

[48] BURATI J J L,FARRINGTON J J,LEDBETTER W B. Causes of quality deviations in design and construction [J]. Journal of construction engineering and management,1992,118(1)：34-49.

[49] DESHPANDE A S,SALEM O M,MILLER R A. Analysis of the higher-order partial correlation between CII best practices and performance of the design phase in fast-track industrial projects [J]. Journal of construction engineering and management,2012,138(6)：716-724.

［50］　漆大山，黄梅，范仕军，等. BT 项目的运作管理模式及合同管理研究：以 A 市体育中心项目为例［J］. 建筑经济，2014，35(8)：38-42.

［51］　GRAU D，BACK W E，PRINCE J R. Benefits of on-site design to project performance measures［J］. Journal of management in engineering，2012，28(3)：232-242.

［52］　CHAN E H W，CHAN A P C，YU A T W. Design management in design and build projects：the new role of the contractor［C］//Proceedings of Construction Research Congress 2005：Broadening Perspectives. San Diego，California：2005：1-11.

［53］　SENTHIKUMAR V，VARGHESE K. A case study based testing of design interface management system［J］. Journal of management in engineering，2012，29(3)：279-288.

［54］　TANG W，DUFFIELD CF，YOUNG DM. Partnering mechanism in construction：an empirical study on the Chinese construction industry［J］. Journal of construction engineering and management，2006，132(3)：217-229.

［55］　LIU Y，TANG W，DUFFIELD C F，et al. Improving design by partnering in engineering-procurement-construction (EPC) hydropower projects：a case study of a large-scale hydropower project in China［J］. Water，2021，13(23)：3410.

［56］　ZHANG Q，TANG W，LIU J，et al. Improving design performance by alliance between contractors and designers in international hydropower EPC projects from the perspective of Chinese construction companies［J］. Sustainability，2018，10(4)：1171.

［57］　OTHMAN E，AHMED A. Improving building performance through integrating constructability in the design process［J］. Organization，technology & management in construction：an international journal，2011，3(2)：333-347.

［58］　ROOS M E，KALLIS K. Building "constructability" into the design［M］//Electrical Transmission and Substation Structures 2012：Solutions to Building the Grid of Tomorrow. Columbus，Ohio：2012：323-335.

［59］　WANG T，TANG W，QI D，et al. Enhancing design management by partnering in delivery of international EPC projects：evidence from Chinese construction companies［J］. Journal of Construction Engineering and Management，2016，142(4)：04015099.

［60］　BAGCHI P K，HA B C，SKJOETTLARSEN T，et al. Supply chain integration：a European survey［J］. The International Journal of Logistics Management，2005，16(2)：275-294.

［61］　HUO B. The impact of supply chain integration on company performance：an organizational capability perspective［J］. Supply Chain Management，2012，17(6)：596-610.

［62］　FLYNN B B，HUO B，ZHAO X. The impact of supply chain integration on performance：a contingency and configuration approach［J］. Journal of Operations Management，2010，28(1)：58-71.

［63］　LEUSCHNER R，ROGERS D S，CHARVET F F. A meta-analysis of supply chain integration and firm performance［J］. Journal of Supply Chain Management，2013，49(2)：34-57.

［64］　RAHMAN S. Theory of constraints［J］. Zeitschrift Für Erfolgsorientierte Unternehmenssteuerung，2002，14(1)：55-56.

［65］　DAVIS T. Effective supply chain management［J］. Mit Sloan Management Review，1993，34(4)：35-46.

［66］　刘丽文. 供应链管理思想及其理论和方法的发展过程［J］. 管理科学学报，2003(2)：81-88.

［67］　YEO K T，NING J H. Integrating supply chain and critical chain concepts in engineer-procure-construct (EPC) projects［J］. International Journal of Project Management，2002，20(4)：253-262.

［68］　TOOKEY J E，MURRAY M，HARDCASTLE C. Construction procurement routes：re-defining the contours of construction procurement［J］. Engineering Construction & Architectural Management，2001，8(1)：20-30.

[69] 何伯森. 国际工程承包[M]. 2 版. 北京：中国建筑工业出版社,2007.

[70] LEE H L,SO K C,TANG C S. The value of information sharing in a two-level supply chain[J]. Management Science,2000,46(5)：626-643.

[71] 柯洪,甘少飞,杜亚灵. 信任对 EPC 工程供应链管理绩效影响的实证研究：基于关系治理视角[J]. 科技管理研究,2015,334(12)：194-202.

[72] VRIJHOEF R,KOSKELA L. Roles of supply chain management in construction[C]//proceedings 7th annual conference of the international group for lean construction (IGLC-7),Berkeley,CA,USA, 26-28 July,133-146,1999.

[73] TITUS S, BROECHNER J. Managing information flow in construction supply chains [J]. Construction Innovation,2005,5(2)：71-82.

[74] CRESPIN-MAZET F,GHAURI P. Co-development as a marketing strategy in the construction industry[J]. Industrial Marketing Management,2007,36(2)：158-172.

[75] HONG Y,CHAN D,CHAN A,et al. Critical analysis of partnering research trend in construction journals[J]. Journal of Management in Engineering,2012,28(2)：82-95.

[76] TANG W,QIANG M,DUFFIELD C F,et al. Incentives in the Chinese construction industry[J]. Journal of Construction Engineering & Management,2008,134(7)：457-467.

[77] TANG W,DUFFIELD C,YOUNG D. Partnering mechanism in construction：an empirical study on the Chinese construction industry[J]. Journal of Construction Engineering & Management,2006, 132(3)：217-229.

[78] LOVE P,DAVIS P R,CHEVIS R,et al. Risk/reward compensation model for civil engineering infrastructure alliance projects [J]. Journal of Construction Engineering & Management, 2011, 137(2)：127-136.

[79] WETHYAVIVORN P,CHAROENNGAM C,TEERAJETGUL W. Strategic assets driving organizational capabilities of Thai construction firms[J]. Journal of Construction Engineering and Management, 2009,135(11)：1222-1231.

[80] DYER J H,SINGH H. The relational view：cooperative strategy and sources of interorganizational competitive advantage[J]. Academy of Management Review,1998,23(4)：660-679.

[81] SIMATUPANG T M,SRIDHARAN R. The collaborative supply chain[J]. The International Journal of Logistics Management,2002,13(1)：15-30.

[82] MENTZER J T,FOGGIN J H,GOLICIC S G. Collaboration：the enablers,impediments,and benefits [J]. Supply Chain Management Reoiew,2000,4(4)：52.

[83] WESHAH N,GHANDOUR W E,JERGEAS G,et al. Factor analysis of the interface management (IM) problems for construction projects in Alberta[J]. Canadian Journal of Civil Engineering,2013, 40(9)：848-860.

[84] NADLER D A,TUSHMAN M L. Competing by design：the power of organizational architecture [M]. Oxford：Oxford University Press,1997.

[85] KADEFORS A. Trust in project relationships：inside the black box[J]. International Journal of Project Management,2004,22(3)：175-182.

[86] WANG S,TANG W,LI Y. Relationship between owners' capabilities and project performance on development of hydropower projects in China [J]. Journal of Construction Engineering & Management,2013,139(9)：1168-1178.

[87] HUO B. The impact of supply chain integration on company performance：an organizational capability perspective[J]. Supply Chain Management,2012,17(6)：596-610.

[88] LEE H L,PADMANABHAN V,WHANG S. Information distortion in a supply chain：the bullwhip effect[J]. Management Science,1997,43(4)：546-558.

[89] EL-MASHALEH M,O'BRIEN W J,JR R. Firm performance and information technology utilization in the construction industry[J]. Journal of Construction Engineering & Management,2006,132(5)：499-507.

[90] NARASIMHAN R,KIM S W. Information system utilization strategy for supply chain integration [J]. Journal of Business Logistics,2011,22(2)：51-75.

[91] AZHAR N, KANG Y, AHMAD I. Critical look into the relationship between information and communication technology and integrated project delivery in public sector construction[J]. Journal of Management in Engineering,2014,31(5)：4014091.

[92] GRANSBERG D D,KOCH J A,MOLENAAR K R. Preparing for design-build projects：a primer for owners，engineers，and contractors［J］. Reston，Uirginia：American Society of Civil Engineers,2006.

[93] SONGER A D,MOLENAAR K R. Selecting design-build：public and private sector owner attitudes [J]. Journal of Management in Engineering,1996,12(6)：47-53.

[94] TSERNG H P,YIN S,LI S. Developing a resource supply chain planning system for construction projects[J]. Journal of Construction Engineering & Management,2006,132(4)：393-407.

[95] 张水波,陈勇强. 国际工程总承包 EPC 交钥匙合同与管理[M]. 北京：中国电力出版社,2009.

[96] 王伍仁. EPC 工程总承包管理[M]. 北京：中国建筑工业出版社,2008.

[97] ZHANG Q Z, TANG W Z, LIU J, et al. Improving design performance by alliance between contractors and designers in international hydropower EPC projects from the perspective of Chinese Construction Companies[J]. Sustainability,2018,10(4),1171.

[98] 雷振,唐文哲,强茂山. 基于伙伴关系的 EPC 水电项目总承包商能力提升[J]. 水电与抽水蓄能,2018,4(6)：44-49.

[99] 陈偲勤. EPC 总承包模式中的设计管理研究[D]. 重庆：重庆大学,2010.

[100] 昂奇,冯向东,唐文哲,等. 国际工程 EPC 项目合同管理研究[J]. 项目管理技术,2017,15(3)：32-37.

[101] 何丽环. EPC 模式下承包商工程风险评价研究[D]. 天津：天津大学,2008.

[102] 王仲禹,侯乐,高建斌. 非洲 EPC 工程的差异分析及经验建议[J]. 水利技术监督,2018(6)：227-230.

[103] SHEN W X,CHOI B,LEE S H,et al. How to improve interface management behaviors in epc projects?：the roles of formal practices and social norms［J］. Journal of Management in Engineering,2018,34(6)：04018032.

[104] TANG W Z,DUFFIELD C F,YOUNG D M. Partnering mechanism in construction：an empirical study on the chinese construction industry［J］. Journal of Construction Engineering and Management,2006,132(3)：217-229.

[105] SCHIEG M. Risk management in construction project management ［J］. Journal of Business Economics and Management,2006,7(2)：77-83.

[106] 吴桂玲. 风险管理及其实施步骤[J]. 质量与可靠性,1997(6)：22-24.

[107] 徐伟. 风险管理在水电设计企业 EPC 项目中的应用[J]. 水利与建筑工程学报,2010,8(5)：143-146.

[108] 徐志飞. 国际水电工程 EPC 项目全面风险管理研究 [D]. 北京：华北电力大学,2013.

[109] 侯乐,王仲禹. 赞比亚卡里巴 EPC 项目合同设计管理经验探讨[J]. 企业改革与管理,2019(13)：54-55.

[110] 孙洪昕,尤日淳,唐文哲. 国际工程 HSE 管理和项目绩效影响因素分析 [J]. 清华大学学报(自然科学版),2022,62(2)：230-241.

[111] 李滢. 我国石化企业 HSE 绩效管理指标体系的构建及扩展研究 [D]. 北京：北京化工大学,2008.

[112] 向兰兰.建筑企业 HSE 管理体系实施研究 [D].天津：天津理工大学,2008.

[113] 王仲禹,侯乐,高建斌.非洲 EPC 工程的差异分析及经验建议 [J].水利技术监督,2018(6)：227-230.

[114] 王晓波,林逢春.关于违章的综合治理工作探讨 [J].电力安全技术,2011,13(12)：16-19.

[115] 蒋兆伦,余怡.浅析水利水电施工安全管理的"三识、六制"[J].云南水力发电,2010,26(6)：11-13.

[116] 王光军.油气长输管道建设运营中的 HSE 管理 [J].油气田环境保护,2003(1)：1-2.

[117] TANG W Z,DUFFIELD C F,YOUNG D M. Partnering mechanism in construction [J]. Journal of Construction Engineering and Management,2006,132(3)：217-229.

[118] TANG W Z,QIANG M S,DUFFIELD C F,et al. Incentives in the Chinese Construction Industry [J]. Journal of Construction Engineering and Management,2008,134(7)：457-467.

[119] TANG W Z,QIANG M S,DUFFIELD C F,et al. Risk management in the Chinese Construction Industry[J]. Journal of Construction Engineering and Managemen,2007,133(12)：944-956.

[120] 符迎锋,吴红艳.乌东德水电站工程招标文件风险条款及防范策略[J].水利水电技术,2016,47(S2)：120-123.

[121] WANG T,TANG W,COLIN F D,et. al. Relationships among risk management, partnering and contractor capability in international EPC project delivery [J]. Journal of Management in Engineering-ASCE,2016.

[122] 张利波,王腾飞,唐文哲,等.国际工程 EPC 项目风险管理实证研究[J].项目管理技术,2018,16(9)：25-29.

[123] 昂奇,冯向东,唐文哲,等.国际工程 EPC 项目合同管理研究[J].项目管理技术,2017,15(3)：32-37.

[124] EL-ADAWAY I H. Guidelines for a standard project partnering contract[J]. Construction Research Congress 2010：919-928.

[125] SHEN W,TANG W,WANG S,et al. Causes of contractors' claims in international engineering-procurement-construction projects[J]. Journal of Civil Engineering and Management,2017,23(6)：727-739.

[126] 欧阳晶晶.探究总承包模式(EPC)在项目工程造价管理工作中的要点[J].中国住宅设施,2018(2)：74-76.

[127] 李会均.EPC 项目管理：理念、策略及实际应用[J].国际经济合作,2010(3)：13-16.

[128] TANG W,QIANG M,DUFFIELD C F. et al. Risk management in the Chinese Construction Industry[J]. Journal of Construction Engineering and Management-ASCE,2007,133(12),944-956.

[129] ZHANG Q,TANG W,DUFFIELD C F,et al. Improving design performance by alliance between contractors and designers in international hydropower EPC projects from the perspective of Chinese Construction Companies[J]. Sustainability,2018,10(4),1171.

[130] 樊陵姣.EPC 工程总承包项目接口管理研究 [D].长沙：中南大学,2013.

[131] 夏季武.火电厂项目技术接口协调管理的研究及应用[D].长沙：湖南大学,2011.

[132] 沈文欣,唐文哲,昂奇,等.国际工程 EPC 项目接口管理研究 [J].项目管理技术,2016,14(12)：59-64.

[133] 沈文欣,唐文哲,张清振,等.基于伙伴关系的国际 EPC 项目接口管理 [J].清华大学学报(自然科学版),2017,57(6)：644-650.

[134] Construction Industry Institute (CII). Interface management implementation guideline (IMIGe) [M]. Implementation Resource (IR 302-2). Austin：The University of Texas at Austin,2014.

[135] 杨玉静,唐文哲,张清振,等.国际工程 EPC 项目管理研究：基于伙伴关系和接口管理的工程标准应用分析 [J].技术经济与管理研究,2018(3)：9-14.

[136] SHEN W X,TANG W Z,WANG S L,et al. Enhancing trust-based interface management in

international engineering-procurement-construction projects[J]. Journal of Construction Engineering and Management,2017,143(9):04017061.

［137］ TANG W Z,DUFFIELD C F,YOUNG D M. Partnering mechanism in construction：an empirical study on the Chinese construction industry [J]. Journal of Construction Engineering and Management，2006,132(3)：217-229.

［138］ 于沙."云计算"与"建筑信息模型(BIM)"的结合应用 [J].产业与科技论坛,2013,12(3)：83-84.